한국고대금석문선집

韓國古代金石文選集

한국고대금석문선집韓國古代金石文選集

초판 1쇄 2015년 9월 30일

역주 최영성 ◦ 펴낸이 김기창
기획 임종수 ◦ 표지 정신영 ◦ 본문 최은경

펴낸곳 도서출판 문사철
주소 서울 종로구 명륜동 2가 4번지 아남A 상가동 2층 2호
전화 02 741 7719 ◦ 팩스 0303 0300 7719
홈페이지 wwww.lihiphi.com ◦ 전자우편 lihiphi@lihiphi.com
출판등록 제300-2008-40호

ISBN 979-11-86853-00-9 (93150)

＊ 값은 뒤표지에 있습니다.

한국고대금석문선집

韓國古代金石文選集

최영성 지음

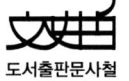

도서출판문사철

序

나는 1987년에 그 어렵다는 『사산비명(四山碑銘)』(최치원 찬)을 역주하여 세상에 물은 적이 있다. 이후 자의반 타의반으로 금석학자의 대열에 끼게 되었다. 당시 내가 선을 보였던 역주 방식은 학계에 영향을 끼쳤던 것 같다. 본문 해석보다도 주석이 중심이 되는 번역이 이 계통의 전통의 하나로 자리잡았으니 말이다.

한국학 연구에서 금석문이 차지하는 중요한 점을 생각한다면, 대학에서 강의가 제대로 이루어져야 마땅하지만 좀처럼 강의할 기회를 얻지 못하였다. 그러다가 지난 2000년 2월, 한국전통문화대학교에 부임한 것을 계기로 십여 년 동안 줄곧 금석문 강독을 해왔다. 매학기마다 강의한 것을 기초로 역주 작업을 병행하였다. 나중에 책으로 엮기 위함이었다.

역주한 분량이 적지 않게 집적되었다. 다만, 그 중요도에 비추어 보면 상고대로부터 통일신라 시기까지의 것을 우선적으로 다루지 않을 수 없다. 본서는 작업이 이루어진 것 가운데, 고대 부분에 국한시킨 것이다. 그것도 중국식 한문으로 된 자료에 한정하여 엮은 것이다. 중국 사람들이 보아도 해독이 가능한 것들만 모았다. 우리식 한문으로 된 것은 이후 시간을 갖고 차근차근 정리해나갈 생각이다.

나는 금석문 강의를 하면서 교재의 필요성을 절감하였다. 하나는 금석학개론, 금석학사와 같은 개설적 성격의 교재요, 다른 하나는 강독용 교재다. 다행스럽게도 작년에 『한국의 금석학 연구』라는 책을 펴낸 데 이어 올해에는 본서까지 선보이게 되었다. 전자는 '한국의 금석학사'를 주로 다룬 것이요, 후자는 금석문 역주 시리즈로 강독용에 초점이 맞추어져 있다. 연속하여 두 책이 잇달아 나오게 된 것을 기쁘게 생각한다.

본서는 연구 자료로 중요한 것들을 선정하여 ① 철저한 교감, ② 정확한 해석, ③ 전고(典故)의 분명한 탐색, ④ 상세하고 친절한 주석, 이 네 가지를 기준으로 충실한 역주를 추구하였다. '철학 전공자'로서의 관점을 투사한 만큼 역사학 전공자 중심의 번역과는 다소 차이가 있을 것으로 생각한다. 관심 있는 분들의 꼼꼼한 검토를 기대하여 마지않는다.

본서가 나오기까지, 늘 학술적 대화의 상대가 되어준 임지당(臨池堂) 이은혁(李銀赫) 선생에게 감사의 염을 표한다. 또 연구비를 지원해준 학교 당국에도 사의를 표해둔다.

2015년 7월 29일
백마강변 와옥(蝸屋)에서
인후장주인(麟厚莊主人) 최영성 쓰다

차례

서序 3

1. 광개토태왕비廣開土太王碑 9
2. 집안고구려비集安高句麗碑 29
3. 고구려호태왕호우高句麗好太王壺杅 35
4. 덕흥리고분묵서명德興里古墳墨書銘 39
5. 무령왕릉지석武寧王陵誌石 45
   [附] 무령왕릉매지권武寧王陵買地券 50
6. 무령왕릉출토동경명武寧王陵出土銅鏡銘 53
7. 백제칠지도명百濟七支刀銘 59
8. 진흥태왕순수비眞興太王巡狩碑(磨雲嶺碑) 67
9. 왕흥사청동사리함명王興寺靑銅舍利函銘 75
10. 미륵사지석탑사리장엄봉안기彌勒寺址石塔舍利莊嚴奉安記 79

11. 감산사미륵보살조상기甘山寺彌勒菩薩造像記　85
12. 감산사아미타여래조상기甘山寺阿彌陀如來造像記　93
13. 성덕대왕신종명聖德大王神鍾銘　101
14. 무장사아미타여래조상사적비鍪藏寺阿彌陀如來造像事蹟碑　117
15. 황룡사찰주본기皇龍寺刹柱本記　131
16. 보림사보조선사탑비명寶林寺普照禪師塔碑銘　143
17. 해인사묘길상탑기海印寺妙吉祥塔記　165
18. 오대산사길상탑사五臺山寺吉祥塔詞　171
19. 쌍계사진감선사탑비명雙磎寺眞鑒禪師塔碑銘　179
20. 봉암산사지증대사탑비명鳳巖山寺智證大師塔碑銘　221

[부록] 보원사법인국사탑비명普願寺法印國師塔碑銘　295

일러두기

1. 상고대부터 통일신라 말기까지의 금석문을 대상으로 하였다. (부록에 실린 '법인국사비'의 경우 예외다. 일찍이 역주자가 관심을 가지고 역주를 해놓았기로 이에 부록에 싣는다)
2. 우리식 한문이 아닌 중국식 한문으로 된 금석문을 원칙으로 하였다.
3. 역주의 대본은 따로 없다. 역주자가 여러 판본을 대조하여 판독, 교감한 것을 대본 삼아 번역을 하고 주석을 달았다. 교감기는 별도로 붙이지 않았다.
4. 채택된 금석문은 모두에 1,000자 내외의 '개관'을 붙였다.
5. 주요 참고문헌의 경우, 국립문화재연구소에서 운영하는 '한국금석문 종합영상정보시스템'에 미룬다.

1

광개토대왕비
廣開土大王碑

그림 1. 광개토대왕비와 탁본
(「유물에 새겨진 古代文字」, 부산광역시립박물관, 1997, 18~19쪽)

장수왕 2년(414)에 왕이 부왕인 광개토태왕의 일생 훈적(勳績)을 기리고 수묘인연호(守墓人烟戶)를 명기해두기 위해 세운 비이다. 당시 고구려의 수도 국내성의 동쪽, 국강상에 있는 광개토태왕릉 동쪽에 세웠다. '국강상광개토경평안호태왕'이라는 광개토태왕의 시호를 줄여서 '호태왕비'라고도 한다.

비는 사면비(四面碑)다. 거대한 각력응회암(角礫凝灰岩)으로서 불규칙한 직사각형의 기둥 모양으로 되어 있다. 높이는 6.39m로 윗면과 아랫면은 약간 넓고 중간부분이 약간 좁다. 아랫부분의 너비는 제1면이 1.48m, 제2면이 1.35m, 제3면이 2m, 제4면이 1.46m이다. 글자는 4면 44행 총 1,775자이다. 보통 1행이 41자 가량이나 어떤 행은 의도적으로 빈 칸을 남겨두거나 또 비면 자체의 경사가 심하여 글씨를 새기지 않음으로써 41자가 안 되는 경우가 있다. 예서체에 가까운 서체를 사용하여 장중하고도 위엄이 있다.

비문의 석문은 광개토태왕비에 대한 종합연구서인 왕건군(王健群)의 『호태왕비연구』를 주로 참조하였다.

원문

惟[1]昔始祖鄒牟王之創基也, 出自北夫餘; 天帝之子, 母河伯女郎. 剖卵降世, 生而有聖德. 鄒牟王奉母命駕, 巡幸南下, 路由夫餘奄利大水. 王臨津言, 曰:「我是皇天之子, 母河伯女郎鄒牟王. 爲我連葭浮龜!」應聲卽爲連葭浮龜, 然後造渡. 於沸流谷忽本西, 城山上而建都焉. 不樂世位, 因遣黃龍, 來下迎王. 王於忽本東罡[2], 黃龍負[3]昇天. 顧命世子儒留王, 以道興[4]治. 大朱留王, 紹承基業; 遝[5]至十七世孫國罡上廣開土境平安好太王. 二九登祚[6], 號爲永樂太王. 恩澤洽于皇天, 威武桭[7]被四海, 掃除不□[8], 庶寧其業. 國富民殷[9], 五穀豐熟. 昊天不弔,[10] 卅[11]有九, 晏[12]駕棄國. 以甲寅年九月廿九日乙酉, 遷就山陵. 於是立碑, 銘記勳績, 以示後世焉. 其詞曰:

永樂五年, 歲在乙未, 王以碑[13]麗不歸□人[14], 躬率往討. 過

1 惟: 發語辭. '維'와 통용.
2 罡: '岡'(崗)과 통용.
3 黃龍負: '負' 뒤에 '鄒牟' 두 글자가 생략된 것으로 보아야 할 듯하다.
4 興: '輿'으로 판독하기도 한다. '輿'는 모든 만물을 실은 땅을 수레에 비유한 것. 또는 環輿列國(세계)을 말한다.
5 遝(답): 미치다 及.
6 祚: 자리. 天子의 자리.
7 桭(진): '振' 자와 통용.
8 不□: '不義'라 추정하는 학자(왕건군)도 있다.
9 殷: 창성하다.
10 弔: 불쌍히 여기다. 弔恤.
11 卅(삽): 삼 십.
12 晏: '宴'으로 판독한 학자도 있다.
13 碑: '稗'로 판독한 학자도 있다. 碑麗와 稗麗는 서로 통한다.
14 □人: '沒人'으로 추정된다. 『三國史記』, 광개토왕 원년조 "秋九月, 北伐契丹, 虜男女五百□. 又招諭本國陷沒民□一萬而歸."

富山負山[15], 至鹽水上, 破其三部落六七百營[16], 牛馬群羊, 不可稱數. 於是旋駕, 因過襄平道, 東來□城, 力城, 北豐, 王備獵[17], 遊觀土境, 田獵而還.

百殘新羅, 舊[18]是屬民, 由來朝貢. 而倭以辛卯年來, 渡□[19]破百殘, □□[20]新羅, 以爲臣民. 以六年丙申, 王躬率水軍, 討倭[21]殘國. 軍至窠[22]臼[23], 攻取壹[24]八城, 臼模盧城, 各模盧城, 干氐利城, □□城, 閣彌城, 牟盧城, 彌沙城, 古舍蔦城, 阿旦城, 古利城, □利城, 雜珍城, 奧利城, 勾牟城, 古模耶羅城, 頁鄒城, □□城, □而耶羅城, 瑑城, 於利城, 農賣城, 豆奴城, 沸城, 比利城, 彌鄒城, 也利城, 大山韓城, 掃加城, 敦拔城, □□□城, 婁賣城, 散那城, 那旦城, 細城, 牟婁城, 于婁城, 蘇灰城, 燕婁城, 析支利城, 巖門□城, 林城, □□□, □□□, □利城, 就鄒城, □拔城, 古牟婁城, 閏奴城, 貫奴城, 彡穰城, 曾拔城, 宗古盧城, 仇天城, □□□□, 逼其國城.

15　負山: '貧山'으로 판독하는 학자도 있다.
16　營: 천막으로 구성된 소규모 촌락. '부락'은 대단위, '영'은 소단위.
17　獵(렵): 사냥하다.
18　舊: 본디.
19　□: 대부분 '海'로 판독하나 '每'자가 옳다. 'ㅋ'는 정간선 밖에 삐져 있다. 후대에 손을 댄 것으로 보인다.
20　□□: 정인보는 '聯侵'(連侵)으로 추정하였다.
21　倭: 종래 '利' 또는 '伐' 자로 판독하였으나 류승국은 古拓本을 근거로 '倭'자임을 주장하였다. 류승국, 『한국사상의 연원적 고찰』(성균관대출판부, 2009) 참조.
　　고대에는 '討'와 '伐'을 구별하여 사용하였다. '토'는 천자의 경우, '벌'은 제후의 경우에 썼다. 이런 구분 없이 '討伐'이라 했을 리 없다고 본다. 『맹자』, 「告子 下」"天子討而不伐, 諸侯伐而不討."
22　至窠: 왕건군과 류승국의 판독을 따랐다.
23　臼: 류승국의 판독을 따랐다.
24　壹: '寧'으로 판독하는 학자도 있다.

殘不服義[25], 敢出迎戰. 王威赫怒, 渡阿利水, 遣刺[26]迫城, 殘兵歸穴, 就便圍城. 而殘主困逼, 獻出男女生口一千人, 細布千匹, 跪[27]王自誓:「從今以後, 永爲奴客!」太王恩赦始[28]迷之愆, 錄[29]其後順之誠. 於是得五十八城, 村七百. 將[30]殘主弟幷大臣十人, 旋師還都.

八年戊戌, 敎遣偏師, 觀帛愼土谷. 因便[31]抄得莫斯羅城加太羅谷男女三百餘人. 自此以來, 朝貢論事.

九年己亥, 百殘違誓, 與倭和通. 王巡下[32]平穰. 而新羅遣使白王云:『倭人滿其[33]國境, 潰破城池, 以奴客爲民, 歸王請命!』大王恩慈, 稱其忠誠, 特遣[34]使還, 告以密計.

十年庚子, 敎遣步騎五萬, 往救新羅. 從男居城, 至新羅城, 倭滿其中. 官軍方至, 倭賊退. 自倭背急追, 至任那加羅從拔城, 城卽歸服, 安[35]羅人[36]戍兵. 拔[37]新羅城鹽城, 倭寇大潰. 城內十九, 盡拒隨倭, 安羅人戍兵. 新羅城□□其□□□□□□言

25 殘은 義를 해치는 사람이나 집단을 가리키는 말. 『맹자』, 「梁惠王 上」"賊仁者, 謂之賊, 賊義者, 謂之殘."
26 刺(척): 斥候部隊. 선봉대.
27 跪: '歸'로 판독한 학자도 있다.
28 始: '先'으로 판독한 학자도 있다.
29 錄: 情狀을 살피다.
30 將: 거느리다.
31 因便: 좋은 기회를 따르다.
32 巡下: 임금이 지방을 巡狩하다. '上'은 서울, '下'는 지방을 가리킨다.
33 其: 語勢를 고르는 조사. 의미는 없다.
34 遣: ~에게 ~하도록 하다.
35 安: 배치하다(왕건군). 왕건군은 安을 '배치하다'라는 의미로 사용한 예로 비문에 나오는 '安守墓者', '墓上不安石碑'를 들었다(『호태왕비 연구』).
36 羅人: 신라인.
37 拔: 攻略하다. 쳐서 빼앗다.

□□且□□□□□□□□□□□□□□□□
□辭□□□出□□□□□□殘倭潰逃. 拔□城, 安羅人戍兵.
昔新羅寐錦, 未有身來論事, □國岡上廣開土境好太王□□□□
寐錦□家僕, 勾請[38]□□□朝貢.

十四年甲辰, 而倭不軌, 侵入帶方界. 和通殘兵□石城, □連
船□□□, 王躬率往討, 從平穰□□□鋒[39]相遇. 王幢要[40]截盪
刺, 倭寇潰敗, 斬煞無數.

十七年丁未, 教遣步騎五萬, □□□□□□□□. 王師四方
合戰, 斬煞蕩盡. 所獲鎧[41]甲一萬餘領, 軍資器械, 不可稱數. 還
破沙溝城, 婁城, 牛住城, □城, □□□□□□城.

廿年庚戌, 東夫餘舊是鄒牟王屬民, 中叛不貢. 王躬率往討,
軍到餘城. 而餘擧國駭服, 獻出□□□□□□. 王恩普覆, 於是
旋還. 又其慕化隨官來者, 味仇婁鴨盧, 卑斯麻鴨盧, 椯社婁鴨
盧, 肅斯舍鴨盧, □□□鴨盧. 凡所攻破城六十四, 村一千四百.

守墓人烟戶, 賣句余民國烟二看烟三, 東海賈國烟三看烟五.
敦城民四家盡爲看烟, 于城一家爲看烟, 碑利城二家爲國烟, 平
穰城民國烟一看烟十, 訾連二家爲看烟, 俳婁人國烟一看烟卌
三, 梁谷二家爲看烟, 梁城二家爲看烟, 安夫連廿二家爲看烟,
改谷三家爲看烟, 新城三家爲看烟, 南蘇城一家爲國烟. 新來韓
穢, 沙水城國烟一看烟一, 牟婁城二家爲看烟, 豆比鴨岑韓五

---

38 勾請: (자존심을) 굽히고 ~을 청하다.
39 □鋒: '爭鋒'으로 추정된다.
40 要: '腰' 자와 통용.
41 鎧(개): 갑옷.

家爲看烟, 勾牟客頭二家爲看烟, 求底韓一家爲看烟, 舍蔦城韓穢國烟三看烟卄一. 古模耶羅城一家爲看烟, 炅古城國烟一看烟三, 客賢韓一家爲看烟, 阿旦城·雜珍城合十家爲看烟, 巴奴城韓九家爲看烟, 臼模盧城四家爲看烟, 各模盧城二家爲看烟, 牟水城三家爲看烟, 幹氐利城國烟一看烟三, 彌鄒城國烟一看烟七. 也利城三家爲看烟, 豆奴城國烟一看烟二, 奧利城國烟一看烟八, 須鄒城國烟二看烟五. 百殘南居韓國烟一看烟五, 太山韓城六家爲看烟, 農賣城國烟一看烟七, 閏奴城國烟二看烟卄二. 古牟婁城國烟二看烟八. 琭城國烟一看烟八. 味城六家爲看烟, 就咨城五家爲看烟, 彡穰城卄四家爲看烟. 散那城一家爲國烟. 那旦城一家爲看烟, 勾牟城一家爲看烟, 於利城八家爲看烟, 比利城三家爲看烟, 細城三家爲看烟.

國罡上廣開土境好太王, 存時敎言: 『祖王先王, 但敎取遠近舊民, 守墓洒掃, 吾慮舊民轉[42]當嬴劣[43]. 若吾萬年之後, 安守墓者, 但取吾躬巡所略來韓穢, 令備洒掃』 言敎如此, 是以, 如[44]敎令, 取韓穢二百卄家; 慮其不知法則, 復取舊民一百十家. 合新舊守墓戶, 國烟[45]卅, 看烟三百, 都合三百卅家.

自上祖先王[46]以來, 墓上不安石碑, 致[47]使守墓人煙戶差錯.

---

42 轉: 도리어[反].
43 嬴劣(리열): 허약하고 저열하다. 嬴는 여위다, 약하다.
44 如: ~과 같이, ~대로.
45 이등룡 교수는 고어 'tuman(萬)'에서 왔다고 주장하였다. 「광개토대왕비문에 쓰인 '煙' 자의 어휘적 의미」, 『이우성 정년 기념 논총』 참조.
46 祖先王: 祖王과 先王.
47 致: ~한 결과에 이르다.

唯國罡上廣開土境好太王, 盡爲祖先王, 墓上立碑, 銘其煙戶, 不令差錯. 又制[48], 守墓人, 自今以後, 不得更相轉賣; 雖有富足之者, 亦不得擅買. 其有違令, 賣者刑之, 買人制令守墓之.

48 制: 임금의 명령.

번 역

옛적 시조 추모왕(鄒牟王)이 나라를 창건하였다. 출자(出自)는 북부여(北夫餘)다. 천제(天帝)의 아들이었고 어머니는 하백(河伯: 水神)의 따님이었다. 알을 깨고 강생(降生)하였으며, 날 때부터 성덕(聖德)이 있었다. 어머니께서 어가(御駕)를 타고 떠나라고 명령한 것을 받들어[49] 순행(巡幸)[50]하며 남쪽으로 내려갔다. 길은 부여(夫餘)의 엄리대수(奄利大水)[51]를 경유하였다.

추모왕은 나룻가에 다다라 다음과 같이 말하였다. "나는 황천(皇天)의 아들이요, 어머니가 하백(河伯)의 따님인 추모왕이다. 나를 위해 갈대를 연결하고 거북을 물 위에 뜨게 하라!" 그 소리에 응답이라도 하듯 갈대가 이어지고 거북이 떠올랐다. 그런 뒤에 강을 건너가서 비류곡(沸流谷) 홀본(忽本) 서쪽[52]에서 산 위에 성을 쌓고 거기에 수도(首都)를 세웠다.

세상에서 왕위를 즐기지 않았으므로 (하늘이) 황룡(黃龍)을 파견하여 하계(下界)로 내려와 추모왕을 맞이하였다. 왕이 홀본 동강(東罡)에 있음에 황룡이 왕을 등에 업고 하늘로 올라갔다. 세자(世子)인 유류왕(儒留王)[53]에게 "도(道)로써 환여(寰輿: 천하)를 다스리라"[以

49　金蛙王의 아들 일곱 형제가 주몽을 시기하여 죽이려 하므로 그 어머니가 망명을 권하였다.
50　임금이 나라 안을 두루 살피며 돌아다니는 통치 행위.
51　史書에 따라 '奄淲水' '施掩水' '淹㴲水(엄사수)' '淹滯水'라고 한다.
52　홀본서성은 중국 吉林省 桓因市內에서 동북쪽으로 약 8.5km 떨어진 지점에 있다. 해발 820m인 五女山에 있어 중국에서는 오녀산성이라고 한다.
53　고구려 제2대 임금 瑠璃王의 다른 이름.

道興治]고 고명(顧命)[54]하였다.

대주류왕(大朱留王)[55]이 기업(基業: 遺業)을 계승하였는데, 그의 17세손 국강상광개토경평안호태왕(國岡上廣開土境平安好太王)[56]의 대에 미쳤다. (왕은) 18세(391)에 왕위에 올라 호를 '영락태왕(永樂太王)'이라 하였다. 은택(恩澤)은 황천(皇天)에까지 두루 미치고, 위엄과 무용(武勇)은 사해(四海)에 떨쳤다. 불의(不義)한 무리를 쓸어 없애니 백성들이 각자 생업에 안정을 취할 수 있었다. 나라가 부강하고 백성이 창성(昌盛)하며 오곡이 풍성하게 잘 익었다. 하늘이 (이 백성들을) 불쌍히 여기지 않아 39세(412)에 안가(晏駕)[57]하여 세상을 버리셨다. 갑인년(414) 9월 29일 을유(乙酉)에 옮겨서 산릉(山陵)을 이룩하였다.[58] 이에 비석을 세우고 공훈과 업적을 새겨서 기록함으로써 후세에 보이노라. 그 내용은 다음과 같다.

1.
영락(永樂) 5년 을미(乙未: 395)의 일이다. 비려(稗麗)[59]가 몰인(沒人)을 돌려보내지 않는 것을 구실로, 몸소 군대를 인솔하고 가서 토벌

---

54 임금이 임종시에 내리는 유언. 遺詔 또는 遺命·遺敎·遺誥라고도 한다.
55 고구려 제3대 임금 大武神王의 다른 이름.
56 광개토태왕 壺杅(호우)에서는 '國罡上廣開土地好太王', 车頭婁墓誌에서는 '國罡上大開土地好太聖王'이라 하였다.
57 안락한 御駕. 어가를 타고 세상을 떠남. 安駕.
58 장수왕 2년(甲寅, 414)에, 가매장 상태에 있던 광개토태왕의 시신을 옮겨 왕릉을 이룩했다는 말이다.
59 시라무렌강 유역에 사는 거란 부족의 일부.

하였다. 부산(富山)⁶⁰과 부산(負山)⁶¹을 지나 염수(鹽水)⁶² 가에 이르러 3개 부락(部落) 6~7백 영(營)⁶³을 격파하였다. 노획한 우마(牛馬)와 군양(群羊)은 수를 헤아릴 수 없었다. 이에 어가(御駕)를 돌렸다. 그래서 양평도(襄平道)⁶⁴를 지나 동쪽으로 와서 □성(□城)과 북성(力城), 북풍(北豊)에서 태왕이 사냥을 준비하였다. 관할 국경[管境]을 유관(遊觀: 유람)하였고, 사냥[畋獵]을 한 뒤 돌아왔다.

2.

백잔(百殘: 백제)과 신라는 본래 (고구려의) 속민(屬民)으로서 전부터 계속하여 조공(朝貢)을 바쳐왔다. 왜(倭)가 신묘년(辛卯年: 391)이래로 바다를 건너 매양[每] 백잔을 파(破)하고, … 신라를 … 신민(臣民)을 삼으려고 하였다. (이에) 영락 6년 병신(丙申: 396)에 태왕이 몸소 수군(水軍)을 거느리고 왜적(倭賊)과 잔국(殘國)을 토벌하였다. (태왕의) 군대가 백잔의 소굴에 이르러, 공격을 하여 일팔성(壹八城), 구모노성(臼模盧城), 각모노성(各模盧城), 간저리성(幹氐利城), □□성(□□城), 각미성(閣彌城), 모노성(牟盧城), 미사성(彌沙城), 고사연성(古舍蔦城), 아단성(阿旦城), 고리성(古利城), □리성(□利城), 잡진성(雜珍城), 오리성(奧利城), 구모성(句牟城), 고모야라성(古模耶羅城), 혈추성(頁鄒城), □□성, 개이야라성(介而耶羅城), 전성(瑑城), 어리성(於利城), 농매성(農賣城) 두노성(豆奴城), 비성

60 중국과 한국의 경계에 있는 瞖巫閭山의 옛이름.
61 노노루산의 옛이름.
62 지금의 내몽고 지역에 있는 시라무렌강(西剌木倫河).
63 營子. 몽골인의 촌락. 部落의 세부 단위.
64 지금의 遼陽을 말함. 요양에서 고구려에 이르는 큰 길.

(沸城), 비리성(比利城), 미추성(彌鄒城), 야리성(也利城), 대산한성(大山韓城), 소가성(掃加城), 돈발성(敦拔城), □□□城, 누매성(婁賣城), 산나성(散那城), 나단성(那旦城), 세성(細城), 모루성(牟婁城), 우루성(于婁城), 소회성(蘇灰城), 연루성(燕婁城), 석지리성(析支利城), 암문□성(巖門□城), 임성(林城), □성(□城), □□□, □리성(□利城), 취추성(就鄒城), □발성(□拔城), 고모루성(古牟婁城),[65] 윤노성(閏奴城), 관노성(貫奴城), 수양성(彡穰城), 중발성(曾拔城), 종고노성(宗古盧城), 구천성(仇天城) □□□□을 쳐서 빼앗고 그 (백잔) 국성(國城: 國都) 가까이에 다가갔다. 백잔은 의(義)에 복종하지 않고 감히 나와서 (고구려 군대를) 맞아 싸웠다.

왕이 혁로(赫怒)[66]하여 아리수(阿利水: 한강)를 건넜다. 선봉대(先鋒隊)를 보내 도성 가까이 접근하도록 함에 백잔의 병사들이 제 소굴[穴]로 돌아갔다(도망갔다). 나아가 곧장 성을 포위함에 백잔의 임금(阿莘王)이 곤핍(困逼)[67]해져서 남녀 생구(生□)[68] 1천 명과 세포(細布) 1천 필을 내놓고는 태왕 앞에 꿇어앉아 스스로 맹세하기를 "지금부터 이후로는 영원히 노객(奴客)[69]이 되겠나이다"고 하였다. 태왕은 그들이 처음에 판단 미숙 때문에 저지른 잘못을 은사(恩赦)[70] 하고, 뒤에 가서 귀순한 정성을 살폈다. 이에 58개의 성, 7백 촌(村)을 얻고, 백잔 임금의 아우 및 대신(大臣) 열 사람을 데리고 군사(軍

65 고구려 때의 성. 충청남도 德山 또는 충청북도 陰城에 비정된다.
66 불 같이 노함. 이글거리는 분노.
67 괴로움과 핍박을 당함.
68 포로를 달리 이르는 말.
69 임금에 대하여 신하를 낮추어 일컫는 표현.
70 은혜를 베풀어 용서함.

師)를 돌려서 (고구려) 도성으로 귀환하였다.

3.
영락 8년 무술(戊戌: 398)에 명령을 내려 편사(偏師)[71]를 파견하여 백신(帛愼)[72]의 토곡(土谷)[73] 지역을 둘러보았다. 좋은 기회를 타고 막사라성(莫斯羅城), 가태라곡(加太羅谷)의 남녀 삼백여 명을 초득(抄得)[74]하였다. 이로부터 이래로 (帛愼이) 조공을 바치고 (자기 나라의) 일을 의논하였다.

4.
영락 9년 기해(己亥: 399)에 백잔이 (고구려와의) 서약을 어기고 왜(倭)와 화통(和通)하였다. 태왕이 순시차 평양(平壤)에 내려와 있었는데, 신라에서 사신을 보내 태왕께 "왜인(倭人)이 국경(國境) 지역에 가득 들어와 성지(城池: 성과 해자)를 파괴하면서 노객(奴客: 新羅人)을 왜의 백성으로 삼으려고 합니다. 태왕께 귀의(歸依)하여 명령[75]을 요청하나이다"라고 아뢰었다 태왕이 은자(恩慈)를 베풀어 그들의 충성을 칭찬하고는, 특별히 파견된 사신을 돌려보내면서 은밀한 계책을 이야기 해주었다.

71 옛날에 주력 부대의 좌우익을 일컫던 말. 예비부대.
72 肅愼의 별칭. 중국 상고대 后稷의 뿌리가 稷愼인데, 후일 직신은 帛愼 또는 息愼이라고도 했다. 식신의 후손이 肅愼이다.
73 지금의 티베트 지역인 토욕혼(土谷渾)과는 전혀 다르다.
74 노략질하여 얻음. 포로로 삼음.
75 왜적을 격퇴하겠다는 명령.

5.

영락 10년 경자(庚子: 400)에 보병(步兵)과 기병(騎兵) 5만을 파견하여 신라를 구원하였다. 남거성(男居城)에서 신라성(新羅城)[76]까지 왜(倭)가 그 안에 가득하였다. 관군(官軍)[77]이 바야흐로 당도하자 왜적(倭賊)[78]이 퇴각하였다. 왜의 배후(背後)로부터 급히 추격하여 임라가라(任那加羅) 종발성(從拔城)[79]에 이르렀다. 성주(城主)가 곧 귀복(歸服: 항복)하였다. 신라인 수병(戍兵)을 배치하였다. 신라성과 염성(鹽城)을 쳐서 빼앗자 왜구가 크게 궤멸되었다. 성내(城內) 사람 열 가운데 아홉이 왜적을 따르는 것을 죄다 거부하였는지라, (그곳에) 신라인 수병을 배치하였다. (… 이하 판독이 불완전함) □성을 쳐서 빼앗고 신라인 수병을 배치하였다. 옛적에는 신라의 매금(寐錦: 임금)이 몸소 와서 자기 나라의 일을 의논한 일이 없었는데, 국강상광개토경호태왕이 …한 까닭에 신라 매금이 … 가복(家僕)[80]을 파견하여, (자존심을 굽히고) …을 청하며 … 조공하였다

6.

영락 14년 갑진(甲辰: 404)에 왜가 도리를 지키지 않고 대방(帶方)[81] 지역을 침입하였다. 백잔의 군대와 화통(和通)하여 석성(石城)을 침입하였는데, … 전선(戰船)이 잇따르고 …. 호태왕이 몸소 …를 이

---

76 신라의 都城을 가리키는 듯.
77 고구려의 힘으로 세계의 정의와 질서를 지킨다는 사고가 엿보인다.
78 우리나라 문헌 가운데 '왜'를 '倭賊'이라고 지칭한, 가장 오랜 사례다.
79 지금의 경상남도 김해시 또는 양산시 일부 지역으로 비정하기도 한다.
80 집안에서 부리는 종. 여기서는 신라 조정의 신하를 낮추어 부르는 말.
81 지금의 황해도 延安(연안) 지역.

끌고 가 이를 토벌하였다. 평양(平壤)으로부터 … 쟁봉(爭鋒: 交戰)하면서 서로 부딪쳤다. 왕의 군대[王幢]가 (저들의) 허리를 끊어 뒤흔들고 공격함에 왜구가 무너져 패하였다. 참살을 당한 왜구가 헤아릴 수 없었다.

7.

영락 17년 정미(丁未: 407)에 명령으로 보병과 기병 5만을 파견하여 …. 왕사(王師: 태왕의 군대)가 □□[82]과 맞붙어 싸워[合戰] (적군을) 모조리 섬멸하여 없앴다. 노획한 갑옷이 1만여 벌이요, 군수 물자와 장비의 경우 그 수를 헤아릴 수 없었다. 돌아오는 길에 사구성(沙溝城), 누성(婁城), 우주성(牛住城), □성, □□□□□성을 파(破)하였다.

8.

영락 20년 경술(庚戌: 410), 동부여(東夫餘)는 본디 추모왕의 속민(屬民)이었는데 도중에 배반하고 조공을 바치지 않았다. 왕이 몸소 군대를 거느리고 가서 토벌하였다. 군대가 부여성(夫餘城)에 이르자 부여 온나라가 놀라 □□□□□□을 헌납하였다. 왕의 은혜가 널리 뒤덮었다. 이에 군사를 돌려 도성으로 돌아왔다. 또 그들 중에서 태왕의 덕화(德化)를 사모하여 개선군(凱旋軍)을 따라온 사람이 있었으니, 미구루(味仇婁: 지명)의 압로(鴨盧),[83] 비사마(卑斯麻)의 압

82　後燕으로 추정한다.
83　동부여의 벼슬이름, 혹은 집단의 이름. 현대 중국의 언어학자 劉節(1901~1977)은 『好太王考釋』에서 압로를 '挹婁'로 풀이하였다.

로, 타사루(檐社婁)의 압로, 숙사사(肅斯舍)의 압로, □□□의 압로
다. 대개 공격하여 함락시킨 성의 수가 64개요, 마을[村] 수가 1,400
개다.

9.
능묘(陵墓)를 지키는 연호(烟戶)[84]를 말하자면, 매구여(賣句余) 지역
의 백성은 국연(國烟)이 2가, 간연(看烟)[85]이 3가, 동해가(東海賈)는
국연이 1가, 간연이 5가다. 돈성(敦城)의 백성은 4가가 모두 간연이
다. 우성(于城)은 1가 간연이요, 비리성(碑利城)은 2가가 국연이다.
평양성(平壤城)의 백성은 국연이 1가, 간연이 10가이다. 자련(訾連)
은 2가가 간연이다. 배루(俳婁) 사람은 국연이 1가, 간연이 43가다.
양곡(梁谷)은 2가가 간연이요, 양성(梁城)은 2가가 간연이다. 안부련
(安夫連)은 22가가 간연이요, 개곡(改谷)은 3가가 간연이요, 신성(新
城)[86]은 3가가 간연이다. 남소성(南蘇城)[87]은 1가가 국연이다.

새로 들어온 한예(韓穢)[88]로 수사성(沙水城)은 국연이 1가, 간연
이 1가이다. 모루성(牟婁城)은 2가가 간연이요, 두비압잠한(豆比鴨
岑韓)은 5가가 간연이다. 구모객두(勾牟客頭)는 2가가 간연이요, 구
저한(求底韓)은 1가가 간연이다. 사연성(舍蔦城)의 한예(韓穢)는 국
연이 3가, 간연이 21가다. 고모야라성(古模耶羅城)은 1가가 간연이다.

84 사람이 사는 집. 民戶.
85 부족장이 지정한 煙戶. 看은 '汗(khan)'의 音寫라는 연구 결과가 있다. 李藤龍,「광개
    토대왕비문에 쓰인 '煙' 자의 어휘적 의미」,『이우성 정년 기념 논총』(1990) 참조.
86 지금의 撫順 북쪽에 있는 高爾山城으로 비정된다. 高爾山은 高麗山이라는 의미다.
87 삼국시대에 만주의 南山城子에 있었던 고구려 옛 성.
88 백제 遺民. 韓族과 穢族으로 나누어보는 연구자가 많다.

경고성(炅古城)은 국연이 1가, 간연이 3가이다. 객현한(客賢韓)은 1가가 간연이요, 아단성(阿旦城)과 잡진성(雜珍城)은 모두 10가가 간연이요, 파노성(巴奴城)의 한(韓)은 9가가 간연이요, 구모노성(臼模盧城)은 4가가 간연이요, 각모노성(各模盧城)은 2가가 간연이요, 모수성(牟水城)은 3가가 간연이다. 간저리성(幹氐利城)은 국연이 2가, 간연이 3가다. 미추성(彌鄒城)은 국연이 1가, 간연이 7가다. 야리성(也利城)은 3가가 간연이요, 두노성(豆奴城)은 국연이 1가, 간연이 2가다. 오리성(奧利城)은 국연이 1가, 간연이 8가이다. 수추성(須鄒城)은 국연이 2가, 간연이 5가이다. 백잔 남쪽에 거주하던 한(韓)은 국연이 1가, 간연이 5가이다. 태산한성(大山韓城)은 6가가 간연이다. 농매성(農賣城)은 국연이 1가, 간연이 7가이다. 윤노성(閏奴城)은 국연이 1가요 간연이 22가이다. 고모루성(古牟婁城)은 국연이 2가, 간연이 8가이다. 전성(琢城)은 국연이 1가, 간연이 8가이다. 미성(味城)은 6가가 간연이요, 취자성(就咨城)은 5가가 간연이요, 수양성(彡穰城)은 24가가 간연이다. 산나성(散那城)은 1가가 국연이다. 나단성(那旦城)은 1가가 간연이요, 구모성(句牟城)은 1가가 간연이요, 어리성(於利城)은 8가가 간연이요, 비리성(比利城)은 3가가 간연이요, 세성(細城)은 3가가 간연이다.

10.
국강상광개토경호태왕이 생존시에 교지(敎旨)를 내려 말씀하시기를 "조왕(祖王)과 선왕(先王)께서는 원근 각지에 사는 본토민[舊民]만을 데려다가 무덤 수호와 소제(掃除)의 일을 맡도록 명령하였지만, 나는 본토민들이 도리어 힘이 약해지고 저열(低劣)해질까봐 염려한다.[1] 만약 내가 죽은 뒤[萬年之后]에 수묘(守墓)하는 일에 안주할 사람[2]은 내가 직접 돌아다니며 약취(略取)한 한·예인(韓穢人)만을 데려다가 쇄소(灑掃)하는 일에 대비토록 하라!"고 하였다. 명령을 말씀하심이 이와 같았으므로, 그래서 교령(敎令)과 같이 한족과 예족 220가(家)를 데려왔다. 그런데 이들이 법도(法度)를 알지 못할까 염려하여 다시 본토민 110가를 데려왔다. 신구(新舊) 수묘호(守墓戶)를 합산하니, 국연이 30가, 간연이 300가, 모두 합하여 330가였다.

위로 조왕(祖王)과 선왕(先王)으로부터 이래로 능묘(陵墓) 가에 석비(石碑)를 안치하지 못함으로써 수묘인의 연호(煙戶)에 착오가 나는 결과를 초래하였다. 국강상광개토경호태왕은 조왕·선왕 위하는 일을 극진히 하였으니, 능묘 가에 비석을 세우고 그 연호를 새김으로써 착오가 생기지 않도록 하였다. 또 수묘인 규정을 제정하여 지금부터 이후로 상호 전매(轉賣)할 수 없도록 하였다. 비록 경제적으로 풍족함이 있는 사람일지라도 역시 마음대로 살 수 없도록 하였다.[3] 만일 법령을 위반할 경우, 파는 사람은 형벌에 처하고 사는 사람은 법령[4]을 제정하여 (그 자신이) 수묘를 하도록 하였다.

1 한곳에 정착하여 수묘인 노릇을 하다가 고구려인의 강인한 기질을 잃을까봐 염려했다는 말. '羸(리)'란 신체적 약화를 가리킨다.
2 무덤을 지키고 제사 등의 행사에 사역되었던 守墓戶를 가리킴. 『삼국사기』新大王 15년(179)에 國相 明臨答夫가 죽자 국가에서 그를 禮葬하고 守墓戶 20家를 두었다고 한다.
3 수묘인 연호를 사서 개인의 노비로 부리는 일을 금지했다는 말.
4 강제로 수묘인 연호에 편입하는 것을 내용으로 하는 법령.

集安高句麗碑

집안고구려비

2

그림 2-1. 『집안고구려비』, 지린대 출판사, 188쪽, 191쪽.

그림 2-2. 집안고구려비 탑본
(『중국문물보』, 2003)

2012년 7월 29일, 중국 길림성 집안현의 마선하(麻線河) 강변 한 민가 곁에서 발견되었다. '마선비'라고도 일컫는 것은 그 때문이다. 내용은 광개토태왕비에 나오는 수묘인(守墓人)에 대하여 구체적으로 적은 것이다. 일부는 광개토태왕비문 내용과 일치한다. 세운 시기는 장수왕 15년(427)으로 추정된다. 글씨는 예서체이며, 비문은 10행 210여 자 가운데 140여 자가 판독 가능하다. 비의 모양은 상단이 세모꼴인 규형비(圭形碑)이며 제액(題額)은 없다.

원문

■¹■■■世, 必授²天道, 自承元王. 始祖鄒牟王之創基也, ■■■³子, 河伯之孫, 坤寄通, 乾假照⁴. 開國辟⁵土, 繼胤相承, ■■■□□□烟戶, 以⁶□⁷河流, 四時祭祀. 然而世悠長, 烟■⁸□□□烟戶□□□□富足□⁹轉賣, □□守墓者, 以銘□□, □□□□國罡上太王. □□□太王, 神□乘輿東西, □□□□□, 追述先聖, 功勳彌高, 烋烈¹⁰繼古人之慷慨. □□□□丁卯年刊石¹¹, 自戊子¹²受神敎內發¹³, 今其修復¹⁴, 各於□□□□¹⁵立碑, 銘其烟戶頭卄人名, 以示後世. 自今以後, 守墓之民, 不得擅自更相轉賣. 雖富足之者, 亦不得其買賣. 如有違令者, 後世繼嗣□□¹⁶, 看其碑文與其罪過.

※ ■: 박락된 것, □: 분명하지 않은 것

1 ■: 발어사 '惟'로 추정된다.
2 授: '受'와 통용된다.
3 ■■■: 광개토태왕비의 예에 따라 '天帝之'로 추정된다.
4 집안박물관에서 펴낸 『집안고구려비』(2013)에서는 '神靈祐護蔽蔭'으로 판독하였다. 그러나 원본 사진과 한상봉 탁본에 따르면 '神'이 아닌 '坤'일 가능성이 높다. '乾假'는 뚜렷하다. 謝靈運의 「撰征賦」에서 "坤寄通於四瀆, 乾假照於三辰"이라 한 대목을 인용했을 가능성이 높다. '四瀆'은 중국 고대에 국가의 운명과 관련이 깊다고 여기던 네 강. 즉 揚子江·濟水·黃河·淮河를 가리키고, '三辰'은 해와 달, 그리고 별을 가리킨다.
5 辟: 열다[闢].
6 以: 더불다. 함께 하다. '與'의 의미.
7 □: '此'로 추정된다. '七'로 판독한 경우도 있다.
8 ■: '戶'로 추정된다.
9 □: '者'로 추정된다.
10 烋烈: 아름답고 열렬함. 또는 그런 공훈. '悠烈'로 판독함은 잘못이다. 張猛龍碑에 '庶揚烋烈' 운운한 대목이 있다.
11 丁卯年刊石: 서예가 한상봉이 중앙일보에 제공한 탁본에 의한다.
12 戊子: 장수왕 36년(448). 서예가 한상봉이 중앙일보에 제공한 탁본에 의함.
13 受神敎內發: 『집안고구려비』에서는 '定律敎□發'로 판독하였으나, 여러 탁본을 종합하여 '受神敎內發'로 판독한다. 여기서 '內發'은 '命自內發'의 줄임말이다.
14 修復: 고쳐서 복구함. '修復先王之舊章'의 준말.
15 □□□□: 호태왕비의 예에 따라 '祖先墓上'(先王墓上)으로 추정됨.

번역

… 한 세상을 엷에 반드시 천도(天道)를 받아 스스로 원왕(元王: 시조)을 계승하는 법이다. 시조 추모왕께서 나라의 터전을 여심에, 천제(天帝: 日月)의 아들이요, 하백(河伯)의 손자(외손)이신지라, 대지에게는 교통의 원활함을 의지하고, 천상에게는 해·달·별의 빛이 비치는 것을 빌리었도다. 나라를 열고 영토를 개척하여 적자(嫡子)로 왕통이 서로 이어지니, … (중간 탈락) 연호(煙戶)들이 이 강(마선하)과 함께 네 계절마다 제사를 올렸다. 그러나 세월이 오래 흐르다보니 연호(의 관리가 부실하게 되었다.) 연호를 … (중간탈락) 재력 있는 사람들이 돌려팔자, 수묘자(守墓者)를 … 하여 (그 인원수를) 새김으로써 … (중간 탈락) 국강상태왕께서 (정하신 바와 같이 하였다.)

국강상태왕께서는 … 안거(晏車)를 타시고 …. 선성(先聖)을 추술(追述)하여 공훈(功勳)이 더욱 높으니, 아름답고 열렬한 공훈[烋烈]은 옛사람의 강개(慷慨)함을 계승한 것 같다. … 정묘년(427)[17]에 돌을 깎아 세웠다. 무자년(448)에 신교(神敎)를 받아 대내(大內)로부터 명령이 발동되었는데, 오늘에 (조상의 능묘를) 수리, 복구한 뒤 각각 그 능묘 가에 비를 세우고 연호두(烟戶頭) 20명의 이름을 새겨 후세에 보인다. 오늘부터 이후로 수묘하는 백성은 제멋대로 상호간 전매할 수 없다. 비록 재력가라 할지라도 그것을 매매할 수 없다. 명령을 어기는 사람이 있다면, 후세에 대를 이은 아들에게까지 그 비문과 그 죄과를 보도록 하라!

---

16   □□: 희미하지만 '之子'로 판독됨.
17   장수왕 15년(427).

高句麗好太王壺衧

고구려 호태왕 홀아

3

그림 3. 광개토왕호우(위)와 바깥바닥의 명문(아래)
(『옛 글씨의 아름다움』, 이천시립월전미술관, 2010)

1946년 경상북도 경주 호우총 발굴 당시 출토되었다. 호우는 고구려에서 광개토태왕을 기념하기 위해 만든 청동 그릇이다. 밑바닥에 '을묘년 국강상광개토지호태왕' 운운하는 글씨가 새겨져 있다. 을묘년은 광개토태왕 사후인 장수왕 3년(415)이다. 신라 고분의 편년 연구 및 신라와 고구려의 대외관계사 연구에 중요한 자료가 된다. 신라의 고분에 고구려 호우가 묻힌 배경에 대해서는 미술가 김용준(金瑢俊: 1904~1967)의 분석이 흥미롭다. 그는 412년에 고구려에 볼모로 갔던 복호(卜好)가 418년 귀국하면서 가지고 왔을 것으로 추정하였다. 1) 내물왕 37년(광개토왕 2, 392), 이찬 대서지(大西知)의 아들 실성(實聖)이 인질로 고구려에 가다. 실성이 내물왕에게 원심을 품다. 2) 401년 실성이 귀국하다. 3) 402년 내물왕이 죽자 내물왕의 어린 왕자들을 몰아내고 신라 제18대 임금으로 즉위하다. 4) 즉위 직후 내물왕의 제3자 미사흔(당시 10세)을 왜국에 볼모로 보내다. 5) 412년 내물왕의 제2자 복호를 고구려에 볼모로 보내다. 6) 413년 광개토왕 승하하다. 7) 415년 퉁코우[通溝]에 광개토왕릉 축조, 호우 제작되다. 8) 418년 복호와 미사흔 귀국하다. 『근원수필(近園隨筆)』(1946) 참조.

원문

乙卯年¹國
岡上廣開
土地好太
王壺杆十²

번역

을묘년에 만든 국강상광개토지호태왕의 호우. 십(十)

1 고구려 장수왕 3년, 서기 415년이다.
2 十: 제조 당시의 일련번호로 추정된다.

덕흥리 고분 서명

德興里 古墳 墨書銘

4

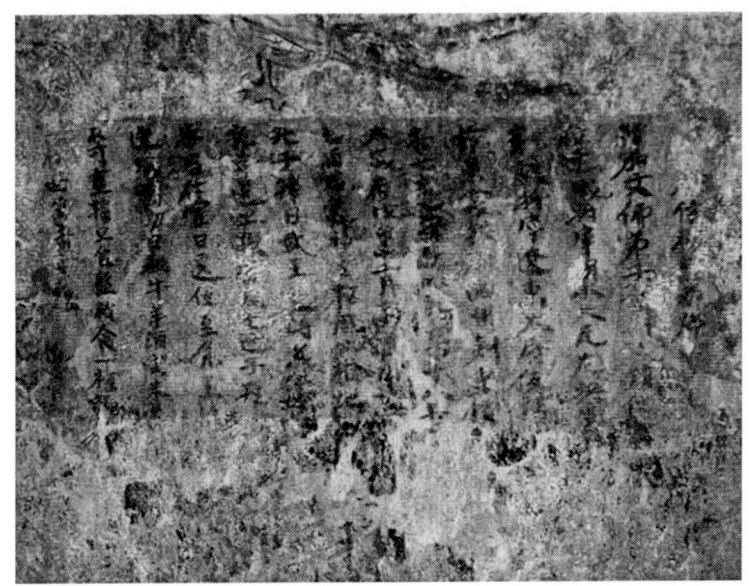

그림 4. 덕흥리고분 묘지명(한국금석문 종합영상정보시스템)

북한의 평안남도 남포시 강서구역 덕흥리 무학산 기슭에 있다. 광개토태왕 18년(408)에 조성하였다. 전형적인 고구려의 석실봉토분이다. 고분의 벽면 56개 소에서 600여 자의 묵서가 발견되었는데, 크게 보아 무덤 주인공의 묘지문과 벽화설명문으로 대별된다. 여기 소개하는 묵서명은 14행 154자이다. 무덤의 주인인 유주자사(幽州刺史) 진(鎭)의 고향, 역임한 관직, 나이, 무덤에 묻힌 날짜, 후손의 번영과 안녕을 기원하는 내용으로 되어 있다. 무덤의 주인공 유주자사 진에 대해서는 고구려 사람으로 보는 쪽과 중국인으로 보는 쪽으로 갈려 있다. 한편 '유주자사'란 관직명을 놓고도 그것이 고구려에서 수여 받은 것인지, 아니면 중국에서 수여 받은 것인지 견해가 엇갈리고 있다. 고구려의 유주 진출 여부가 초미의 관심사임을 잘 보여준다. 이 덕흥리 고분은 조성 연대가 정확히 기록된 몇 안 되는 유적이다. 고구려 고분벽화 양식의 변천사 연구에 중요한 자료다.

원문

□□郡信都縣, 都鄕中甘里, 釋加文佛弟子□□氏鎭, 仕位建威將軍·國小大兄左將軍·龍驤將軍·遼東太守·使持節東夷校尉·幽州刺史. 鎭年七十七薨焉, 以¹永樂十八年, 太歲在戊申十二月辛酉朔廿五日乙酉成, 遷移玉柩. 周公相地, 孔子擇日, 武王選時. 歲使一良, 葬送之後, 富及七世, 子孫番昌, 仕宦日遷, 位至侯王. 造欌²萬功, 日煞牛羊, 酒宍(肉)米粲, 不可盡掃. 旦食鹽豉食一椋. 記之後世, 寓寄³無疆.

1 以: 종래에는 판독되지 않는 글자로 처리하였으나, 허흥식, 『한국금석전문』에 따라 '以' 자를 추가 판독한다.
2 欌: 장롱. 여기서는 무덤에 비유되었다.
3 발(발길)을 붙이다. 寓足 또는 寄足.

번역

○○군 신도현(信都縣) 도향(都鄕)⁴ 중감리(中甘里) 사람으로 석가문불(釋迦文佛)⁵의 제자인 ○○씨 진(鎭)⁶은 역임한 관직이 건위장군(建威將軍)·국소대형(國小大兄)·좌장군(左將軍)·용양장군(龍驤將軍)·요동태수(遼東太守)·사지절(使持節)·동이교위(東夷校尉)·유주자사(幽州刺史)였다. 진은 나이 77세에 세상을 떠났다. 영락 18년 무신년(광개토태왕 18년, 408) 초하루가 신유일인 12월의 25일 을유일⁷ 부로 (무덤을) 완성하여 옥구(玉柩)를 옮겨 모시었다. 주공(周公) 같은 이가 자리를 잡고 공자(孔子) 같은 사람이 날짜를 가렸으며 무왕(武王) 같은 이가 시간을 뽑았다. 태세(太歲)가 (땅·날짜·시간을) 하나같이 좋게 하였으니, 장송(葬送)한 뒤 부(富)가 칠세(七世)에 미치고 자손이 번창하며, 벼슬을 하여 날로 옮겨지고 자리가 후왕(侯王)에 이를 것이다. 무덤을 조성함에 만인(萬人)의 공력이 들였다. 날마다 소[牛]와 양을 잡았으며 술과 고기, 그리고 미찬(米粲)⁸이 다 소비(掃費)할 수 없는 지경이었다. 아침 식사[旦食]에 먹는 소금과 된장이 일량(一椋)⁹이었다. 기록하여 후세에 전하나니 이곳에 발길을 붙이는 사람이 끝이 없기를.

4 군현의 治所가 있던 곳.
5 석가모니불. '석가문불'이라고 번역한 예는 竺法護가 번역한 『彌勒下生經』에서 볼 수 있다.
6 墓主의 성과 이름.
7 일본 학자 田中俊明은 408년 12월 초하루 일진이 辛酉가 아니라 庚申인 점을 들어 고구려에 독자적인 역법이 있었을 것으로 보았다(「德興里壁畵古墳の墨書銘について」, 『朝鮮史硏究會會報』59, 1980). 그러나 일진의 오류가 하루 차이인 점으로 미루어 단순한 오류일 수도 있다.
8 玄米를 찧어 희게 만든 입쌀. 백미. 精米.
9 '椋'은 물건의 부피를 나타내는 단위로 추정된다. 자세한 것은 알 수 없다.

武寧王陵誌石
무령왕릉지석

5

그림 5-1. 무령왕지석 전면 탑본

그림 5-2. 무령왕 매지권 탑본

1971년 백제 무령왕릉 발굴 조사 때 출토되었다. 왕과 왕비의 지석 두 매다. 1974년 7월 9일 대한민국의 국보 제163호로 지정되었고, 현재 국립공주박물관에 소장, 전시되고 있다. 왕의 지석은 세로 35cm, 가로 41.5cm, 두께 5cm이고, 왕비의 것은 세로 35cm, 가로 41.5cm, 두께 4.7cm이다. 왕의 지석 앞면은 백제 사마왕이 62세 되던 해(523년)에 죽어 묘에 안장하며 매지문서(買地文書)를 작성한다는 내용을 6행에 걸쳐 음각하였다. 뒷면에는 주위에 네모나게 구획선을 치고 간지(干支)와 8괘(八卦)를 배합한 방위를 새겼다.

왕비의 지석 앞면에는 526년 왕비가 죽자 장례를 지내고 529년 왕과 합장한다는 내용을 적었다. 무령왕릉 지석 뒷면은 525년(을사) 8월 12일에 돈 1만 매로 사마왕이 지신(地神)에게서 토지를 매입하였다는 내용의 매지권(買地券)이다. 무령왕릉지석은 무덤의 주인공과 축조 연대를 분명히 알 수 있어 웅진시대 백제정치사 연구에 크게 도움이 된다. 중국 남조풍(南朝風)의 우아한 글씨체는 백제 서예사 연구에서, 지석과 함께 출토된 금속공예품 등은 백제시기 공예품 양식 변천사 연구에서 빼놓을 수 없는 자료로 꼽힌다.

원문

寧東大將軍百濟斯
麻王年六十二歲癸
卯年五月丙戌朔七
日壬辰崩 到乙巳年八月
癸酉朔十二日甲申安厝[1]
登冠大墓[2] 立志[3]如左

1 安厝: 安葬과 같은 말. '厝'는 '措'의 뜻.
2 登冠大墓: '大墓에 올려 뫼시며'(이병도)
3 志: 志는 '誌'와 통한다. 지석은 기록류이므로 '立志'는 立券의 의미다.

번 역

영동대장군(寧東大將軍)[4] 백제 사마왕(斯麻王)[5]의 나이 62세 때인 계묘년[6] 5월, 초하루가 병술일[7]인데 7일 임진(壬辰)에 붕어(崩御)하였다. 을사년 8월, 초하루가 계유일인데, 12일 갑신(甲申)에 안장(安葬)하여[8] 대묘(大墓: 陵)에 올려 뫼시었다. 관련 기록은 좌와 같다.

---

4   무령왕 21년(梁 普通 2년) 양나라에 사신을 보냈을 때 梁武帝로부터 받은 '使持節都督百濟諸軍事寧東大將軍'(『梁書』 열전 48, 諸夷, 百濟條)의 약칭이다.
5   『삼국사기』「백제본기」에는 무령왕의 諱가 '斯摩'라고 되어 있다. '麻'와 '摩'가 서로 다른 것은 借音하여 記寫한 데서 비롯된다. 시호인 '무령'을 사용하지 않고 왕의 휘를 붙여 '사마왕'이라고 한 것은 葬後에 시호를 올렸기 때문인 듯하다.
6   백제 무령왕 23년(523)이다. 崩御 연대가 『삼국사기』의 기록과 일치한다. 『梁書』에서 양무제 普通 5년(524)이라 한 것은 잘못이다. 무령왕의 향년이 62세(서기 523년)라는 이 기록에 의하면, 왕의 출생년은 461년이다. 『일본서기』에도 雄略天皇 5년(461) 6월 1일에 무령왕이 탄생한 것으로 되어 있다. 이 지석의 기록에 따르면, 『삼국사기』에 무령왕의 從伯叔으로 되어 있는 三斤王보다 나이가 두 살이나 많다. 또 무령왕이 왕위에 오를 때 나이가 40세다. 무령왕의 계보에 대한 연구가 필요하다.
7   일진으로 추산할 때 劉宋의 元嘉曆을 사용한 것으로 추정된다. 『周書』 異域傳, 「百濟」 條와 『隋書』 東夷傳 「百濟」 條에 의하면 백제에서는 일찍부터 劉宋의 元嘉曆을 채용했다고 한다. 원가력은 유송의 文帝 元嘉 20년(423)에 제정되었다.
8   崩御로부터 安葬까지 28개월이 걸렸다. 이를 미루어보면 당시 유가의 예법에 따라 3년상(27개월)을 입었고, 탈상 이후 吉日을 선택하여 안장하였던 것 같다. 27개월 동안은 殯葬 상태였을 것이다.

[부] 무녕왕릉매지권 武寧王陵買地券

원문

錢一万文 右一件

乙巳年八月十二日寧東大將軍

百濟斯麻王 以前件錢 詢⁹

土王土伯土父母土¹⁰下衆官二千石

買申地爲墓 故立券爲明

不從律令

9 詢: 토지 매매에 관하여 자문함. 황수영의 『한국금석유문』에서는 '訟'(재판을 하다)으로 보았으나, 문리가 잘 통하지 않는다.
10 土: 종래 '上'으로 판독하였으나 탁본에는 분명히 '土'로 되어 있다.

번역

돈 일 만 문, 오른쪽 한 건이다.[11]

을사년 8월 12일에 영동대장군 백제 사마왕이 전건(前件)의 돈[12]을 가지고 토왕(土王)[13], 토백(土伯)[14], 토부모(土父母)[15], 이천 석 질(二千石秩: 연봉 2천 석)의 토하중관(土下衆官)[16]에게 자문을 구하여 신지(申地)[17]를 사서 묘역을 만들었다. 그러므로 문서를 만들어 증명한다. 율령에 따르지 않는다.[18]

11 '우측에 기록된 내용, 한 가지 건수'라는 뜻.
12 좌측에 기록된 금액. 일만 문을 가리킨다. 매매에 사용된 돈은 당시 중국 양나라에서 사용하던 五銖錢이다. 지석과 함께 발굴되었다.
13 전체의 토지신. 賣主의 대표격.
14 어느 한 지역의 토지신.
15 墓域을 지배하는 토지신.
16 冥府에서 벼슬살이하는 지방관을 가리킨 듯하다. '이천석질'은 중국 漢나라 때 지방장관의 祿俸이 2천 석이었던 데서 유래한다.
17 申方. 웅진의 왕성을 중심으로 남서쪽을 가리킨다.
18 세간의 율령을 따르지 않는다는 의미. 무령왕릉과 관련된 묘지 매매는 초인간적 계약이기 때문이다. 도교에서 말하는 '急急如律令'과는 내용이 다르다.

9

무령왕릉출토동경명
武寧王陵出土銅鏡銘

그림 6. 무령왕릉출토 청동 신수문경(문화재청)

무령왕릉에서 출토된 동경에 새겨진 명문이다. 중국 후한 명제(明帝) 때(AD. 64) 만들어진 「영평칠년상방수대경(永平七年尙方獸帶鏡)」의 명문(銘文)을 모방한 것으로 보인다. 원문은 다음과 같다. "尙方作竟大毋傷, 巧工刻之成文章. 左龍右虎辟不祥, 朱鳥玄武順陰陽. 上有逸人不知老, 渴飮玉泉飢食棗, 永平七年九月造." 이를 통해 도교사상의 원류인 신선사상이 당시 백제 귀족층에 폭넓게 알려져 있음을 짐작하게 한다.

원문

尚方作竟¹眞大好　上有仙人不知老
渴飮玉泉飢食棗　壽□²金石兮

1　竟: 거울. '鏡'과 통용된다.
2　□: '如' 또는 '似'로 추정된다.

번 역

상방(尙方)³에서 거울을 만들었는데 참으로 아주 좋다.
위에는 선인이 계시어 늙을 줄을 모르신다.
목마르면 옥천의 물을 마시고 배고프면 대추를 드시는데⁴
수명이 금석(金石)과도 같네.

---

3 궁궐에서 왕실의 의복과 장신구, 일용품 등을 제작하던 곳.
4 『史記』 권28,「封禪書 第六」에 의하면, "安期生食巨棗, 如大瓜. 安期生僊者, 通蓬萊中, 合則見人, 不合則隱"이라 하여, 신선 安期生이 오이만한 대추를 먹었다고 한다. 대추는 不老長生하는 신선의 과일로 알려진다.

7

百濟七支刀銘
백제칠지도명

그림 7. 칠지도 전면과 후면
(「문자, 그 이후: 한국고대문자전」, 국립중앙박물관, 2011, 14쪽)

백제에서 왜국으로 보낸 철제칼. 전체 길이는 74.9cm이다. 용도는 자세히 알 수 없다. 명문은 전면(표면)에 34자, 후면(이면)에 27자가 새겨져 있다. 제작 시기는 학자에 따라 이설(異說)이 많다. 최근 연구 성과에 의하면 대개 5세기 초로 추정된다. 1873~1877년에 일본 나라현(奈良縣) 덴리시(天理市) 소재 이소노카미신궁(石上神宮)의 대궁사(大宮司)이던 간마사토모(菅政友)에 의해 그 명문(銘文)이 발견되었다. 그 이전에는 보관 중이던 신고(神庫)의 출입이 일절 금지되었고, '육차모(六叉鉾)'라 하여 칼이 아닌 창으로 알려져 왔다. 그러다가 칠지도에 붙어 있던 녹을 닦아내는 과정에서 칼의 양쪽 옆면에 황금으로 상감(象嵌)된 명문이 발견됨으로써 제작 당시의 명칭이 칠지도였음이 분명해졌다. 1953년 일본 국보 제207호로 지정되었다.

전면

泰□¹四年, 十一²月十六日丙午正陽, 造百練鋲七支刀.

□³辟⁴百兵, 宜供供⁵倭王. □□□□作⁶.

후면

先世以來, 未有此刀. 百慈⁷王世子, 奇生⁸聖音⁹, 故¹⁰爲倭王旨¹¹ 造, 傳示後世.

1　□: 1981년 NHK에서 엑스레이 촬영 결과 '禾' 변의 글자임이 판명되었다. '和' 자일 가능성이 높아졌다.
2　十一: 종래 '五' 자로 판독하는 경우가 다수였으나 1981년 NHK 엑스레이 촬영 결과 '十一'로 판독되었다. 이로써 '五月丙午日'을 길상구로 보던 종래의 설은 설득력이 약하다고 본다.
3　□: '生'으로 추정된다. '태생적으로'라는 의미다. '出' 자로 추정하는 경우도 있다. '戰場에 나가면'이라는 의미다. 그러나 '出'로 판독할 때 앞뒤 연결이 자연스럽지 않다.
4　辟: 막아내다. 물리치다.
5　供供: 용례를 찾기 어렵지만, '제공(공급)하다'는 의미로 보아야 할 듯하다. 여러 사람에게 공급하기 때문에 '供供'이라 한 듯하다. '바치다'로 해석하거나 '恭恭'과 같은 의미로 보는 것은 문리에 맞지 않다. '復供'으로 판독한 사례도 있다.
6　□□□□作: 吉祥句 '永年大吉祥'으로 추정하는 경우(일본)도 있다.
7　慈: 학계에서는 대개 '濟'로 판독하지만 글자 모양으로는 '慈' 자일 가능성이 높다.
8　奇生: 기이한 탄생. 奇生을 '寄生'으로, '聖音'을 '聖晉'으로 보아, 백제가 중국(東晉)에 기생하는 것으로 해석하는 경우(일본학자)도 있지만 구차하다.
9　聖音: '성스런 소식', 또는 '성스런 음덕(聖蔭)'으로 풀이된다. 둘다 해석이 가능하다. 후자는 '奇生于聖蔭'이란 의미다. 또 '音'을 '엄치(臣智)'(삼한 시기 君長을 일컫던 말)의 준말로 보아 '성스런 엄치'라 해석하는 연구자도 있다. 그러나 왜국에 하사하는 칼에 국제공통어가 아닌, 백제계의 고유 君稱을 사용한다는 것은 설득력이 떨어진다. 이밖에도 '聖'을 불교와 관련시켜 보는 경우가 있지만 附會에 가깝다.
10　故: 그러므로. '일부러'(짐짓)로 풀이하는 것은 잘못이다.
11　旨: ① 백제 임금의 王旨, ② 왜왕의 왕지, ③ 왜왕의 이름, ④ '교묘하게', '정교하게', '날카롭게' 등으로 해석한다. 이 가운데 ②와 ④의 경우는 억설에 가깝다.

번역

□ 태화(泰和) 4년¹² 11월 16일 병오날 정양(正陽)¹³에 백련철¹⁴로 칠지도를 만들었다. (이 칼은) 태생적으로 온갖 병화(兵火)를 막아낼 수 있으니, 후왕(侯王: 작은 나라 임금)에게 분급(分給)하는 것이 좋겠다. △△△△¹⁵ 작(作).

■ 전대 이래로 이런¹⁶ 칼은 아직 없었다. 백자(百慈: 백제) 왕세자가¹⁷ 성음(聖蔭) 속에 기생(奇生)¹⁸한지라, 왜왕(倭王)을 위하여 왕지(王旨)로 만들었으니, 후세에 전하여 보이도록 하라.

---

12 백제 전지왕 4년(408, 戊申)으로 추정된다. 4~6세기 사이 11월 16일 일진이 병오인 경우는 단 한 차례라고 한다. 홍성화, 「이소노카미(石上) 神宮 칠지도에 관한 일고찰」, 『韓日關係史研究』34, 한일관계사학회, 2009 참조. 이를 미루어 '태화'는 전지왕의 연호일 것으로 추정된다.
13 해가 하늘 가운데 떠 있는 때. 한낮. 하루 가운데 화기가 가장 성하다.
14 수없이 담금질을 한 무쇠.
15 제작자(匠人 이름)로 추정된다.
16 '이런 형태' 또는 '이런 성격'으로 해석할 수 있을 듯하다.
17 전지왕의 세자 久爾辛을 가리킴.
18 기이한 자질을 타고남.

논점정리

1. '泰和'란 연호가 중국에서 사용된 사례로는 금나라 때인 1201년부터 1208년까지이다. 이는 백제 때와 시기적으로 맞지 않는다. 일본의 학자들은 중국 동진 때의 연호인 태화(太和: 366~371)와 같은 것으로 보았다. 그러나 새기기 쉬운 '太' 자를 버리고 획수가 많은 '泰' 자로 바꾸어 쓸 이유는 없다고 본다. 획을 줄여 쓰는 경우는 있지만 획수를 일부러 늘려 쓰는 경우는 거의 없을 것이다. 중국에서 '泰和'와 '太和'를 통용한 경우가 드물게 있지만, 한국·일본에서는 그 사례를 찾기 어렵다. 굳이 동진의 연호로 보려는 것은 『일본서기』 신공기(神功記) 52년조의 기록과 맞추려는 데 그 의도가 있다.

2. 종래에는 '5월 16일 병오'라 하였으나, 1981년 X레이 판독 결과 11월 16일로 판명되었다. '11월 16일 병오'라는 조건에 맞아떨어지는 사례는 4~5세기를 통틀어 단 한 차례가 있다고 한다. 전지왕 4년(408) 이 바로 그 경우다. 1983년 북한의 역사학자 손영종은 '11월 16일 병오'를 '5월 13일 병오'로 판독하고, 4~5세기 무렵 5월 13일이 병오일인 해는 전지왕 4년(408)과 무령왕 1년(501) 두 차례가 있다고 밝혔다. 여기서 주목되는 바 있다. '5월 13일 병오'로 판독하건, '11월 16일 병오'로 판독하건, 공교롭게도 양자가 전지왕 4년에만 해당된다는 점이다. 손영종은 이미 전지왕 4년으로 확정 짓고 '태화'를 백제 고유의 연호(전지왕의 연호)라고 본 바 있다. '11월 16일 병오'라는 주어진 조건을 충족시키는 해가 408년이라는 천문학적 뒷받침으로 미루어, 이제 종래의 수다한 설들은 빛을 잃을 수밖에 없다고 본다.

3. '칠지(七支)'라 할 때의 '지'는 기본적으로 '가지[枝]'라는 의미지만, 전지왕의 휘(諱)이자 시호이기도 한 '支' 자와 밀접한 관련이 있다고 본다. 전지왕은 '전지(腆支)', '직지(直支)', '진지(眞支)' 등 여러 가지로 불리거나 표기되지만, '支' 자는 변하지 않았다. 이 '支'는 지파(支派)란 의미로부터 후왕(侯王)까지 해석할 수 있는 여지가 많다. '지' 자는 전지왕을 상징하는 것이라 볼 수 있다.

4. 지난날 '기생성음'을 인명으로 본 사례가 있었다. 또 '더부살이 한다'는 의미의 '기생(寄生)'과 같은 말로 본 경우도 있었다. 길상어(吉祥語)라고 얼버무린 예도 있었다. 일본학자나 한국학자 모두 기본적으로 편견을 지닌 데다가 한문의 리듬을 무시하고 자가의 편의대로 해석하는 경우가 많았다. '기생'이란 '기이한 탄생(생애)' 또는 '기이한 자질을 지니고 태어남'이라는 의미다. 기생의 주인공은 바로 구이신왕(久爾辛王)이다. 『삼국사기』에 의하면, 구이신왕의 아버지인 부여영(夫餘映: 전지왕)은 아내 팔수부인(八須夫人)과 함께 397년부터 405년까지 9년 동안 왜국에 볼모로 있었다. 그는 왜국에서 여러 인사들과 접촉, 교유하였다. 405년 아신왕이 죽자 전지왕의 중제(仲弟)인 훈해(訓解)가 임시 섭정을 맡은 뒤, 일본에 아신왕의 부음을 전하고 태자의 귀국을 기다렸다. 태자 영은 아신왕의 부음을 받고 만삭의 팔수부인과 함께 왜병 100여 명의 호송을 받으며 귀국길에 올랐다. 그 사이 훈해의 아우 설례(碟禮)가 반란을 일으켜 훈해를 죽였다. 태자 영은 귀국 도중 쿠데타 소식을 듣고 섬에 들어가 난이 평정되기를 기다렸는데, 나라 사람들이 설례를 죽이고 태자를 맞아들였다. 이가 곧 전지왕이다. 귀국 도중 섬에 머무를 때 임신 중인 팔수부인이 왕자(후일 구이신왕)를 출산하였던 것 같다. 뒷날 전지왕은 귀국 당시 자신을 호위해준 왜왕에게 감사하는 의미로 이 칠지도를 보낸 것으로 추측된다.

5. '爲倭王旨造' 대목에서 문제가 되는 것은 '旨' 자를 어떻게 해석하느냐 하는 점이다. 문리로 보아서는 왜왕의 '이름' 또는 '왜왕의 뜻'으로 해석하는 것이 부드럽다. 왜왕의 이름으로 보는 경우, 역사적 사례에 비추어도 문제가 없다. 『송서(宋書)』 열전(列傳), 〈夷蠻 東夷 倭國〉조에 보면 '왜왕제(倭王濟)' 또는 '왜왕흥(倭王興)' 운운하는 대목이 있다. 여기서 '제', '흥'은 왜왕의 이름이다. 이 사례에 비추어 '지'를 왜왕의 이름으로 보는 것은 설득력이 있다. 다만 '지'라는 이름을 가진 왜왕이 누구인지는 정확히 알기 어렵다.

'왜왕의 뜻'으로 해석하는 경우, 우선 '왜왕의 요청' 즉 백제의 명도(名刀)를 갖고 싶어 하는 왜왕의 요청이라는 의미로 이해할 수 있다. 일본 학자 중에는 이것을 '왜왕의 상지(上旨)'로 해석하는 경우가 많다. 즉 왜왕의 명령에 따라 백제 임금이 만들어 바쳤다는 것이다.19 그러나 이것은 칠지도 전면에서 왜왕을 '후왕(侯王)'이라 지칭한 것에 비추어 어불성설이라 하지 않을 수 없다. 이밖에도 '지'는 임금의 어지(御旨)로도 볼 수 있다. 그렇다면 백제 임금의 어지에 따라 만들었다는 의미가 될 것이다.

---

19 대표적인 예로 일본 금석학의 대가 후쿠야마 토시오(福田敏男)를 들 수 있다.

8

眞興大王巡狩碑(磨雲嶺碑)
진흥태왕순수비(마운령비)

그림 8. 황초령비 탑본(좌)과 마운령비 탑본(우)

진흥왕 29년(568)에 진흥태왕이 국경 지방을 순수한 것을 기념하기 위해 세운 3개의 순수비 가운데 하나다. 원래 함경남도 이원군 마운령에 있었다. 현재는 함흥본궁으로 이전되어 있다. 화강석으로 된 비의 서체는 해서체다. 당시 서체 연구에 큰 도움이 된다. 비문은 앞면에 25자씩 8행 모두 415자의 명문이 새겨져 있다. 앞에서 10자, 뒤에서 19자가 결락되거나 잘 보이지 않지만, 진흥왕순수비 가운데 비문의 글자가 가장 많이 남아 있다. 결락된 부분은 내용이 거의 같은 황초령순수비를 통해 보충할 수 있다. 모두 393자가 판독된다. 6세기 신라 당시의 정치사, 사상사 및 이두문 연구에 매우 큰 도움이 되며, 특히 우리나라 고유사상인 풍류도의 사상적 연원을 고증하는 데 빼놓을 수 없는 자료로 꼽힌다.

원문

太昌元年歲次戊子八月卄一日癸未眞興太王巡狩管境刊石¹銘記也. 夫純風不扇, 則世道乖眞, 玄²化不敷, 則耶³爲交競. 是以, 帝王建號, 莫不修己以安百姓⁴. 然朕歷數⁵當躬, 仰紹太祖之基, 纂承王位, 兢身⁶自愼, 恐違乾道. 又蒙天恩, 開示運記, 冥感神祇⁷, 應符⁸合筭⁹. 因斯四方託境¹⁰, 廣獲民土, 隣國誓信, 和使交通. 府¹¹自惟忖¹², 撫育新古黎庶¹³, 猶謂"道化不周, 恩施未有". 於是, 歲次戊子秋八月, 巡狩管境¹⁴, 訪採民心, 以欲

---

1 刊石: 돌을 깎다. '刊石勒文'의 준말. '刊石'(간석)으로 쓰기도 한다.
2 玄: 황초령비를 보면 '玄'자, 마운령비를 보면 '旨'자처럼 되어 있다. 旨자에서 '日' 부분을 뜯어보면 '日' 또는 '8'자 같지만 사실은 '幺'를 변형한 것이다. 字體로 보거나 文理로 보더라도 '玄'자가 맞다고 생각한다. 황초령비와 마운령비는 일부 다를 뿐 내용이 대체로 같다. '玄'자가 '旨'자로 달라질 이유가 없다고 본다. 추사 김정희는 '玄'으로 판독하였고(『추사문집』권1, 「眞興二碑攷」), 이후 후학들은 대개 김정희의 설을 따르고 있다.
3 耶: 사특함. '邪'와 통용된다.
4 『論語』, 「憲問」 편에 나온다.
5 帝王들이 서로 계승하는 차례. 歲時 및 節氣의 先後와 같기 때문이다. 『論語』, 「堯曰」 "咨爾舜, 天之曆數在爾躬, 允執厥中." '歷'은 '曆'과 통용된다.
6 兢身: 몸을 삼가다.
7 神祇: 天神과 地祇(地神).
8 筭(산): '算'의 古字. '算'과 통용된다.
9 應符: 符籙에 호응한다는 말. '洛水應符' 즉, 중국 상고대 임금인 禹가 9년 治水할 때 낙수에서 신령한 거북이 나타나 그 등에 文書를 전하였다는 전설(『書經』, 「洪範」 참조)을 가리키는 것으로 볼 수도 있으나, '應符合筭'에서 '應'과 '合'은 동사로 보아야 한다.
10 託境: 국경을 맡기다.
11 府: '아래로는'. 俯와 통용된다.
12 惟忖: 생각하고 헤아림. 불교 『법화경』에 많이 나온다.
13 黎庶: 많은 백성. 黎民. '黔首'와 같은 말이다.
14 管境: 관할 국경.

勞賚[15]. 如有忠信精誠, 才超察厲[16], 勇敵强戰, 爲國盡節, 有功之徒, 可加賞爵物[17], 以章[18]勳效.

引駕日行[19], 至十月二日癸亥. 向[20]涉是達, 非里□[21]廣□因論邊堺矣. (이하 陰面의 隨駕沙門 등은 생략)

15 勞賚: 격려하다. 힘을 돋우다. 현대 중국어에서도 이런 의미로 사용된다.
16 察厲: 나라의 위태로움을 잘 살피다.
17 爵物: 벼슬과 물건.
18 章: 드러내다. '彰'과 통한다.
19 日行: 날마다 길을 떠남. '하루 동안 걷는 걸음', 또는 '하루에 …를 가다'라는 의미가 있으나, 여기서는 전자의 의미를 취하였다.
20 向: '間' 자로 판독한 예도 있다(김창호, 『고신라 금석문의 연구』, 서경문화사, 2007, 83쪽). 그러나 최남선의 판독 이래 대부분 '向'으로 보고 있다.
21 □: '城' 자로 추정된다.

번역

(A) 태창 원년 세차 무자 8월 21일 계미에 진흥태왕께서 관할 국경을 순수하심에 돌을 깎아 그 내용을 새겼다.

(B) "무릇 순박(純樸)한 바람이 불지 않으면 세도(世道)[22]가 참[眞]에서 어그러지게 되고, 오묘한 감화(교화, 변화)가 퍼지지 않으면 사특함[邪]이 서로 다투게 되는 법이니라. 이 때문에 제왕(帝王)이 연호를 세움에, 자신을 수양함으로써 백성을 편안케 하지 않음이 없도록 하느니라. 그런데 짐(朕)은 역수(曆數: 정해진 운명)가 나에게 당함에, 우러러 태조의 기업(基業)을 소술(紹述)하여 임금의 자리를 계승하였는 바, 나 자신을 삼가 스스로 신중을 기하였고 천도를 어길까 두려워하였노라. 또 하늘의 은혜를 입어 운명의 기록을 열어서 보임에, 그윽한 가운데 천신(天神), 지기(地祇)와 통하였으며, 부록(符籙)[23]에 응하고 '천산(天箅)'[24]에 합치되었노라. 이에 따라 사방에서 자기 나라의 국경(國境)을 들어 맡겨옴으로써 백성과 영토를 널리 얻게 되었고, 이웃나라가 신의(信義)를 맹세함으로써 화호(和好)의 사절이 서로 통하게 되었느니라. 허리를 굽히고 스스로 생각하고 헤아려보나니, '옛 백성과 새 백성을 잘 무육(撫育: 사랑으로 정성껏 키움)하였는가.' 그럼에도 여전히 '도화(道化)가 두루 미치지 못하여 아직 은시(恩施: 은혜베품)가 없다'고 말하노라. 이에 세차 무자년(진흥왕 29년, 568) 가을 8월에 관할 국경을 순수(巡狩)하여 민심

---

22 세상을 다스리는 도리. 세상의 형편. '世道人心'의 준말.
23 뒷날 일어날 일을 미리 알아서 몰래 적어 놓은 글.
24 하늘이 점지한 운명.

을 탐방함으로써, 백성들을 격려하고자 하노라. 만약 충신(忠信)과 정성(精誠)이 있고, 재주가 세상에서 뛰어나 나라의 위태로움[厲]을 잘 살피며, 용감하게 대적(對敵)하여 강렬하게 싸움으로써, 나라를 위해 충절을 다하여 공이 있는 무리들에게는, 상으로 벼슬과 상품을 주어 공훈[勳效]이 잘 드러나도록 해야 될 것이니라."

(C) 인가(引駕)[25]가 날마다 길을 떠나 10월 2일(癸亥)에 이르렀다. 섭시달(涉是達: 지명)을 향하다가 비리성(非里城)[26]에서 널리 (사람들을 모아) 국경선인 변두리 지역에 효유(曉諭: 알아듣게 타이름)를 하였다.

25 의장 행렬에서 御駕를 안내하던 직책.
26 광개토태왕비와 진흥왕창녕순수비에 나오는 '碑利城'과 같다. 지금의 함경남도 安邊으로 추정된다.

9

왕흥사지 청동사리함명
王興寺靑銅舍利函銘

그림 9. 왕흥사지 청동제사리함(위)과 사리함 명문(아래)

백제 제27대 임금인 위덕왕(재위: 554~598)이 동 24년(577) 2월 15일에 죽은 왕자를 위해 사리탑을 세웠다는 내용을 적은 명문이다. 이 명문을 통해 백제왕실의 원찰인 왕흥사(王興寺)의 건립이 사실상 577년부터 시작되었음을 알 수 있다. 명문에 나오는 '입찰(立刹)'이란 절을 세웠다는 말이 아니다. '탑을 세웠다'는 의미다. 이 기록과 함께 『삼국유사』의 기사 내용을 하나로 연결시켜보면, 577년에 탑이 먼저 세워지고 이어 600년부터 왕흥사 건립 공사가 시작되어 634년에 마쳤음을 짐작할 수 있다.

원문

丁酉年二月十五日, 百濟王昌, 爲亡王子立刹¹. 本舍利二枚, 葬時神化爲三

번역

정유년(577) 2월 15일² 백제 임금 창(昌)³이 죽은 왕자를 위하여 탑을 세웠다[立刹]. 본사리(本舍利)⁴는 두 매였는데, 묻을 때 보니 신묘하게 변화⁵하여 세 매가 되었다.

1 刹: 불탑. 여기서는 절을 가리키지 않는다. 탑을 의미하는 같은 용례로는, 大唐平百濟碑에서 "이 보배로운 탑에 새겨 특별히 뛰어난 공을 기록한다."[刊玆寶刹, 用紀殊功]고 한 것을 들 수 있다.
2 석가모니 열반일. 2월 15일에 맞추어 사리를 봉안한 사례는 「慶州甘山寺彌勒菩薩造像記」, 「慶州甘山寺阿彌陀如來造像記」 등에 보인다. 죽은 사람의 명복을 비는 행사는 대개 2월 15일에 맞추어 치렀던 것 같다.
3 백제 제27대 임금 위덕왕(525~598, 재위 554~598)의 이름. 聖王의 맏아들로 부왕이 管山城(충북 옥천) 전투에서 신라군에게 대패, 3만의 士卒과 함께 죽자 즉위하였다.
4 본래 봉안한 사리. '황룡사찰주본기'에도 '본사리'란 말이 나온다.
5 종교적으로 神異함을 강조함으로써 신성성을 극대화하려는 의도라고 생각된다. 「미륵사석탑 사리장엄 봉안기」에 이른바 '사리의 신통변화가 불가사의하다'(神通變化, 不可思議)고 한 것과 같은 맥락에서 이해할 수 있다.

10

彌勒寺址石塔舍利莊嚴奉安記
미륵사지 석탑 사리장엄 봉안기

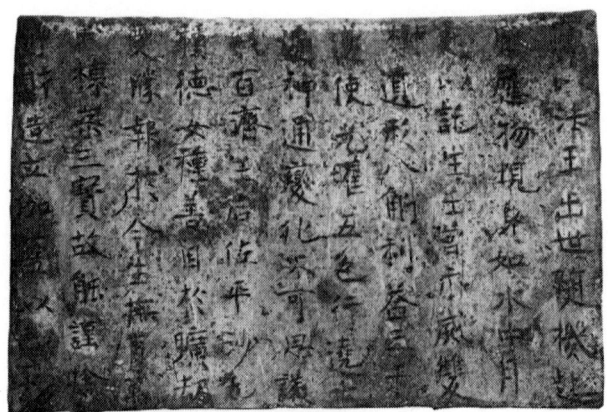

그림 10. 미륵사지 금제사리봉영기

무왕의 왕후가 미륵사지를 건립하고 석탑 심주(心柱) 상면 중앙의 사리공(舍利孔)에 금제 사리호(金製舍利壺)를 봉안할 때 전후 사정을 적은 기록이다. 2009년 1월 13에 미륵사지석탑 해체 당시에 발굴되었다. 금판에 음각을 한 뒤 주칠(朱漆)을 하였다. 금판 전후면에 각각 11행에 모두 193자의 글씨를 새겼다. 문장은 대우(對偶)가 잘 이루어졌고 글씨 또한 상당한 격조를 갖춘 것이다. 사리장엄을 봉안한 시기는 무왕 40년(639)으로 추정된다. 무왕이 죽기 2년 전의 일이다. 이 기문에서 가장 큰 논란거리를 제공하는 것은 무왕의 왕후가 선화공주가 아닌, 백제 출신 사택적덕의 딸이라는 점이다. 이에 대해서는 다각도의 연구가 필요하다.

원문

竊以, 法王出世, 隨機赴感[1], 應物現身, 如水中月. 是以, 託生王宮, 示滅雙樹, 遺形八斛, 利益三千. 遂使光耀五色, 行遶七遍[2], 神通變化, 不可思議. 我百濟王后, 佐平沙乇積德女, 種善因於曠劫, 受勝報於今生. 撫育萬民, 棟梁三寶. 故能謹捨淨財, 造立伽藍, 以己亥年正月卄九日, 奉迎舍利. 願使世世供養, 劫劫無盡, 用此善根. 仰資大王陛下, 年壽與山岳齊同[3], 寶曆共天地同久, 上弘正法, 下化蒼生. 又願王后卽身[4], 心同水鏡[5], 照法界而恒明, 身若金剛, 等虛空而不滅. 七世[6]久遠, 竝蒙福利, 凡是有心, 俱成佛道.

1 隨機赴感: 根機 따라 중생에게 나아가 감화시킴.『화엄경』,「世主妙嚴品」"佛身充滿於法界, 普顯一切衆生前, 隨緣赴感靡不周, 而恒處此菩提座."(불신은 온법계에 충만하시어 모든 중생 앞에 나타나시네. 인연 따라 두루 감화시키지 않음이 없어 언제나 이 보리좌에 자리 하시네)
2 遍: 한 번. 한 바퀴.
3 同: '固'로 판독한 사례(金相鉉)가 있으나 '同'자가 옳다.
4 卽身: '卽身成佛'의 준말. 현세의 몸이 그대로 부처가 되는 일.『법화경』에 나온다. 여자도 살아 있는 육신 그대로 부처가 될 수 있으며, 부처되는 순간 남자로 변하여 성불한다고 한다.
5 水鏡: 물과 거울. 또는 물을 거울에 비유한 말.
6 七世: 과거 七世의 부모.『盂蘭盆經』에서 "그대들이 부처의 제자로서 효순의 도를 닦는 자라면 생각생각마다 항상 부모의 은혜를 생각하여야 한다. 현생의 부모와 과거 칠세의 부모를 위하여 해마다 7월 15일에 우란분재를 행하여라"고 하였다.

번역

가만히 생각하건대, 법왕(부처님)께서 세상에 나오시어 중생의 근기(根機)를 따라 두루 감화시키고, 사물에 접하여 몸을 드러내시니, 마치 물속에 달이 비치는 것과 같다. 그래서 (석가모니께서는) 왕궁에서 태어나 사라쌍수 아래에서 열반에 드시면서 여덟 곡(斛: 열 말)의 형상(사리)을 남겨 삼천대천세계(三千大千世界)를 이익되게 하셨다. (그러니) 마침내 오색으로 빛나는 사리를 일곱 번 요잡(遶迊)[7]하면 그 '신통변화'[8]가 불가사의할 것이다.

우리 백제 왕후께서는 좌평(佐平) 사탁적덕(沙乇積德)의 따님[9]이시다. 지극히 오랜 세월[曠劫]에 선인(善因)을 심어 현세에 뛰어난 과보(勝報)를 받아, 만민을 어루만져 기르시고 불교(三寶)의 동량이 되시었다. 그러므로 능히 정재(淨財)[10]를 희사(喜捨)하여 가람을 세우고, 기해년(639) 정월 29일에 사리를 받들어 맞이하시었다.

원하옵건대 세세(世世) 공양토록 하옵소서. 영원토록 다함 없이 이 선근(善根)[11]을 쓰도록 하옵소서. 우러러 대왕폐하의 수명이 산악과 같고 치세[寶曆]가 천지와 함께 영구하는데 도움이 되어, 위로는 정법(正法)을 넓히고 아래로는 창생(蒼生)을 교화하게 하옵소서.

또 원하옵건대 왕후께서 즉신성불(卽身成佛)하시어, 마음은 물

---

7 오른쪽으로 돌면서 부처에게 경의를 표하는 일.
8 왕흥사 사리함명에서 "百濟王昌, 爲亡王子立刹, 本舍利二枚, 葬時神化爲三"이라고 한 것을 연상하게 한다.
9 '백제왕후'와 '사탁적덕의 딸'을 서로 다른 사람으로 해석하는 경우도 있으나 억지 해석이다.
10 자선 또는 神佛을 위하여 깨끗하게 쓰는 재물. 또는 깨끗하게 모은 재물.
11 좋은 과보를 낳게 하는 착한 말과 행동, 의지.

과 거울[水鏡]처럼 법계(法界)를 비추어 항상 밝게 하시며, 몸은 금강석(金剛石) 같아 허공과 나란히 불멸토록 하옵소서. 칠세(七世)의 오랜 조상까지도 함께 복리(福利)를 입게 하시고, 모든 마음 있는 것[有心者][12]들도 함께 불도를 이루게 하옵소서.

---

12 대승불교에서는 모든 마음이 있는 것은 부처님이 될 수 있지만 풀이나 나무와 같은 無情物은 제외한다.

11

甘山寺彌勒菩薩造像記
감산사미륵보살조상기

그림 11. 경주 감산사 석조 미륵보살입상과 탑본(국립중앙박물관, 「신라 금석문 탁본전: 돌에 새겨진 신라인의 삶」, 성균관대학교 박물관, 2008, 63쪽)

신라 성덕왕 18년(719)에, 육두품 출신으로 집사시랑을 역임한 김지성(金志誠)이 앞서 세상을 떠난 부모와 형제자매의 명복, 그리고 국왕과 당시 정치실력자였던 개원(愷元) 및 자신의 가족, 여러 중생들의 복을 빌기 위하여 만들었다는 미륵보살상의 광배 뒷면에 조상(造像) 경위를 적은 것이다. 문장은 홍유후(弘儒侯) 설총(薛聰)이 지었다. 이 불상은 1916년에 경북 경주시 내동면(內東面) 신계리(薪溪里) 감산사터에서 아미타여래입상과 함께 발견되었다. 두 불상은 현재 국립중앙박물관에서 보관하고 있다. 조상기의 내용은 당시 육두품 지식인의 사상과 신앙, 정치적 배경, 더 나아가 8세기 통일신라의 불교사상을 연구하는 데 큰 도움이 된다. 특히 불상 양식의 연구에 빼놓을 수 없는 자료다. 미륵보살의 조성연대가 확실하게 밝혀져 있고, 또 미륵보살 입상이 현재 전하고 있음은 주목해야 할 바다.

원문

開元七年己未二月十五日, 重阿湌金志誠, 奉爲亡考仁章一吉湌, 亡妣觀肖里, 敬造甘山寺一所, 石阿彌陀像一軀, 石彌勒像一軀. 盖聞至道玄微, 不生不滅, 能仁眞寂, 無去無來. 所以顯法應之三身, 隨機拯濟, 表天師之十號, 有願咸成.

弟子志誠, 生於聖世, 歷任榮班. 無智略以匡時, 僅免罹於刑憲. 性諧山水, 慕莊老之逍遙, 志重眞宗, 希無著之玄寂. 年六十有七, 致[1]王事於淸朝, 遂歸田於閒野, 披閱五千言之道德, 弃名位而入玄[2], 窮硏十七地之法門, 壞色空而俱滅. 尋復降旌[3], 命於草廬, 典邇都之劇務[4]. 雖在官而染俗, 塵外之心無捨, 罄志誠之資業, 建甘山之伽藍.

伏願, 以此微誠, 上資國主大王, 履千年之遐壽, 延萬福之鴻休[5]! 愷元伊湌公, 出有漏[6]之囂埃[7], 證无生之妙果. 弟良誠[8]小舍, 玄度師[9], 姉古巴里, 前妻古老里, 後妻阿好里, 兼庶兄及漢一吉湌, 一憧薩湌, 聰敬大舍, 妹首肹買里等, 及无邊法界一切衆生, 同出六塵, 咸登十號. 縱使誠□有盡, 此願无窮, 劫石已消, 尊容

1 致: 버리다. 내던지다.
2 玄: 현묘한 진리의 세계.
3 降旌(강정): 王旗를 내림. 곧 使臣을 보냄.
4 劇務: 직무에 매우 바쁨. 또는 그러한 직무.
5 鴻休: 큰 경사. 큰 기쁨.
6 漏: 번뇌를 말함(여섯 가지 감각기관으로 누설됨). 곧 번뇌에 얽매인 속세의 범부. 有漏 ↔ 無漏.
7 囂埃(효애): 시끄럽고 귀찮은 세속의 일.
8 良誠: 아미타여래조상기에는 '梁誠'으로 되어 있다.
9 玄度師: 아미타여래조상기에는 '沙門玄度'로 되어 있다.

不□[10]. 无求不果, 有願咸成. 如有順此心願者, 庶[11]同營其善因也. 亡妣官肖里夫人, 年六十六, 古人成之, 東海欣支邊[12]散之.

10　□: '朽' 또는 '滅'로 추정됨.
11　庶: 바라다.
12　欣支: 지명. 일본인 학자 사이토 타다시(齋藤忠)는 『삼국사기』 권34, 지리1, 〈良州 義昌郡 臨汀縣〉조에서 '臨訂縣 本斤烏支縣 景德王改名 今迎日縣'이라 한 것에 근거, 지금의 영일(포항)로 비정하였다. 그러나 '斤烏支'와 欣支가 같은 지명인지는 단언하기 어렵다. 한편, 梁柱東은 『삼국유사』에서 해당 대목을 '攸友邊'이라 판독한 것에 근거, 攸友가 향찰로 '바위'라고 해석하였다(『古歌研究』, 1957).

번역

개원 7년 기미(719)[13] 2월 15일[14] 중아찬(重阿湌)[15] 김지성(金志誠)[16]은 돌아가신 아버지 인장(仁章) 일길찬(一吉湌)[17]과 돌아가신 어머니 관초리(觀肖里)[18] 부인을 받들어 위하여, 감산사 한 곳과 석조 아미타상 1구, 미륵상 1구를 경건하게 조성하였다.

대개 듣건대, 지극한 도는 그윽하고 미묘하여 생기지도 않고 없어지지도 않으며 능인(能仁)은 진적(眞寂)[19]하여 가는 것도 없고 오는 것도 없다. 따라서 현신(現身)·법신(法身)·응신(應身)의 삼신불(三身佛)[20]이 중생의 근기(根機)에 따라 증구제도(拯救濟度)하여 천인사(天人師)[21]의 열 가지 칭호[22]를 나타냈으니 소원이 있으면 모두 이루어졌다.

불제자 김지성은 성세(聖世)에 살면서 영화로운 관직[榮班]을 역임하였으나 지략도 없이 시폐(時弊)를 바로잡으려다가 겨우 형헌(刑

---

13 신라 성덕왕 18년, 서기 719년.
14 석가모니 열반일.
15 신라 제6위의 관등. 육두품이 오를 수 있는 상한.
16 감산사와 두 불상을 조성한 발원자. 아미타상 조상기에는 金志全이라 하여 한자 표기를 달리 하였다. 『삼국유사』에서 '金忘誠'이라 한 것은 판독의 잘못이다.
17 신라 17관등 가운데 제7위.
18 뒷날의 宅號처럼 生家가 있는 마을 이름을 일컬은 것으로 추정된다. 鮎貝房之進, 『雜攷』 6집 상권, 1934 참조.
19 寂靜의 진리에 의하여 발하는 眞智의 광명. 寂靜은 마음의 번뇌가 없고 몸에 괴로움이 없이 편안한 상태(모습)를 말한다. 寂光, 寂滅(生死의 因果를 滅하는 것).
20 佛身을 그 성질에 따라 셋으로 나눈 것. 因에 따라 나타난 佛身으로 願을 세워 수행한 결과로 부처가 된 現身(報身), 만유의 본체로 형상이 없는 理佛인 法身, 역사적 존재인 석가모니와 같은 應身을 가리킨다.
21 '天人師'의 약칭. 하늘과 사람의 스승이라는 뜻.
22 부처의 功德相을 나타내는 열 가지 칭호. 如來·應供·正遍知·明行足·善逝·世間解·無上士·調御丈夫·天人師·佛世尊을 말한다.

憲)에 걸리는 것을 면하였다. 성품은 산수(山水)를 좋아하여 장자(莊子)·노자(老子)의 '소요(逍遙)'를 그리워하였고, 먹은 마음은 진종(眞宗)[23]을 중히 여겨 무착(無著)[24]이 말한 '현적(玄寂)'의 상태를 희구하였다. 나이 67세에 조정으로부터 왕사(王事: 임금이 맡긴 일)를 사퇴하고 드디어 한적한 전야(田野)로 돌아가 농사를 지으면서 오천언의 『도덕경(道德經)』을 열람하였고, 명예와 지위[名位]를 던져 버리고 '현(玄)'의 경지(진리의 세계)에 들어가 십칠지(十七地)의 유가(瑜伽) 법문[25]을 깊이 연구하여 색(色)과 공(空)의 경계를 무너뜨려 마침내 함께 민멸(泯滅)되었다. 이윽고 다시 초려(草廬)에 왕명이 내려짐에 도성 가까이에서 바쁜 직무를 맡게 되었다. 비록 벼슬살이를 하느라고 세속에 물들었지만, 세상 밖에 둔 마음을 버리지는 아니하였으나 지성의 재산[資業]을 다바쳐 감산(甘山)의 가람을 세웠다.

엎드려 바라옵나이다. 이 작은 정성이, 위로는 국주대왕(國主大王)께서 천 년의 장수를 누리시고 만복의 큰 기쁨을 맞아들이는 데 도움이 되옵소서. 개원(愷元)[26] 이찬공께서는 번뇌의 세속사를 벗어나 무생(無生)의 묘과(妙果)를 증득(證得)하시옵고, 아우 양성(良誠) 소사(小舍)[27], 현도(玄度) 스님, 누님 고파리(古巴里) 부인, 전처 고노

23 구극의 진리를 설파한 가르침. 다른 종교에 대하여 불교를 말할 때, 또는 불교 각 종파에서 자신의 종파를 말할 때 '진종'이라고 한다.
24 인도 출신의 보살. 법명은 阿僧伽. 간다라 사람. 彌勒에게 大乘空觀을 받아 小乘에서 大乘으로 전향, 唯識論을 체계화하였다. 저서로 『攝大乘論』 등이 있다.
25 『瑜伽師志論』에서는 瑜伽의 觀行(관념과 수행)을 닦는 경계를 17지로 나누어 설명하였다. 『유가사지론』은 도솔천에 있는 미륵이 설한 내용을 無着이 편찬하였다고 한다.
26 태종 무열왕(김춘추)의 여섯째 아들. 文姬의 소생이다. 효소왕 4년(695) 상대등에 올랐다.
27 신라 17관등 가운데 제13위.

리(古老里) 부인, 후처 아호리(阿好里) 부인, 겸하여 서형(庶兄) 급한(及漢) 일길찬, 일동(一憧) 살찬(薩湌)²⁸, 총경(聰敬) 대사(大舍)²⁹, 누이동생 수힐매리(首肹買里) 부인, 그리고 끝 없는 법계의 일체 중생들까지도 다함께 육진(六塵)³⁰에서 벗어나 다 부처의 경지에 오르시옵소서. 설령 정성을 바침에는 다함이 있더라도 이 소원은 무궁하여, 영겁의 돌[劫石]³¹이 이미 닳아 없어질지라도 존용(尊容: 불상)은 없어지지 아니하여, 구하면 과보를 얻지 아니함이 없고, 원이 있으면 다 이루어지옵소서. 만일 이 마음의 서원에 따르는 사람이 있을 것 같으면, 모두 함께 그 선인(善因)을 영위하기를 바라나이다.

돌아가신 어머니 관초리 부인은 나이 66세에 고인(故人)이 되어 동해 흔지(欣支: 지명) 가에 (유골을) 흩뿌렸다.

28 신라 17관등 중 제8위. 沙湌이라고도 한다.
29 신라 17관등 중 제12위.
30 인간의 본성을 흐리게 하는 여섯 가지 대상. 六境(色·聲·香·味·觸·法)이 六根(眼·耳·鼻·舌·身·意)을 통해서 몸 속에 들어가 清淨한 마음을 더럽히고 眞性을 흐리게 한다고 한다.
31 天人의 옷이 넓은 돌을 스쳐서 그것이 다 없어지는 동안을 '一劫'이라고 한다.

12

甘山寺阿彌陀如來造像記
감산사아미타여래 조상기

그림 12. 경주 감산사 석조 아미타여래입상과 탑본(국립중앙박물관, 「신라 금석문 탁본전: 돌에 새겨진 신라인의 삶」, 성균관대학교 박물관, 2008, 65쪽)

성덕왕 19년(720)에 전 집사시랑 김지전(金志全)이 부모 및 가족들의 명복을 빌기 위하여 만들었다는 아미타여래상의 뒷면에 조상(造像)의 경위를 적은 글. 문장은 홍유후(弘儒侯) 설총(薛聰)이 지었고, 글자는 승려 경융(京融)과 김취원(金驟源)이 새겼다. 감산사아미타여래상은 1916년에 경북 경주시 내동면 신계리 감산사터에서 미륵보살입상과 함께 일본인 학자가 발견한 것이다. 두 불상은 현재 국립중앙박물관에서 보관하고 있다. 조상기의 내용의 중요성은 앞서 '미륵보살조상기' 소개에서 밝힌 것과 같다.

원문

若夫¹至道者, 不生不滅, 猶表跡於周宵²; 能仁者, 若去若來, 尚³ 流形於漢夢⁴. 濫觴⁵肇自西域, 傳燈及至東土. 遂乃佛日之影, 奄日域以照臨, 貝葉⁶之文, 越浿川⁷而啓發. 龍宮⁸錯峙, 雁塔⁹騈羅, 舍衛¹⁰之境在斯, 極樂之邦密邇¹¹. 有重阿飡金志全, 誕靈河岳, 降德星辰; 性叶雲霞, 情友山水. 蘊賢材而命代¹², 懷智略以佐時. 朝鳳闕而銜綸¹³, 則授尚舍奉御; 逡¹⁴雞林而曳綬, 則任執事侍郎. 年六十七懸車¹⁵致仕, 避世閑居, 侔四皓¹⁶之高尚, 辭榮養性, 同兩疎¹⁷之見機. 仰慕無著眞宗, 時時讀瑜伽之

1 若夫: 發語辭. '저 ~와 같은 것은'
2 周宵: 주나라의 밤. 석가가 姬周 26년(서기전 1027년)에 태어났다는 말(입적은 949년). '밤[宵]'이란 말은 하루의 시작이 밤이듯이 불교가 처음으로 시작된 것을 '밤'에 비유하였다.
3 尙: 일찍이. '嘗'과 같은 뜻.
4 漢夢: 서기 67년에 후한의 明帝가 꿈에 정수리에서 광채를 내는 金人을 보고 인도에 사신을 보내, 迦葉摩騰과 竺法蘭 두 고승을 청해와 중국에 불교를 처음으로 받아들인 것을 말한다.
5 濫觴: 사물의 시작.
6 貝葉: 貝多羅 잎사귀. 불경을 말함.
7 浿川: 浿江. 신라가 삼국을 통일한 뒤 국경지대가 된 大同江을 말함.
8 龍宮: 사찰을 가리킨 듯. 불교설화에서는 불교의 모든 경전이 龍宮에 수장되어 있다고 한다.
9 雁塔: 塔의 雅稱. 『大唐西域記』권9, "昔有比邱見雙雁飛翔, 思曰: 若得此雁, 可充飮食. 忽有一雁, 投下自隕, 衆曰: 此雁垂戒, 宜旌彼德. 於是瘞雁建塔."
10 舍衛: 舍衛城을 말함.
11 密邇: 매우 가까움.
12 命代: 세상에 이름이 있음. '命世'와 같은 말. 당태종의 이름자 '世'를 피해서 '代'라 하였다.
13 銜綸(함륜): 綸音을 머금음.
14 逡: 웅크리고 있으면서 머뭇거림.
15 懸車: '懸釣其車'의 준말. 낚싯대를 수레에 매달고 한가롭게 산다는 뜻.
16 四皓: '商山四皓'의 준말.
17 兩疎: '兩疏'의 잘못. 중국 전한 宣帝 때 사람인 疏廣과 疏受를 가리킨다.

論, 兼愛莊周玄道, 日日覽逍遙之篇[18]. 以爲報德慈親, 莫如十號之力; 酬恩聖主, 無過三寶之因. 故奉爲國主大王, 伊飡凱元公, 亡考, 亡妣, 亡弟小舍梁誠, 沙門玄度, 亡妻古路里, 亡妹古寶里, 又爲妻阿好里等, 捨其甘山莊田, 建此伽藍. 仍造石阿彌陁像一軀, 伏願, 託此微因, 超昇彼岸, 四生六道, 並證菩提[19]. 開元七年歲在己未二月十五日, 奈麻聰撰, 奉教沙門釋京融, 大舍金驟源□□□[20]. 亡考仁章一吉飡, 年卅[21]七, 古人成之. 東海欣支邊散也. 後代追[22]愛人者, 此善[23]助在哉[24]. 金志全重阿飡, 敬[25]生已前[26], 此善業造. 歲□[27]十九, 庚申年四月卄二日, 長逝爲□之.

18 逍遙之篇: 『장자』「逍遙遊」편을 가리킴. 세속의 모든 구속으로부터 벗어나 한가롭고 편안하게 自適한다는 뜻이다.
19 菩提: Bodhi의 音譯이며, '覺'이라 번역된다.
20 □□□: '奉教書' 또는 '書刻字'로 추정됨.
21 卅(십): 마흔.
22 追: 추모하다.
23 善: '善業'의 준말.
24 助在哉: 이두식 표현이다. '도왔으면 (하고 희망) 한다'로 풀이된다(南豊鉉).
25 敬: 삼가다.
26 已生: 生을 기준으로 '已前'이란 말이니, 곧 '살아 있을 때'를 가리킴.
27 □: '六' 또는 '在'로 추정한다. 文明大는 '歲在十九'라 하여 성덕왕 19년(720)이라고 하였다. 그러나 '歲在' 뒤에는 반드시 육십갑자로 연대가 표기되기 때문에 문명대의 설은 성립되기 어렵다.

번역

저 지도(至道: 절대적 진리)는 생기지도 않고 멸하지도 않는 것이지만, 그럼에도 주(周)나라 때 밤에 자취를 드러냈고, 능인(能仁: 부처)은 가는 것도 같고 오는 것도 같아, 일찍이 후한(後漢) 명제(明帝)의 꿈에 보였다. (불교의) 기원[濫觴]을 말하자면 서역으로부터 시작되어, 전해진 법등(法燈)이 동방에 미쳤다. 드디어 이에 불일(佛日)의 그림자가 해 뜨는 땅[日域]을 덮어 조림(照臨)하였고, 패엽(貝葉)에 기록된 경문(經文)은 패수(浿水)를 넘어와 (동방을) 계발하였다. 용궁(龍宮: 절)은 뒤섞어 솟고 안탑(雁塔: 탑)이 나란히 벌려 있으니, 사위성(舍衛城)[28]의 경계가 여기에 있고, 극락의 나라에서 매우 가까웠다.

중아찬 김지전(金志全)은 산천의 정기를 받아 신령하게 태어났다. 성신(星辰)으로부터 덕을 내려 받아, 성품은 운하(雲霞)에 맞고 정감(情感)은 산수와 벗을 삼을 만하였다. 현명한 재주를 온축(蘊蓄)하여 세상에 유명하였고, 지략을 품고 시정(時政)을 보좌하였다. 봉궐(鳳闕: 대궐)에 조회하여 윤언(綸言: 왕명)을 머금었으니, 곧 상사(尙舍)[29]에 제수되어 어명(御命)을 받들었다. 계림에 머물면서 인수(印綬)를 이끌었으니 곧 집사시랑[30]에 임명되었다.

나이 67세에 벼슬을 버리고 물러났는데[懸車致仕], 세상을 피해

---

28 중인도 코오살라국의 도성. 석가모니 생존시에 불교를 후원한 파사익왕, 유리왕이 살았으며, 성 남쪽에 祇園精舍가 있다.
29 신라 때 궁중에서 음식·의복 등을 관장하는 직책.『삼국유사』에서는 "曾以尙衣奉御"라 하였다.
30 執事省의 차관. 집사성은 국가 기밀과 庶政을 맡은 최고의 행정기관이다.

한가하게 산 것은 상산사호(商山四皓)³¹의 고상함과 같았고, 영화로움을 버리고 선한 본성을 기른 것은 두 소씨(兩疏)³²가 기미를 보고 물러난 것과 같았다. 우러러 무착(無著)의 진종(眞宗)을 사모하여 때때로 '유가론'을 읽었고 겸하여 장주(莊周)의 현도(玄道)를 사랑하여 날마다 '소요유편(逍遙遊篇)'을 열람하였다. 그렇지만 자애로운 부모의 은덕에 보답함은 십호(十號: 부처님)의 힘 만한 것이 없으며, 성스러운 임금의 은혜에 보답함은 삼보(三寶)의 인연³³을 넘는 것이 없다고 생각하였다.

그러므로, 국주대왕(國主大王)과 이찬 개원공(愷元公), 망고(亡考)·망비(亡妣), 망제(亡弟) 소사 양성(良誠), 사문(沙門) 현도(玄度), 망처(亡妻) 고로리(古路里) 부인, 망매(亡妹) 고보리(古寶里) 부인, 또 처 아호리(阿好里) 부인 등을 받들어 위하여, 감산의 장전(莊田)³⁴을 희사하여 이 가람을 세웠다. 그리고 이에 석조 아미타불상 1구를 조성하였다. 엎드려 바라옵건대, 이 작은 인연에 의탁하여 피안(彼岸)에까지 뛰어 올라가 사생(四生)³⁵과 육도(六道)³⁶의 중생 모두가

---

31 중국 前漢 高祖 때 商山에 숨은 네 노인. 수염과 눈썹이 온통 하얗다고 하여 '사호'라 한다. 東園公·綺里季·夏黃公·甪里先生.
32 疏廣과 疏受는 숙질간으로, 항상 '知足'을 좌우명으로 삼아 벼슬에서 물러나 사람들의 칭송을 받았다고 한다. 『漢書』권71, 「疏廣列傳」참조.
33 신라에서는 佛國土思想에 입각, 佛力에 의지하여 국가를 鎭護하고, 부모로 하여금 三寶에 귀의하여 成佛하도록 하는 것이 가장 큰 공덕이라 여겼다.
34 甘山 일대의 토지와 부속된 건물.
35 六趣의 有情들이 출생하는 情狀을 네 가지로 분류한 것. ① 胎生: 어미의 배를 빌어 胎로 출생함. ② 卵生: 껍질로 된 알을 깨고 출생함. ③ 濕生: 춥고, 어둡고, 물기 있는 땅에서 化合되어 형체를 낳음(모기·파리 등 곤충류). ④ 化生: 아무런 인연 없이 자연 변화되어 출생함.
36 중생의 業과 因에 따라 윤회하는 여섯 가지의 길. 地獄·餓鬼·畜生·阿修羅(인도 고대의 善神)·人間·天上道.

보리(菩提)를 증득케 하옵소서.

개원 7년(719) 기미 2월 15일 나마(奈麻) 총(聰)이 짓고, 왕명을 받은 사문 석(釋) 경융(京融)과 대사 김취원(金驟源)이 □□□□ … (글씨를 쓰고 새기다)…

돌아가신 아버지 인장(仁章) 일길찬은 나이 47세에 고인이 되어 동해 바윗가에 (유골을) 흩뿌렸다. 후대에 사랑하는 분을 추모하는 사람은 이 선업(善業)을 도왔으면37 한다. 김지전 중아찬은 삼가 살아 있을 때 이 선업을 지었는데 … 69세인 경신년 4월 22일 길이 세상을 떠나 … 하였다.38

37 도와서 이어나가기를 바란다는 의미.
38 김지성의 몰년은 652~720년으로 추정된다.

13

聖德大王神鍾銘
성덕대왕신종명

그림 13. 성덕대왕신종명 탑본(「신라 금석문 탁본전: 돌에 새겨진 신라인의 삶」, 성균관대학교 박물관, 2008, 69쪽, 71쪽)

성덕대왕신종(聖德大王神鍾)의 주조 내력을 기술한 종명(鍾銘)이다. 이 신종은 성덕왕의 공덕을 기리고 신라 중대의 왕실과 국가의 번영을 기원하기 위해 주조한 것이다. 경덕왕 때 계획, 추진되었으나 이루지 못하다가 혜공왕 7년(771)에 완성되었다. 본디 경주 봉덕사(奉德寺)에 있었으므로 '봉덕사신종'이라고도 한다(국보 제29호). 현재는 국립경주박물관 경내에 있다. 종명은 서문 630자, 명문 200자로 구성되었다. 찬자는 조산대부(朝散大夫) 겸 태자조의랑(太子朝議郎) 한림랑(翰林郎) 김필오(金弼奧)다. 글씨는 한림대서생(翰林臺書生) 대나마 김부환(金符皖)이 서(序)를, 대조(待詔) 대나마 요단(姚湍)이 명(銘) 부분을 썼다. 서문은 해서체, 명문은 행서체다. 독특한 구조다. 명문은 우리나라에서 종명(鍾銘)의 효시로서 문장의 수준과 품격이 높은 편이다. 신라 하대에 성전사원(成典寺院)이 어떻게 운영되었는지를 파악할 수 있는 단서를 제공한다. 당시의 정치사를 이해하는 데도 매우 중요하다.

원문

聖德大王神鍾之銘
朝散大夫兼太子司議郞翰林郞金㢱奧奉敎撰

夫至道包含於形象之外, 視之不能見其原. 大音震動於天地之間, 聽之不能聞其響. 是故, 憑開[1]假說, 觀三眞之奧義[2]; 懸擧神鍾, 悟一乘之圓音.

夫其鍾也, 稽之佛土, 則驗在於罽膩[3]; 尋之帝鄕, 則始制於鼓延. 空而能鳴, 其響不竭, 重爲難轉, 其體不褰[4]. 所以王者元功, 克銘其上, 群生離苦, 亦在其中也.

伏惟, 聖德大王, 德共山河而幷峻, 名齊日月而高懸. 擧忠良而撫俗, 崇禮樂而觀風. 野務本農, 市無濫物. 時嫌金玉, 世尙文才. 不意子靈[5], 有心老誡. 四十餘年, 臨邦勤政, 一無干戈, 驚擾百姓. 所以四方隣國, 萬里歸賓, 唯有欽風之望, 未曾飛矢[6]之窺. 燕秦用人, 齊晉替霸, 豈可幷輪雙轡[7]而言矣? 然雙樹之期[8]難測, 千秋之夜易長. 晏駕[9]已來, 于今三十四也. 頃者, 孝嗣景

---

1 憑開: ~에 의지하여 말하다[開說].
2 奧義: '奧裁'로 판독한 경우가 대다수나 『東京雜記』에 따라 '奧義'로 판독한다. 문리상으로도 '奧義'라야 한다.
3 罽膩(계니): 인도 쿠샨왕조의 제3대 임금 카니시카(Kanisika)의 音寫. 罽膩色迦 또는 迦膩色迦라고도 쓴다.
4 褰(건): 주름살이 잡히다.
5 子靈: 자식이 죽음. 자식의 영혼.
6 飛矢: 화살을 날림. 곧 전쟁을 말함.
7 幷輪雙轡: 수레를 나란히 몰면서 두 개의 고삐를 잡음.
8 雙樹之期: 세상을 떠날 때. '雙樹'(沙羅雙樹)는 석가모니가 入滅한 곳이다.
9 晏駕: 임금이 세상을 떠남. '崩御'와 같은 말.

德大王, 在世之日, 繼守丕業, 監撫庶機. 早隔慈規, 對星霜而起戀, 重違嚴訓, 臨闕殿以增悲. 追遠之情轉悽, 益魂之心更切. 敬捨銅一十二萬斤, 欲鑄一丈鍾一口. 立志未成, 奄爲就世[10]. 今我聖君, 行合祖宗, 意符至理, 殊祥異於千古, 令德冠於常時. 六街龍雲, 蔭灑於玉階, 九天雷鼓, 震響於金闕. 菓米之林, 離離[11]乎外境, 非煙之色, 焕焕[12]乎京師. 此卽報玆誕生之日, 應其臨政之時也.

仰惟太后, 恩若地平, 化黔黎於仁敎; 心如天鏡, 獎父子之孝誠. 是知朝於元舅之賢, 夕於忠臣之輔, 無言不擇, 何行有愆? 乃顧遺言, 遂成宿意爾. 其有司辨事, 工匠畵模, 歲次大淵[13], 月惟大呂[14]. 是時, 日月借[15]暉, 陰陽調氣, 風和天靜. 神器化成, 狀如岳立, 聲若龍音. 上徹於有頂之巓, 潛通於無底之下. 見之者稱奇, 聞之者受福. 願玆妙因, 奉翊尊靈, 聽普聞之淸響, 登無說之法筵. 契三明之勝心, 居一乘之眞境. 乃至瓊萼[16]之叢, 共金柯以永茂, 邦家之業, 將鐵圍而彌昌. 有情無識, 慧海同波, 咸出塵區, 幷昇覺路. 臣弼[17]文拙無才, 敢奉聖詔, 貸班超之筆, 隨陸佐之言, 述其願旨, 銘記于鍾也. 翰林臺書生大奈麻金符皖書.

10 就世: 저 세상으로 나아가다. 세상을 떠나다.
11 離離: 이삭이나 열매가 맺혀 늘어져 있는 모양.
12 焕焕: 빛나는 모양.
13 大淵: 古甲子 '大淵獻'의 준말. '亥'년을 말한다. 곧 혜공왕 7년(771, 辛亥)이다.
14 大呂: 12律呂 중 열두 번째. 여기서는 12월(丑月)을 가리킨다.
15 借: '借' 또는 '替'(갈마들다)로 판독한 경우가 있으나 『東京雜記』에 따라 '借'로 판독한다.
16 瓊萼(경악): 아름다운 꽃받침. 꽃(芳)은 임금을, 꽃받침은 왕족을 가리킨다.
17 弼: '弼' 자 뒤에 '奧' 자가 생략된 것으로 보인다.

其詞曰:

紫極懸象, 黃輿啓方. 山河鎭列, 區宇分張.

東海之上, 衆仙所藏. 地居桃壑, 界接扶桑.

爰有我國, 合爲一鄕.

元元聖德, 曠代彌新. 妙妙淸化, 遐邇克臻.

將恩被遠, 與物霑均. 茂矣千葉, 安乎萬倫.

愁雲忽慘, 慧日無春.

恭恭孝嗣, 繼業施機. 治俗仍古, 移風豈違.

日思嚴訓, 常慕慈輝. 更以脩福, 天鍾爲祈.

偉哉我后, 感[18]德不輕. 寶瑞頻出, 靈符每生.

主賢天祐, 時泰國平. 追遠惟勤, 隨心願成.

乃顧遺命, 于斯寫鍾[19]. 人神獎力, 珍器成容.

能伏魔鬼, 救之魚龍. 震威暘谷, 淸韻朔峯.

聞見俱信, 芳緣允種. 圓空神體, 方顯聖蹤.

永是鴻福, 恒恒轉重[20].

翰林郎級湌金弼奧奉詔撰 待詔大奈麻姚湍書

檢校使兵部令兼殿中令司馭府令 修城府令 監四天王寺府令 幷檢校眞智大王寺使 上相 大角干臣金邕

---

18 感: '盛'으로 판독한 예도 있지만, 문리상 '感'으로 보아야 매끄럽다.
19 寫鍾: 天鍾(하늘의 종)을 본뜨다.
20 轉重: 轉重輕受의 준말. 무거움을 바꾸어 가볍게 받는다는 말. 『열반경』 권29, 「師子吼菩薩品」 등에 보인다.

檢校使肅政臺令兼修城府令 檢校感恩寺使 角干臣金良相
副使執事部侍郎阿飡金體信
判官右司祿館使級飡金忠得
判官級飡金忠封
判官大奈麻金如芿庾
錄事奈麻金一珍
錄事奈麻金張幹
錄事大舍金□□

大曆六年歲次辛亥十二月十四日鑄鍾大博士大奈麻朴從鎰
次博士奈麻朴賓奈
奈麻朴韓味 大舍朴負缶

번역

성덕대왕 신종의 명
조산대부(朝散大夫) 겸 태자사의랑(太子司議郎) 한림랑(翰林郎)[21]인 김필오(金弼奧)가 왕명을 받들어 지음.

대저 지극한 도는 형상 이외까지 포함하므로 보아도 그 근원을 볼 수가 없다. 가장 큰 소리는 천지 사이에 진동하므로 들어도 그 메아리를 들을 수가 없다. 이런 까닭에 (부처님께서는) 가설(假說)을 열어서 삼진(三眞)[22]의 심오한 뜻을 관(觀)하게 하고 신령스런 종을 높이 달아서 일승(一乘)[23]의 원만한 소리를 깨닫게 하였다.

무릇 '종'이란, 부처님의 나라에서 상고해보면 카니시카왕 때 만들었던 경험이 있고, 중국[帝鄕]에서 찾아보면 고연(高延)[24]이 처음 만들었다. 텅 비어서 잘 울리되 그 울림이 다하지 않고, 무거워서 옮기기는 어렵고 그 몸체가 쭈그러지지 않는다. 그래서 왕자(王者)의 으뜸가는 공적을 그 위에 새기는 것이며, 중생들이 괴로움을 여의는 것[離苦]도 그 안에 있는 것이다.

엎드려 생각건대 성덕대왕께서는 덕은 산하(山河)와 함께 나란히 드높았고 명성은 일월(日月)과 함께 높이 걸렸다. 충직하고 어진

21　翰林臺의 관직. 본래 詳文司였으나 경덕왕 때 한림대로 바꾸었다.
22　三眞如(無相眞如, 無生眞如, 無性眞如)의 준말인지 三乘을 달리 일컫는 말인지 정확하지 않다.
23　부처의 절대적인 敎法.
24　농사의 신 炎帝(神農氏)의 후손인 高와 延. 처음으로 종을 만들었다고 한다. 『山海經』, 「海內經」 참조.

사람을 등용하여 백성들을 어루만지며 예악(禮樂)을 숭상하고 민간의 풍속을 살피셨다. 들에서는 생업의 근본인 농사에 힘썼으며, 시장에는 분에 넘치는 물건[濫物]이 없었다. 당시 사람들은 금옥(金玉)을 싫어하였고 세상에서는 문재(文才)를 숭상하였다. 뜻하지 않게 아들을 잃게 됨에[25] 신경을 써서 늘그막까지 삼가고 조심하였다. 40여 년 동안 방국(邦國)에 임하여 부지런히 정사에 힘씀으로써, 전쟁으로 백성을 놀라게 한 적이 한 번도 없었다. 그래서 사방의 이웃나라와 만리 밖 귀빈(貴賓)들에게는 오직 왕의 교화를 사모하는 마음이 있었을 뿐이오 전쟁하려고 엿본 적은 없었다. 연(燕)나라와 진(秦)나라가 용인술(用人術)에 뛰어났고,[26] 제(齊)나라와 진(晉)나라가 번갈아 패업(霸業)을 이루었다지만, 어찌 함께 (동일선상에서) 나란히 말할 수 있겠는가.

그러나 돌아가신 때는 헤아리기도 어렵고 천추(千秋)의 밤[27]은 쉬 길이만 간다. 승하(昇遐)하신지 오늘에 34년이다. 근래 효사(孝嗣)이신 경덕대왕께서는[28] 재세(在世)하시던 날, 큰 왕업을 잇고 지켜서 뭇 기무(機務)를 감무(監撫)[29]하였다. 그러나 일찍이 어머님의 훈계[慈規]로부터 멀어졌는지라[30] 성상(星霜: 나이)을 마주하면서 그

25 성덕왕 14년(715)에 태자로 봉한 아들 重慶(719~737)이 요절한 것을 가리킨 듯하다.
26 중국 전국시대 燕나라 昭王은 樂毅를 초빙하여 국가의 기틀을 다졌고, 인재를 소중하게 여겼던 秦나라 穆公은 百里傒(백리혜)와 由餘 등을 등용, 국가를 반석 위에 올려놓았다.
27 어둠의 세계, 죽음의 세계를 말함.
28 효사이신 ~ : 성덕왕(제33대)의 후계가 효성왕(제34대)임에도 효성왕을 건너뛴 채 경덕왕을 '효사'라고 한 점에 유의할 필요가 있다.
29 監國撫軍의 준말. 태자의 소임. 태자를 일컫기도 한다. 739년에 태자에 책봉된 경덕왕이 742년에 왕위에 오를 때까지 국정을 보살폈음을 시사한다.
30 어려서 어머니를 잃었다는 말.

리움이 일어났다. 거듭 아버지의 가르침에서 멀어졌으니,[31] 대궐의 전각(殿閣)에 있으면서 슬픔이 더하였다. 추원(追遠)하는 정은 점점 처연해지고, 혼령을 도우려는(명복을 빌려는) 마음은 다시금 간절해졌다. 삼가 구리 12만 근을 희사하여 한 길[一丈]이나 되는 종 1구(口)를 주조하려고 하였으나, 세운 뜻을 이루지 못한 채 문득 세상을 떠나셨다.

지금의 우리 성군(聖君: 혜공왕)께서는 행실이 조종(祖宗)에 부합하고 뜻이 지극한 도리에 들어맞아, 남다른 상서(祥瑞)는 천고(千古)에 특이하며 훌륭한 덕은 상시(常時)에 으뜸이다. 육가(六街)[32]의 용구름은 궁궐의 옥계단에 음덕(蔭德)의 비를 뿌리고, 구천(九天)[33]의 우레 북(천둥)은 황금 대궐에 울려 메아리쳤다. 과일과 쌀이 나는 교외의 숲과 들에는 열매들이 맺혀 늘어지고,[34] 연기인지 구름인지 아련한 채색[35]이 서울에 환히 빛났다. 이것은 곧 탄생하신 날과 정사에 임한 때에 보응(報應)한 것이다.

우러러 생각건대, 태후[36]께서는 은혜로움이 땅처럼 평평하여 백성들을 인교(仁敎)를 통해 교화하시고, 마음은 하늘 거울과 같아서 부자(경덕왕과 혜공왕)의 효성을 장려하시었다. 이로써 아침에는 원구(元舅: 왕의 외숙)[37] 같은 현자(賢者)에게, 저녁에는 충신(忠臣)

31 효성왕이 자식이 없어 739년에 경덕왕을 태자로 책봉하였기 때문에 親父와 떨어지게 되었다는 말.
32 서울의 거리. 중국 당나라 때 수도 長安이 여섯 구역으로 나누어졌던 데서 나왔다.
33 가장 높은 하늘.
34 『삼국사기』 혜공왕 3년(767) 9월조를 보면 金浦縣에 있는 논의 벼가 쌀로 변했다는 기사가 있다.
35 慶雲 또는 景雲, 卿雲이라 하여 좋은 징조로 친다.
36 혜공왕의 母后 滿月夫人.
37 성덕대왕신종의 鑄造 책임자인 金邕으로 추정됨. 만월부인의 오빠.

의 보필에게 채택하지 않는 말이 없음을 알겠으니 어찌 행동에 허물이 있겠는가? 이에 유언(遺言)을 돌아보고 드디어 숙의(宿意: 宿願)를 이룩하게 된 것이다.

유사(有司: 실무부서)에서 일을 준비하고 장인(匠人)들이 모형(模型)을 그리니, 때는 신해년(771)이요 달은 12월이었다. 이때 해와 달이 빛을 빌려 오고 음과 양이 기운을 조절하였으며 바람은 화창하고 하늘은 고요하였다. 신성한 그릇(鍾)이 이루어지니, 형상은 산악이 우뚝 서 있는 듯하고 소리는 용이 울부짖는 것 같았다. 위로는 유정천(有頂天: 最上天)의 꼭대기까지 꿰뚫고 아래로는 밑 없는 곳의 밑바닥까지 통할 정도다. 그 모습을 보는 사람은 기이하다고 칭송할 것이요 그 소리를 들은 자는 복을 받을 것이다.

원컨대 이 기묘한 인연으로 존엄한 영령을 받들어 돕나니, 넓게 들리는 맑은 소리를 듣고 무설(無說)의 법연(法筵)에 오르시옵소서. 삼명(三明)[38]의 뛰어난 마음에 계합하고 일승(一乘)의 참된 경지에 거하게 하옵소서. 그리고 왕가의 많은 자손들[瓊萼之叢]까지 황금가지[金柯]와 함께 영원히 무성하게 하고, 나라의 왕업이 철위산(鐵圍山)[39]처럼 더욱 창성하게 하옵소서. 모든 중생들이 지혜의 바다에서 같이 파도치다가 함께 진역(塵域)에서 벗어나 나란히 깨달음의 길에 오르게 하소서.

---

38 세 가지에 대하여 밝게 아는 것. 阿羅漢果를 성취한 聖者에게 갖추어진 불가사의한 능력이다. ① 天眼明은 苦海에서 허덕이는 중생의 모습을 있는 그대로 모두 꿰뚫어 보는 지혜의 눈이다. ② 宿命明은 前生의 일을 아는 신통력이다. ③ 漏盡明은 이 생에서 모든 종류의 고통을 밝게 알아서 인간의 모든 번뇌를 끊는 지혜를 말한다.
39 須彌山을 둘러싼 九山八海의 아홉 산 가운데 하나. 金剛山·金剛圍山·鐵輪圍山 등으로 번역한다.

신(臣) 필오(弻奧)는 글이 졸렬하여 재주가 없음에도 감히 성조(聖詔: 왕명)를 받들어, 반초(班超)⁴⁰의 붓을 빌고 육좌(陸佐)⁴¹의 말에 따라 그 서원의 뜻을 서술하여 종에 새겨 기록한다. 글씨는 한림대 서생(書生)인 대나마 김부환(金符皖)이 썼다.

그 사(詞)는 다음과 같다.

자극(紫極)⁴²에 만상(萬象)이 걸리고
황여(黃輿)⁴³에 방위가 열렸네.
산하(山河)가 자리 잡아 늘어서고
천하가 나뉘어 펼쳐졌네.
동해의 가장자리는
뭇 신선이 숨은 곳이라.
땅은 도도산(桃都山)⁴⁴ 골짜기에 있고
경계는 해뜨는 곳[扶桑]에 닿아 있네.
이에 우리나라가 생겨

---

40 班超는 평생 武將으로 지냈다. 아마도 班固의 잘못인 듯하다. 반고(32~92)의 자는 孟堅. 아버지 班彪가 죽은 뒤 아버지의 뜻을 이어받아 전한의 역사서인 『漢書』의 저술에 착수했으나 國史를 개작한다는 의심을 받아 투옥되고 藏書를 몰수당했다. 그 뒤 아우 반초의 변호로 풀려나 궁중 도서관인 蘭臺의 長이 되고, 난대에서 동료들과 20여 년 동안 『한서』의 집필에 몰두했다.
41 중국 남조 양나라 때의 문인 陸倕(470~506). 자는 佐公. 建安七子의 한 사람. 저술로 『陸太常集』이 있다.
42 하늘나라. 임금이 사는 궁궐을 가리키기도 한다.
43 누런 대지. 輿는 만물을 싣는 수레로 대지에 비유된다.
44 郭璞의 『玄中記』에 보면, 東方에 桃都山이 있고, 그 산 위에 '桃都'라는 큰 나무가 있는데 가지가 삼천리에 뻗었다고 한다. 이런 까닭에 예부터 우리나라를 '桃野' 또는 '桃壑'이라고 한다. "東方有桃都山, 山上有一大樹, 名曰桃都. 枝相去三千里, 上有天雞, 日初出時照此木; 天雞卽鳴, 天下雞皆隨之."

합하여 한 고장이 되었네.

크고도 크도다 성스러운 덕이여!

세상에 다시 없이 더욱 새롭네.

오묘하고 오묘하도다 맑은 교화여!

멀고 가까운 곳에 잘 이르렀네.

은혜가 멀리까지 넘쳐

만물과 함께 고르게 젖었네.

무성하도다 천엽(千葉)45이여

안락하도다 만백성들이어.

수심어린 구름이 갑자기 애처롭더니

지혜의 해가 봄날을 잃었네.46

공손한 효사(孝嗣)이시어!

왕업을 계승하여 기무(機務)를 베풀었네.

풍속을 다스리되 옛 것을 따르니

풍조(風潮)를 바꿈에 어찌 어김이 있으랴.

날마다 부왕(父王)의 가르침을 생각하고

늘 모후(母后)의 자비의 빛을 그리워하였다.

다시금 (선왕의) 명복을 닦고자

천종(天鍾)을 만들어 하늘에 기원하였네.

위대하도다 우리 태후이시어!

성덕(聖德)에 감응함이 대단하여

---

45 왕가의 자손들을 비유한 말.
46 임금의 죽음을 이르는 말.

보배로운 상서(祥瑞)가 자주 출현하고
신령한 영험(靈驗)이 늘 생겼네.
임금이 현명하시니 하늘이 돕고
시절이 태평하니 나라가 평안하네.
조상을 추모함에 부지런할 따름이니
그 마음을 따라 서원(誓願)을 이루시었네.
이에 남기신 명령[遺命]을 돌아보고
여기에 하늘 종을 본떠 만들었네.
사람과 귀신이 힘을 도와
진기한 그릇이 모습을 이루니
능히 마귀(魔鬼)를 항복시키고
물속의 어룡(魚龍)까지도 구제하리라.
임금의 위엄은 우리 동방에 떨치고
맑은 종소리는 북방의 산봉우리까지 울리니
듣고 보는 이 모두 신심(信心)을 일으켜
꽃다운 인연을 진실로 심었구나.
둥그렇고 텅 빈 신령스런 몸체가
바야흐로 성왕(聖王)의 자취를 드러내었네.
영원히 큰 복이 되고
항상 전중(轉重)하리라.

한림랑인 급찬 김필오가 왕명을 받들어 짓고, 대조(待詔)인 대나마 요단(姚湍)이 쓰다.

검교사(檢校使)⁴⁷ 병부령(兵部令) 겸 전중령(殿中令) 사어부령(司馭部令)⁴⁸ 수성부령(修城府令)⁴⁹ 감사천왕사부령(監四天王寺府令)⁵⁰ 이자 아울러 검교진지대왕사사(檢校眞智大王寺使)⁵¹인 상상(上相) 대각간(大角干) 신 김옹(金邕)

검교사 숙정대령(肅正臺令)⁵² 겸 수성부령(修城府令) 검교감은사사(檢校感恩寺使)인 각간 신 김양상(金良相)⁵³

부사(副使)로 집사부시랑인 아찬 김체신(金體臣)

판관이며 우사록관사(右司祿館事)⁵⁴인 급찬 김충득(金忠得)

판관인 급찬 김충봉(金忠封)

판관인 대나마 김여잉유(金如芿庚)

녹사인 나마 김일진(金一珍)

녹사인 나마 김장간(金張幹)

녹사인 대사 김□□

주종대박사(鑄鍾大博士) 대나마 박종일(朴從鎰)

차박사(次博士) 나마 박빈나(朴賓奈)

47 신라 중대 사원에 설치된 成典의 장관. 본래 衿荷臣이었으나 경덕왕 때 '검교사'로 바꾸었다. 『삼국사기』「職官上」참조.
48 신라 때 수레와 말을 맡았던 관아. 본시 乘部였다가 경덕왕 때 司馭部로 고쳤으며 혜공왕 때 본 이름으로 복구시켰다.
49 수성부는 신라 때, 도성을 수축하는 일을 맡아보던 관아.
50 종래의 四天王寺成典을 경덕왕 때 '감사천왕사부'로 고치고 그 장관을 '監令'이라 하였다.
51 진지대왕사의 정식 명칭은 奉恩寺다. 최치원이 찬술한 「대숭복사비문」 '奉恩故事'의 夾註에 "奉恩寺乃聖祖大王奉爲眞智大王追福所建"이라 하였다.
52 숙정대는 신라 때, 백관을 감찰하고 형률과 탄핵을 맡아보던 관청.
53 혜공왕 때 上大等을 역임하였으며 궁정쿠데타를 일으켜 제37대 임금으로 즉위하였다. 시호는 宣德이다.
54 좌우사록관은 신라 때 관리들의 녹봉을 관장하던 관아.

나마 박한미(朴韓味)

대사 박부부(朴負缶)

대력(大曆) 6년 세차 신해(771) 12월 14일

14

鍪藏寺阿彌陀如來造像事蹟碑

무장사아미타여래조상사적비

(위) 그림 14-1. 무장사비편 (「문자로 본 신라」, 국립경주박물관, 2002, 202쪽)
(아래) 그림 14-2. 무장사 아미타불조상비 탑본(「신라 금석문 탁본전: 돌에 새겨진 신라인의 삶」, 성균관대학교 박물관, 2008, 73쪽)

신라 제39대 소성왕의 비(妃)인 계화왕후(桂花王后)가 소성왕이 죽은 뒤 명복을 빌기 위해 아미타불상을 조성하고 그 내력을 적은 비문이다. 일부가 파손된 이수의 전면과 후면에 제액(題額)이 각각 3자 2행(6자)으로 쓰였는데 앞면은 마모되어 글자가 아예 보이지 않는다. 후면에는 좌에 '아미타(阿彌陀)' 3자, 우에 '불(佛)□□' 3자가 보인다. 현재 파손된 비가 국립중앙박물관에 소장되어 있으며, 큰 덩이 세 편이다. 비문이 많이 결락되어 있지만 상당 부분 『삼국유사』 '무장사미타전조(鍪藏寺彌陀殿條)'의 기록과 일치한다. 일연이 『삼국유사』를 편찬할 때 이 비를 참조했을 것으로 추정된다. 비문의 찬자는 김육진(金陸珍)이며, 서자(書者)는 황룡사(皇龍寺)의 승려로 추정된다. 문장은 9세기에 유행했던 변려문(騈儷文)으로 되어 있으며 유려한 편이다. 비의 전면 제24행에 나오는 '…… 유물혼성(有物混成)' 이하는 명문(銘文)이고, 명문의 형식은 사언(四言)으로 보인다. 편자는 2009년에 선학들의 연구를 기초로 비문을 다시 정밀하게 판독, 약 450여 자를 심정(審定)하였다. 또 판독할 수 없는 글자 가운데, 유교 경전 및 여러 고전에서 문구를 인용한 것으로, 전혀 의심의 여지가 없는 글자까지 추정하면 약간 더 늘어날 수 있다. 판독문에서는 의심할 여지가 없는 글자까지 추정하여 넣었고 이에 따라 번역하였다.

판 독

(螭首의 題額)

「前」

　「□□□」

　「□□□」

「後」

　「阿彌陀」

　「佛□□」

(1) 제일석과 제이석을 연결시킨 것(밑줄 글씨는 제이석)

…□守大奈麻臣金陸珍奉　教 … <u>皇龍寺</u>

…測氾兮若存者教亦善救歸于九□□物乎嘗試論之佛道之…

…□以雙忘□而不覺遍法界而冥立□<u>而無機齊大空而</u>□…

…是微塵之刹沙數之區競禮微言爭崇□□<u>廟生淨心者久而</u>□…

…能與於此乎鼇藏寺者

…逈絶累以削成所寄冥奧自生虛白碧澗千尋□□□塵勞而滌蕩寒…

…中宮奉爲

…明業繼斷鼇功崇御辯運璇璣而照寓德合天心握金鏡…

…何圖天道將變書物告凶享國不永一朝晏駕　　中宮…

…身罔極而喪禮也制度存焉必誠必信勿之有悔送終之事…

…密藏鬱陶研精寤寐求之思所以幽贊冥休光啓玄福者西方…
…府之淨財召彼名匠各有司存就於此寺奉造阿彌陀佛像一軀…
…見眞人於石塔東南崗上之樹下西面而坐爲大衆說法旣覺…
…巉崒溪澗激迅維石巖巖山有朽壞匠者不顧咸謂不祥及…
…之固正當殿立有若天扶于時見者愕然而驚莫不…
…至百慮多岐一致于誠誠也者可以動天地…
…□旣得匪棘其欲子來成之其像則…

(2) 제삼석

…也當此之時崖…
…基攘之剔之更將□…
…歟是歟故知萬法殊…
…伴之材畢至班石之巧…
…普照八十種好出衆妙…
…鋪綺檻朝日暎而炫燿□…
…苦節潔行修身專思法…
…□德貞順立節著于稱道…
…□路若斯之盛乎欲比…
…□見燕然之作便察鷹揚…
…有物混成載我以形勞我以生…
…慧炬用拯迷類正敎難測…
…鼇業泰登樞位襲聲敎□…
…□忘不忘維何思崇冥祐…」

…□寶紛敷香花周繞天人…

[구두 및 주석]

…□守大柰麻¹臣金陸珍奉　教 … 皇龍…

…測, 氾兮²若存³者, 教亦善救, 歸于九□□物乎. 嘗試論之, 佛道之…

…□以雙忘, □而不覺, 遍法界而冥立, □□□而無機⁴, 齊大空而□…

…是微塵之刹, 沙數之區, 競禮微言, 爭崇□□, 廟生淨心者, 久而□⁵…

…能與⁶於此乎. 鍪藏寺者

…(幽谷)逈絶, 累以削成, 所寄冥奧, 自生虛白⁷, 碧澗千尋, □□ □塵, 勞而滌蕩, 寒…

…中宮奉爲

1 '大南令'으로 판독한 경우(『해동금석원』)가 대부분이고 '大柰麻'로 판독한 경우는 『조선금석총람』이 처음이다. 여러 탁본을 보면 '大南令'인지 '大柰麻'인지 분명하지 않으나, 근자에 나온 가장 정교한 사진판(『문자로 본 신라』, 국립경주박물관, 2002, 202쪽)을 보면 '大柰麻'가 확연하다. 대나마는 신라 17관등 가운데 제10위이다. 그런데 行守法에 따르면 관등 다음에 行이나 守가 오고 그 다음에 관직을 기록하는 것이 상례다. 대나마가 관등이요 관직이 아님에도 '守' 자 뒤에 오는 것은 아직 전례가 없다. 여기서 말하는 '守'는 예컨대 '○○太守'와 같은 관직명의 끝 글자일 것이다.
2 이리저리 떠돌아다님. 『老子』, 제34장 "大道氾兮, 其可左右."
3 『老子』, 제6장 "谷神不死, 是謂玄牝, 玄牝之門, 是謂天地根, 綿綿若存, 用之不勤."
4 機心이 없음.
5 '彌'(더욱)로 추정됨.
6 견주다.
7 방이 텅 비면 절로 밝아진다는 뜻. 淸虛하여 욕심이 없으면 道心이 절로 생겨난다는 말. 『莊子』, 「人間世」"虛室生白, 吉祥止止."

…明業, 繼斷鼇功[8], 崇御辨[9]運, 璇璣而照, 寓德合天. 心握金鏡…

…何圖, 天道將變, 書物告凶, 享國不永, 一朝晏駕, 中宮…

…身罔極[10]. 而喪禮也, 制度存焉. 必誠必信, 勿之有悔, 送終之事…

…密藏, 鬱陶[11]研精. 寤寐求之, 思所以幽贊冥休, 光啓玄福者, 西方…

…(九)府之淨財, 召彼名匠, 各有司存[12]. 就於此寺, 奉造阿彌陀佛像一(軀)[13]

…(夢)[14]見眞人, 於石塔東南崗上之樹下, 西面而坐, 爲大衆說法, 旣覺…

…也, 當此之時, 崖(石)[15]巉崒, 溪澗激迅, 維石巖巖[16]. 山有朽壞, 匠者不顧[17], 咸謂不祥. □…[18]

---

8 바다에 사는 큰 자라[鼇]의 다리를 잘라서 세상의 받침을 삼았다고 한 女媧氏의 고사에서 나온 말. 『論衡』, 「談天」 "女媧銷煉五色石, 以補蒼天, 斷鼇足以立四極."
9 두루. '辯'으로 판독한 경우가 있으나 '辨'이 옳다.
10 '終身罔極' 또는 '歿身罔極'으로 추정됨.
11 근심이 쌓인 모양 또는 깊은 시름에 잠김. 『孟子』, 「萬章 下」 "鬱陶思君爾."
12 有司 또는 司存은 본래 담당관리 또는 담당 관청을 가리키는 것이었는데, 여기서는 일을 맡음, 또는 담당자 정도로 번역한다. 『논어』, 「太伯」 "籩豆之事, 則有司存."
13 軀: 통상적으로 불상은 '軀'로 표시한다. 『삼국유사』에도 '一軀'로 되어 있다.
14 『삼국유사』, 「鍪藏寺彌陁殿」의 내용에 따라 추정한다. 뒤에 오는 '旣覺'(꿈에서 깬 뒤)이란 말과 건주어 보아도 '夢'자가 분명하다고 본다.
15 『삼국유사』, 「鍪藏寺彌陁殿」에서는 '嵓石巉崒'이라 하였다.
16 바위가 많음. 『시경』, 小雅, 祈父之什, 「節南山」 "節彼南山, 維石巖巖."
17 『장자』, 「逍遙遊」·「人間世」에 "가죽나무는 크기는 하지만 쓸모가 없기 때문에 목수도 거들떠보지 않고(匠者不顧), 櫟社의 상수리나무는 쓸모가 없기 때문에 이처럼 오래 살 수 있었다(無所可用, 故能若是之壽)"고 하였다.
18 『삼국유사』, 「鍪藏寺彌陁殿」에는 '及乎辟地' 운운하였다.

…基, 攘之剔之[19], 更將□□之固, 正當殿立, 有若天扶. 于時見者, 愕然而驚, 莫不□□[20]……

……歟是歟? 故知萬法殊□, □□□至, 百慮多岐[21], 一致于誠. 誠也者, 可以動天地……

……伴之材畢至, 班石之巧□□, □□□□, □□旣得, 匪棘其欲[22], 子來成之[23]. 其像則……

(2)

…普照, 八十種好出衆妙…

…鋪綺檻, 朝日暎而炫燿, □…

…苦[24]節潔行修身, 專思法…

…□德, 貞順立節, 着于稱道[25]…

…□路, 若斯之盛乎, 欲比…

…□見燕然之作[26], 便察鷹揚…

19 잡물을 제거하고 초목 등을 베어냄. '壞'자로 판독한 예가 있으나 이는 잘못이다. 『시경』, 大雅, 文王之什, 「皇矣」 "其檉其椐, 攘之剔之."
20 『삼국유사』, 「鍪藏寺彌陁殿」에 따라 '稱善'으로 추정한다.
21 『주역』, 「繫辭下」에 "子曰, 天下何思何慮? 天下同歸而殊塗, 一致而百慮, 天下何思何慮?"라 하였다.
22 빨리 하려고 서두름. '棘'은 '急'의 뜻이다. 『시경』, 大雅, 「文王有聲」에 나온다.
23 중국 고대에 文王이 靈臺를 지을 적에 백성들이 자식처럼 달려와 도움으로써 빨리 완성하였다는 고사. 『시경』, 大雅, 「靈臺」 "經始靈臺, 經之營之, 庶民攻之, 不日成之, 經始勿亟, 庶民子來."
24 '若'자로 판독한 예가 있으나 '苦'자가 분명하다.
25 '稱首'로 판독한 예가 있으나 '首'자에 '辶'변의 일부가 있는 것으로 보아 '稱道'로 판독해야 한다. 『해동금석원』에서도 '稱道'라 하였다.
26 중국 후한 때 班固가 지은 「封燕然山銘」(『文選』, 권56)을 가리킴. 이 비명의 내용에 "鷹揚之校, 螭虎之士" 운운한 대목이 있다.

…有物混成[27], 載我以形, 勞我以生[28]…

…慧炬, 用拯迷類, 正教難測, …

…鼇業, 泰登樞位. 襲聲敎□, …

…□忘, 不忘維何[29], 思崇冥祐[30], …

…□寶, 紛敷[31]香花, 周繞天人[32], …

27 비편에는 "□物混成"으로 되어 있으나, 『노자』에서 인용한 것이 분명하기 때문에 이와 같이 추정하였다. 『노자』 "어떤 물건이 혼연히 이루어져 천지에 앞서 생겨났다"(有物混成, 先天地生)

28 비편에는 "載我以形, 勞我□□, ……"으로 되어 있으나, 『장자』, 「大宗師」 편에서 인용한 것이 분명하기 때문에 이와 같이 추정하였다. 『장자』, 「대종사」 "대자연은 형체를 주어 나를 이 세상에 살게 하며, 삶을 주어 나를 수고롭게 하며, 늙음으로 나를 편안하게 하며, 죽음으로 나를 쉬게 한다."[夫大塊, 載我以形, 勞我以生, 佚我以老, 息我以死]

29 『시경』을 보면 '□□維何'라는 문투가 10여 회나 보인다.

30 陰佑와 같은 말. 『해동금석원』에서는 '祜'로, 『조선금석총람』에서는 '祐'로 판독하였으나 후자를 따른다.

31 성하고 많은 모양.

32 현재 비편의 탁본에서는 '周' 이하의 글자는 판독할 수 없다. 『해동금석원』에서 1800년대 초의 탁본을 근거로 '周繞天人'이라 판독한 것을 따른다.

번역

(1)

…□수(守) 대나마(大奈麻) 신(臣) 김육진(金陸珍)이 왕명을 받들어 글을 … 황룡사(皇龍寺)의 …

… 헤아리기 어려우니, 이리저리 떠돌면서도 늘 제자리에 있는 것 같다. 교(敎)는 역시 잘 구원하는 것이니 구□□물(九□□物)로 귀의케 하는 것인가 한다. 시험삼아 논하건대 불도(佛道)의 …

… 두 가지를 잊고 …를 깨닫지 못하여, 법계(法界)를 편력하여 명계(冥界)에 섰으며, … 하여 기심(機心)이 없으며, 대공(大空)과 나란히 하여 …

… 이곳은 미진(微塵)[33]의 세계에 있는 사찰이요 사수(沙數)[34]와 같은 구역인데, 다투어 미언(微言)에 예경(禮敬)하고, 다투어 □□를 높였으니, 사묘(寺廟)에서 정심(淨心)이 피어나는 것은 오래될수록 …

… 여기에 견줄 수 있겠는가. 무장사는 …

… 유곡(幽谷)은 (속세로부터) 멀리 떨어져 있는데 여러 해를 두고 깎아서 만든 것 같았다. 하늘이 맡긴 그곳은 깊숙하고 은밀하여 허백(虛白)한 마음이 절로 생길 만하다. 벽간(碧澗)은 천 길[千尋]이나 되는데, … 티끌을 힘써 척탕(滌蕩)하고 …

…중궁(中宮)[35]께서 (선대왕을) 받들어 위하느라…

---

33 셀 수 없이 많은 것을 이름.
34 항하의 모래알 같이 많은 부처. 인도에 항하(갠지스강)가 있는데 두 언덕이 다 모래이므로 부처가 그것을 취하여 最多의 수, 無量의 수로 비유하였음. 『金剛經』, 「一切同觀分」 "諸恒河所有沙數, 寧不多乎."
35 소성왕의 妃인 桂花王后 金氏. 대아찬 叔明의 딸이다.

…을 밝히는 업이요, 끊어진 바다거북의 다리를 잇는 공이다. 높이 변운(辨運)[36]을 부리며 북두칠성처럼 (자리잡고 사방을) 비추는데, 깃들인 덕은 천도에 합치되었다. 마음으로 금경(金鏡)[37]을 쥐고…

… 어찌 도모하랴. 천도가 장차 변하고 서물(書物)이 흉사(凶事)를 고하니, 향국(享國)이 길지 못하여 하루 아침에 안가(晏駕)[38]하시게 되었다. 중궁(中宮)께서는 …

… 종신토록 다함이 없었다. 그러나 상례에는 제도가 있는 법이니, 반드시 정성껏 미덥게 하여 후회가 남지 않도록 할 것이다. 돌아가신 사람을 보내는[送終] 일은 …

… 비밀스럽게 감추어져 있는데, 근심스러운 태도로 연구를 정밀하게 하였다. 자나깨나 늘 찾으면서, 그윽히 명휴(冥休)[39]를 협찬(協贊)하고, 빛나게 현복(玄福: 명복)을 개척할 방도를 생각하였는데, 서방(西方)에…

…구부(九府)[40]의 정결한 재물을 희사하고, 저들 명장(名匠)을 불렀으며, 각기 맡은 바가 있도록 하였다. 이 절에다가 아미타불상 한 구(軀)를 받들어 조성했는데 …

…꿈에 진인(眞人)을 보았는데, 석탑 동남쪽 산봉우리 위의 나무 아래에서 서쪽을 바라보고 앉아 대중을 위해 설법하였다.[41] 꿈에서 깬 뒤 …

36 운이 두루 미침. 또는 그런 운.
37 구리 거울. 밝은 도리 또는 공명정대한 도를 비유함.
38 임금의 죽음을 높여서 이르는 말.
39 저승에서의 행복. 冥福.
40 중국 주나라 때 재물과 화폐를 관장하던 기관으로, 곧 太府·玉府·內府·外府·泉府·天府·職內·職金·職幣를 가리킴.
41 '西面'은 서방정토의 부처님인 아미타불을 의미한다.

… 이 때를 당하여, 산이 높고 가파른데다 시냇물의 물살이 급하고 바위가 중첩하였다. 산에 나쁜 땅이 있는데, 장인(匠人)들은 돌아보지도 않고 모두다 상서롭지 못하다고 하였다. …

… 터를 골라 (쓸데 없는 것을) 제거하고 (잡목을) 베어내 다시금 장차 … 견고함을 얻었으니, 미타전(彌陀殿)을 세우기에 꼭 알맞아 하늘의 도움이 있는 것과 같았다. 이에 보는 사람들이 깜짝 놀라면서 (좋다고 하지) 않은 사람이 없었다.

…그른가, 옳은가? 그러므로 만법(萬法)이 길을 달리하지만 … 하는데 이르고, 백가지 생각이 갈림길이 많지만 '성(誠)'으로 일치됨을 알겠다. '성'이란 것은 하늘도 움직일 수 있는 것이요 …

…수반(隨伴)한 재목이 다 이르고, 반석(班石: 무늬 있는 돌)에다 기교를 …. □□□□ …을 이미 얻었는데, 하고 싶은 일을 빨리 하려고 하지 않았는데도 (인연 있는 사람들이) 자식처럼 모여들어 이 일을 이루니, 그 불상은 …

(2)

… 널리 비추고, 팔십종호(八十種好)[42]는 중묘(衆妙)에서 초출(超出)하니 …

… 비단을 깔아놓은 듯한 난간에 아침에 햇살이 비치면 눈부시게 빛나고 …

… 고절(苦節)과 결행(潔行)으로 몸을 닦으면서, 오로지 법 …을 생각

---

42 부처님의 신체 특징 중에서 뛰어난 것 여든 가지를 말한다. '八十隨形好'라고도 한다. 경전과 論疏에 따라 약간의 차이가 있다.

하였는데,

… □德, 정순(貞順)하고 절개를 세워, 칭도(稱道)하는데 뜻을 붙여 …

… 하는 길이 이와 같이 성할 수 있을까? …에 비하건대

… 연연(燕然)의 작품을 보고,[43] 문득 매가 기세를 떨치는 듯한 기상[鷹揚]을 살피니…

… 어떤 물건이 혼연히 이루어져, 나에게 형체를 주어 이 세상에 살게 하며, 삶을 주어 수고롭게 하며 …

… 지혜의 횃불[慧炬]을 …하여 미혹에 빠진 무리들을 증구(拯救)한다. 정교(正敎)는 헤아리기 어려우나 …

오업(鼇業)[44]을 … 하고, 추위(樞位)[45]에 높이 올라 성교(聲敎)[46]를 이어받아 …

…□忘, 불망(不忘)이란 무엇인가. 명우(冥祐)[47]를 높이기를 생각하여…

…□보(□寶)가 …하고 향화(香花)가 무성하여 두루 천인(天人)을 휘감고…

---

43 후한 때 車騎將軍 竇憲(두헌)이 군사를 이끌고 북벌에 나서 남흉노와 연합하여 稽落山에서 북흉노를 대파하고는 燕然山에 올라가 공적비를 세우고 班固에게 「封燕然山銘」을 짓도록 하였다. 『후한서』권53, 「竇憲列傳」참조.
44 '鼇'는 鼇山으로 신라를 가리킨다. '오업'이란 곧 신라의 왕업을 말한다.
45 매우 중요한 자리.
46 임금이 백성을 교화하는 덕.
47 신령이 도움.

15

황룡사찰주본기
皇龍寺刹柱本記

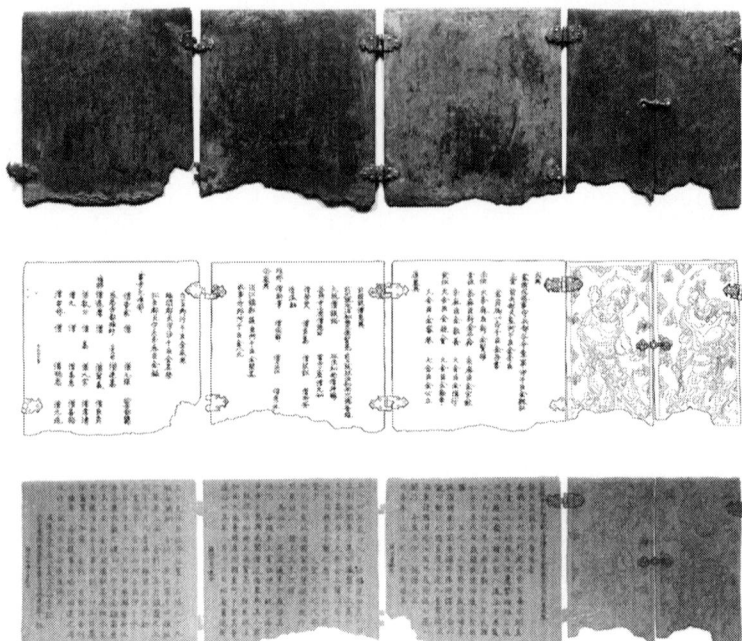

그림 15. 경주 황룡사 구층목탑 금동찰주본기(위)와 복원도 겉면(가운데), 복원 속면(아래) (「문자, 그 이후 : 한국고대문자전」, 국립중앙박물관, 2011, 65쪽)

경덕왕 12년(872)부터 그 이듬해까지 황룡사 9층목탑을 수리한 뒤 그 경위를 적은 글이다. '황룡사구층목탑사리함기'라고도 한다. 경주 황룡사터 중심 초석에 넣어두었던 사리함에서 발견되었다. 현재 국립중앙박물관에서 보관하고 있다. 글자는 사리내함판에 음각으로 새겼다. 3매의 판에서 현재 해독할 수 있는 글자는 900여 자다. 찬자는 박거물(朴居勿)이고, 서자(書者)는 요극일(姚克一)이다. 내용을 보면, 전반부에서는 자장의 건의를 받아들여 9층목탑을 창건한 경위(창건 연기설화)를 적었고, 후반부에서는 문성왕대에서 경문왕대에 걸쳐 탑을 중수한 사실을 적었다. 말미에는 구층목탑을 새로 짓기 위하여 설치한 여러 기관과 관계자들을 자세히 기록하였는데, 이것은 통일신라기 사원성전(寺院成典)의 구성과 운영 모습을 파악할 수 있는 중요한 사료가 된다. 『삼국유사』 '황룡사구층탑' 조와 대조하면 상당 부분이 일치한다.

원문

皇龍寺刹柱本記
侍讀右軍大監兼省公 臣朴居勿奉敎撰

詳夫, 皇龍寺九層塔者, 善德大王代之所建也. 昔有善宗郎, 眞骨貴人也. 少好殺生, 放鷹摯雉, 雉出淚而泣, 感此發心, 請出家入道, 法號慈藏. 大王卽位七年, 大唐貞觀十二年, 我國仁平五年戊戌歲, 隨我使神通, 入於西國. 王之十二年癸卯歲, 欲歸本國, 頂辭[1]南山圓香禪師. 禪師謂曰:『吾以觀心, 觀公之國, 皇龍寺建九層窣堵波, 海東諸國, 渾降汝國!』慈藏持語而還, 以聞. 乃命監君伊干龍樹, 大匠百濟阿非等, 率小匠二百人, 造斯塔焉. (鐫字僧聰惠)

其十四年歲次乙巳, 始搆建. 四月□□[2], 立刹柱, 明年乃畢功. 鐵盤已上, 高七步, 已下高卅步三尺. 果合三韓, 以爲□□[3], 君臣安樂, 至今賴之. 歷一百九十□□[4], 曁[5]于文聖大王之代. 年□旣久, 向東北傾. 國家恐墜, 擬將改作, □致衆材, 三十餘年, 其未改構.

今上卽位十一年, 咸通辛卯歲, 恨其□[6]傾, 乃命親弟上宰相

1　頂辭: 頂禮를 취하며 작별을 고함.
2　□□: 쌍구본에는 '八日'로 되어 있음.
3　□□: '一家'로 추정됨.
4　□□: '餘年'으로 추정됨.
5　曁: 미치다.
6　□: '斜'로 추정됨. *斜傾: 한쪽으로 비스듬히 기울어짐.

伊干魏弘, 爲令臣; 寺主惠興, 爲聞僧及脩監典; 其人[7]前大統政法和尚大德賢亮, 大統兼政法和尚大德普緣, 康州輔[8]重阿干堅其等道俗. 以其年八月十二日, 始廢舊造新. (鐫字臣小連全)

其中更依無垢淨經, 置小石塔九十九軀. 每軀納舍利一枚, 陀羅尼四種, 經一卷. 卷上安舍利, 一具於鐵盤之上. 明年七月, 九層畢功. 雖然, 刹柱不動, 上慮柱本舍利如何, 令臣伊干承旨, 取壬辰年十一月六日, 率群僚而往. 專令攀柱觀之, 礎臼之中, 有金銀高座. 於其上, 安舍利琉璃瓶. 其爲物也, 不可思議, 唯無年月事由記. 廿五日, 還依舊置, 又加安舍利一百枚, 法舍利二種. 專命記題事由, 略記始建之源, 改作之故, 以示萬劫, 表後迷矣.

咸通十三年歲次壬辰十一月廿五日記

崇文臺郎兼春宮[9]中事省臣 姚克一奉敎書 (鐫字助博士臣連全)

成典

監脩成塔事 守兵部令平章事伊干臣 金魏弘

上堂 前兵部大監阿干臣 金李臣, 倉部卿一吉干臣 金丹書

赤位 大奈麻臣 新金[10]賢雄

靑位 奈麻臣 新金平矜, 奈麻臣 金宗猷, 奈麻臣 金歆善, 大舍

---

7 其人: (책임을 맡은) 그 사람.
8 輔: 신라 때 전국 各州의 차관직(장관은 都督). 州助.
9 春宮: 東宮의 별칭. 동궁은 月池宮의 별칭으로, 월지궁에는 東宮官이 배속되었다.
10 가야 계열(김유신계)의 김 씨를 신라의 김 씨와 구별하기 새로 위해 붙인 複姓.

臣 金愼行

黃位 大舍臣 金競會, 大舍臣 金勛幸, 大舍臣 金審卷, 大舍臣 金公立

道監典

  前國統 僧惠興

  前大統政法和尙 大德賢亮

  前大統政法和尙 大德普緣

  大統 僧談裕

  政法和尙 僧神解

  普門寺上座 僧隱田

  當寺上座 僧允如, 僧榮梵, 僧良嵩, 僧然訓, 僧昕芳, 僧溫融

  維那 僧勛筆, 僧咸解, 僧立宗, 僧秀林

俗監典

  浿江鎭都護重阿干臣 金堅其

  執事侍郞阿干臣 金八元

  內省卿沙干臣 金咸熙

  臨關郡太守沙干臣 金昱榮

  松岳郡太守大奈麻臣 金鎰

當寺大維那

  僧香素, 僧□□, 僧元强

當寺都維那 僧□□
感恩寺都維那 僧芳另, 僧連嵩
維那 僧達摩, 僧□□, 僧賢義, 僧良秀, 僧敎日, 僧珍嵩, 僧又宗, 僧孝淸, 僧允皎, 僧□□, 僧嵩惠, 僧善裕, 僧幸林, 僧□□, 僧聰惠, 僧太逸 (□舍利 臣忠賢)

번역

황룡사 찰주본기
시독(侍讀)[11]이자 우군대감(右軍大監)으로 성공(省公)[12]을 겸한 신(臣) 박거물(朴居勿)[13]이 왕명을 받들어 찬술함

자세히 헤아리건대, 황룡사 구층탑은 선덕여왕 시대에 세운 것이다. 예전에 선종랑(善宗郎)이 있었다. 진골 귀족이었다. 연소할 적에 살생(殺生)을 좋아하였다. 매를 풀어 꿩을 잡았는데, 꿩이 눈물을 흘리며 울자 이에 감동하여 발심(發心)을 하였다. 출가를 청하여 도에 들어가니 법호를 자장(慈藏)이라 하였다.

선덕대왕이 즉위한 지 7년이 되었다. 당나라 정관(貞觀) 12년이요 우리나라 인평(仁平) 5년인 무술년(638)에 우리의 사신 신통(神通)을 따라 서국(西國: 唐)에 들어갔다. 선덕왕 12년 계묘년(643)에 본국(신라)에 돌아오고자, 종남산(終南山) 원향선사(圓香禪師)[14]에게 정례(頂禮)[15]를 취하며 작별을 고하였다. 선사가 일러 말하기를 "내가 관심법(觀心法)[16]으로 공의 나라를 보건대, 황룡사에 구층탑을 세우면 해동(海東)의 여러 나라가 온통 그대 나라에 항복할 것이다"고 하였다. 자장이 이 말을 마음 속에 간직하고 돌아와 조정에 알렸

---

11 신라 하대 文翰職의 하나. 侍讀學士.
12 신라 하대에 설치된 中事省(또는 宣敎省)의 관직을 약칭한 것으로 보임.
13 三郎寺碑文을 찬한 것으로 알려짐. 그 밖의 인적 사항은 미상.
14 미상.
15 이마가 땅에 닿도록 몸을 구부려 절함. 불가에서의 인사법의 하나.
16 다른 사람의 마음을 꿰뚫어 보는 것. 讀心術.

다. 이에 (임금이) 감군(監君)[17]인 이간(伊干: 伊湌) 용수(龍樹)[18]와 대장(大匠)인 백제 아비지(阿非知) 등에게 명하여 소장(小匠) 2백 명을 통솔하여 이 탑을 조성토록 하였다. (글씨를 새긴 사람은 僧 聰惠다)

선덕왕 14년 세차(歲次) 을사(645)에 건탑(建塔) 공사를 시작하였다. 4월 8일에 찰주(刹柱)[19]를 세우고 이듬해에는 공사를 마쳤다. 철반(鐵盤)[20] 이상은 높이가 7보(步)[21]이고, 그 이하는 높이가 30보 3자다. 과연 삼한을 통합하여 일가(一家)로 만들어 군신(君臣)이 안락하니 오늘에 이르도록 이 탑에 힘입고 있다.

190여 년이 지나 문성왕대(文聖王代)에 이르렀다. (탑을 세운 지가) 오래 되어 (탑이) 동북쪽으로 기울어졌다. 나라에서는 쓰러질까 두려워하여 장차 개작(改作)할 것을 모의(模擬)한 뒤 많은 재목을 모았지만 30여 년이 되도록 고쳐 세우지 못하였다. 금상(今上: 경문왕)께서 즉위한 지 11년 되는 함통(咸通) 신묘년(871)에 탑이 한 쪽으로 기울어진 것을 한스럽게 여겨, 이에 친동생으로 상재상(上宰相: 上大等)인 이찬 위홍(魏弘)[22]에게 명하여 영신(令臣)[23]을 삼고 사주(寺主)[24]인 혜흥(惠興)을 문승(聞僧)[25] 및 수감전(脩監典)[26]으로 삼

17 임금을 대신하여 어떤 일을 감독하는 사람.
18 일명 龍春. 眞智王의 아들이며 무열왕의 아버지.
19 탑의 중심 기둥 또는 상륜의 心柱. 다층의 목탑에서는 그 중심 기둥이 사리를 장치한 心礎石에 세워져 상륜부를 구성하는 鐵盤에까지 이른다.
20 쇠로 만든 露盤. 노반 위가 相輪部다.
21 토지 및 건물의 넓이 또는 길이를 재는 단위. 6척(또는 8척)이다.
22 신라 진성여왕 때의 권신(?~888). 여왕의 숙부가 된다. 여왕의 총애로 角干이 되어 권력을 휘둘렀다. 왕명으로 大矩라는 스님과 향가집 『三代目』을 엮었다고 한다.
23 임금의 명을 받아 重修와 관련된 일을 총괄하는 신하.
24 신라 하대에 國統을 달리 일컫던 말. 『삼국사기』 권40, 「職官下」 "國統一人(一云寺主)."
25 佛事를 僧團에 널리 알리는 일을 맡은 직책으로 추정됨.
26 중수의 감독을 맡은 임시 직책.

았는데, 책임을 맡은 사람들은 전 대통(大統)이자 정법화상(政法和尙)²⁷인 대덕(大德) 현량(賢亮), 대통이자 정법화상인 대덕 보연(普緣), 강주주조(康州州助)인 중아찬 김견기(金堅其) 등 도인과 속인이었다. 그해 8월 12일 부로 옛탑을 없애고 새탑을 조성하기 시작하였다. (글씨를 새긴 사람은 臣 小連全이다)

그 안에 다시 『무구정광대다라니경(無垢淨光大陀羅尼經)²⁸』에 따라 작은 석탑 99구를 안치하였다. 99구의 탑마다 사리 1매, 다라니 네 가지, 경전 1권을 넣었다. 경권(經卷) 위에 사리를 안치하여 하나를 철반 위에 갖추었다. 이듬해 7월에 구층 공사를 마쳤다. 그렇지만 찰주가 꼼짝하지 않자 주상(主上)께서는 찰주 아래 본사리(本舍利)²⁹가 어떠한지를 염려하였다. 영신(令臣)인 이찬(김위홍)이 어지를 받들어[承旨], 임진년(872) 11월 6일로 가려잡아 여러 신하를 이끌고 가보았다. 전령(專令)³⁰에 따라 기둥[心柱]을 들고 보니,³¹ 심초(心礎)의 구덩이 안에 금과 은으로 만든 높은 좌석[高座]이 있고, 그 위에 사리가 든 유리병을 봉안해 두었다.

그 물건 됨이 불가사의하였다. 다만 연월(年月)과 사유를 적은 기록이 없었다. 25일에는 도로 옛날대로 놓아두되, 다시 사리 백 개와 법사리(法舍利: 불경) 두 가지를 봉안하였다. 사유(事由)를 기제(記題)토록 전명(專命)함에, 창건한 근원과 고쳐 지은 연고를 대략

27 '정법'은 신라 때의 僧官인 政法司(政法典)를 가리킴.
28 造塔과 念誦에 따라 왕생극락하며 成佛한다고 설하는 경전.
29 심초석 밑에 본래 봉안한 사리. '본사리'란 말은 왕흥사사리함명에도 나온다.
30 임금의 위임을 받은 신하가 임의로 명령함.
31 심주 전체를 들었다는 말은 아닐 것이다. 여러 개로 나누어진 심주들 가운데 심초석 바로 위에 있는 1층 심주만 옮겨 사리를 확인한 것으로 봄이 타당하다.

기록하여 만겁 후세에 보이고 후미(後迷)³²에게까지 나타낸다.

함통 13년 임진년 11월 25일에 적음.
숭문대(崇文臺)의 랑(郎) 겸 동궁(東宮)³³ 중사성(中事省)³⁴의 신(臣) 요극일(姚克一)³⁵이 왕명을 받들어 글씨를 쓰다.
(글씨를 새긴 사람은 助博士 臣 連全이다)

32　후대의 迷生을 가리킴.
33　세자궁이 아닌, 왕성 동쪽에 있는 궁궐이란 말. 최영성, 「月池宮 관련 자료 재검토: 東宮은 태자궁이 아니다」, 『동양고전연구』 55, 동양고전학회, 2014 참조.
34　동궁에 소속된 官府(비서기구). 본래 洗宅이라 하였다가 경덕왕 때 중사성으로 고쳤으며, 이후 복구되었다가 다시 중사성으로 바꾸었다.
35　신라 하대의 명필. 寂忍禪師塔碑, 三郞寺碑, 興德王陵碑의 글씨를 썼다. 『삼국사기』 권48, 「김생열전」 부록 참조.

16

寶林寺普照禪師塔碑銘
보림사보조선사탑비명

그림 16. 보림사보조선사탑비와 탁본

전라남도 장흥군 유치면 봉덕리 소재 보림사의 보조선사창성탑비(普照禪師彰聖塔碑: 보물 158호)의 비문이다. 보조선사(普照禪師: 804~880)는 구산선문(九山禪門)의 하나인 가지산문(迦智山門)의 개산조(開山祖)로, 속성은 김씨, 법호(法號)는 체징(體澄)이다. 19세에 출가, 설악산 억성사에서 염거화상(廉居和尙)에게 수학하였다. 후에 입당 유학하여 선(禪)을 공부하였고, 신라에 귀국한 뒤 교화활동을 펴다가 헌안왕의 요청으로 가지산사(보림사)로 옮겨 수행하였다. 헌안왕 3년(859)에 김언경 등의 시주를 받아 보림사에 철조비로자나불(국보 117호)을 조성하였다. 77세의 나이로 입적하자 문인 의거(義車) 등이 탑비를 세울 것을 건의하였고, 헌강왕 10년(884)에 선사의 시호를 '보조', 탑호를 '창성', 사액(賜額)을 '보림'이라 하도록 명령하였다.

    비문의 내용은 보조선사의 '선'의 경지와 가지산사의 창건설화, 가지산문의 개창과 발전 등을 적고 있다. 신라 하대 선종사상의 흐름과 성격을 이해하는 데 귀중한 사료로 평가된다. 비문의 찬자는 김영(金穎)이고, 글씨를 쓴 사람은 김원(金薳)과 김언경(金彦卿)이다. 비문을 두 사람이 해서와 행서를 번갈아 쓴 것이 이색적이다.

원문

新羅國武州迦智山寶林寺諡普照禪師靈塔碑銘幷序
朝請郎守定邊府司馬賜緋魚袋臣金穎奉敎撰
儒林郎守武州昆湄縣令金薳奉敎書

聞夫, 禪境玄寂, 正覺希夷[36], 難測難知, 如空如海. 故龍樹師子之尊者, 喩芭蕉於西天, 弘忍惠能之祖師, 譚醍醐於震旦. 蓋掃因果之跡, 離色相之鄕, 登大牛之車, 入罔象[37]之域. 是以, 智光遠照, 惠澤遐流, 灑法雨於昏衢, 布慈雲於覺路. 見空者一息而越彼邪山; 有爲則永劫而滯于黑業. 矧乎末法之世, 像敎紛紜, 罕契眞宗, 互持偏見. 如擘水求月, 若搓[38]繩繫風, 徒有勞於六情, 豈可得其至理? 其於衆生爲舍那, 舍那爲衆生, 衆生不知在舍那法界之中, 縱橫造業, 舍那亦不知衆生在苞含之內, 湛然常寂, 豈非迷耶? 知此迷者, 大不迷矣. 知其迷者, 惟我禪師乎! 或謂此說, 爲濩落[39]之言. 吁! 道經云:『上士聞道, 崇而奉之, 中士聞道,

---

36 希夷: 불교에서 말하는 言語道斷의 경지. 『노자』 제14장 "視之不見, 名曰夷, 聽之不聞 名曰希."
37 黃帝의 '赤水遺珠 象罔得之'의 故事와 연관된 말. 곧 말없는 가운데의 말은 無心으로밖에 찾을 수 없다는 말. 『莊子』, 「天地」 "黃帝遊乎赤水之北, 登乎崑崙之丘, 而南望還歸, 遺其玄珠, 使知索之而不得, 使離朱索之而不得, 使喫詬索之而不得也. 乃使象罔, 象罔得之. 黃帝曰: 「異哉! 象罔乃可以得之乎」"
38 搓(차): 손으로 비비다.
39 濩落(확락): 입으로 큰소리만 칠 뿐 실제 아무런 성과도 거두지 못함을 이르는 말. 곧 허황된 말. 중국 전국시대 惠施가 '크기만 했지 물건을 담을 수 없는'[濩落无所容] 바가지를 비유로 들면서, 莊周의 거대한 담론이 쓸모가 없다고 비평한 고사가 있다. 『莊子』, 「逍遙遊」 참조.

如存若亡, 下士聞道, 撫掌而笑, 不笑不足以爲道也』[40], 此之謂矣!

　禪師諱體澄, 宗姓金, 熊津人也. 家承令望, 門襲仁風. 是以, 慶自天鍾, 德從嶽降, 孝義旌表於鄕里, 禮樂冠盖[41]於軒裳[42]者也. 禪師託體之年, 尊夫人夢, 日輪駕空, 垂光貫腹. 因之驚寤, 便覺有懷. 及逾朞月, 不之誕生. 尊夫人追尋瑞夢, 誓禱良因, 膳徹腶脩[43], 飮斷醪醴[44], 胎訓淨戒, 驚[45]事福田. 由是, 克解分蓐[46]之憂, 允叶弄璋之慶. 禪師貌雄岳立, 氣潤河靈. 輪齒自然, 金髮特異, 閭里聲歎, 親戚咸驚. 從襁褓之年, 宛有出塵之趣, 登齠齔[47]之歲, 永懷捨俗之緣. 二親知其富貴難留, 財色莫繫, 許其出家遊學. 策杖尋師, 投花山勸法師座下, 聽經爲業, 摳衣[48]請益, 夙夜精勤. 觸目無遺, 歷耳必記. 常以陶冶麤鄙, 藻練僧儀, 積仁順而煩惱蠲除[49], 習虛靜而神通妙用, 超然出衆, 卓爾不群. 後以大和丁未歲, 至加良峽山普願寺, 受具戒, 一入壇場, 七宵行道. 俄有異雉, 忽爾馴飛, 有稽古者曰:『昔向[50]陳倉, 用顯霸王[51]

40　『노자』, 제41장 "上士聞道, 勤而行之. 中士聞道, 若存若亡. 下士聞道, 大笑之. 不笑, 不足以爲道."
41　冠盖: 관모와 수레 덮개. 대개 '높은 벼슬아치' 또는 '으뜸'이라는 말로 사용된다.
42　軒裳: 高官이 타는 수레와 관복. 전하여 고관을 가리킴.
43　腶脩(단수): 藥脯. 마른 고기를 두들겨 생강·계피 등의 가루를 섞은 것이다.
44　醪醴(요예): 막걸리와 단술.
45　驚(즐): 드러나지 않게. 은밀히.
46　分蓐(분욕): 분만하는 産室.
47　齠齔(초츤): 이를 갈다. 7~8세 때를 이르는 말.
48　摳衣(구의): 두 손으로 옷자락을 걷어 올림. 스승을 섬기는 도리를 말한다.
49　蠲除(견제): 덜어내어 없앰.
50　昔向: 옛날. '向'은 '嚮'(접때)과 통용됨.
51　霸王: 王道와 霸道.

之道, 今來寶地, 將興法主之徵者焉』.

　　初道儀大師者, 受心印於西堂. 後歸我國, 說其禪理. 時人雅尚經敎與習觀存神之法, 未臻其無爲任運之宗. 以爲虛誕, 不之崇重, 有若達摩不遇梁武也. 由是知時未集, 隱於山林, 付法於廉居禪師. 居雪山億聖寺, 傳祖心, 闡師敎. 我禪師, 往而事焉. 淨修一心, 求出三界, 以命非命, 以軀非軀. 禪師察志氣非偶, 素槩[52]殊常, 付玄珠, 授法印.

　　至開成二年丁巳, 與同學貞育虛懷等, 路出滄波, 西入華夏. 參善知識, 歷三五州. 知其法界, 嗜欲共同, 性相無異. 乃曰: 『我祖師所說, 無以爲加, 何勞遠適?』 止足意興. 五年春二月, 隨平盧使, 歸舊國, 化故鄕. 於是, 檀越傾心, 釋敎繼踵, 百川之朝鼇壑, 群嶺之宗鷲山, 未足爲喩也. 遂次[53]武州黃壑蘭若, 時大中十三禩[54], 龍集[55]于析木之津, 憲安大王卽位之後年也. 大王聆風仰道, 勞于夢魂, 願闢禪扉, 請入京轂[56]. 夏六月, 敎遣長沙縣副守金彥卿, 賷[57]茶藥迎之. 師以處雲巖之安, 兼屬結戒之月, 託淨名[58]之病, 陳六祖之辭. 冬十月, 敎又遣道俗使, 靈巖郡僧正連訓法師, 奉宸[59]馮瑄等, 宣諭綸旨, 請移居迦智山寺. 遂飛金

52　素槩: 평소의 기개. 褚遂良이 쓴 「孟法師碑銘」에 '素槪難奪'이란 구절이 있다.
53　次: 임시로 거처함.
54　禩(사): '祀'의 古字. 중국 殷代에는 年紀를 '祀'라 하였다.
55　龍集: '歲次(歲星의 차례)'를 달리 이르는 말.
56　京轂: '천자가 사는 수레 밑'이라는 의미로, 수도 서울을 일컫는 말.
57　賷(재): 가져오다. '齎'의 속자. '賫' 또는 '賷'로도 쓴다.
58　淨名: 維摩居士의 별칭. '淨名尉'라고도 한다.
59　奉宸(봉신): 宸旨(임금의 뜻)를 받듦. 뒤에 나오는 '供奉宸衷'의 준말.

錫, 遷入山門. 其山則元表大德之舊居也. 表德[60]以法力施于有
政. 是以, 乾元二年, 特教植長生標柱, 至今存焉. 宣帝十四年仲
春, 副守金彦卿, 夙陳弟子之禮, 嘗爲入室之賓. 減淸俸, 出私財,
市鐵二千五百斤, 鑄盧舍那佛一軀, 以莊禪師所居梵宇. 教下望
水里南等宅, 其出金一百六十分, 租二千斛, 助充裝飾功德, 寺隷
宣教省. 咸通辛巳歲, 以十方施資, 廣其禪宇. 慶畢功日, 禪師莅
焉. 虹之與蜺[61], 貫徹堂內, 分輝耀室, 渥彩[62]燭人, 此乃堅牢[63]
告祥, 娑迦[64]表瑞也. 廣明元年三月九日, 告諸依止曰:『吾今生
報業盡, 就木兆成. 汝等當善護持, 無至隳怠[65]!』至孟夏仲旬二
日, 雷電一山, 自酉至戌. 十三日子夜, 上房地震, 及天曉, 右脇臥
終. 享齡七十有七, 僧臘五十二. 於是, 弟子英惠淸奐等八百餘
人, 義深考妣, 情感乾坤. 追慕攀號[66], 聲動溪谷. 以其月[67]十四
日, 葬於王山松臺, 壘塔安厝.

嗚乎! 禪師名留於此, 魂魄何之. 生離五濁, 超十八空. 樂寂

---

60 表德: 원표대덕의 준말.
61 虹蜺(홍예): 숫무지개와 암무지개.
62 渥彩(악채): 색이 진한 단청.
63 堅牢(견뢰): 堅牢地神을 말함.
64 娑迦(사가): 娑迦羅龍王을 말함.
65 隳怠(휴태): 계율을 무너뜨리고 게으른 생활을 함.
66 攀號: 黃帝의 昇天故事에서 나온 말. 옛날 黃帝가 荊山에서 용을 타고 승천할 때, 群臣과 後宮 등 70여 명이 同乘했다. 그 밖의 小臣들도 黃帝를 따르고자 용의 수염을 붙들었다가, 그만 수염이 뽑혀져 버렸고 황제가 쓰던 활도 함께 떨어졌다. 이에 백성들은 황제가 하늘로 올라가는 것을 보고는 떨어진 활과 용의 수염을 끌어안고 대성통곡하였다 한다. 『史記』권12, 「孝武本紀」"黃帝采首山銅, 鑄鼎於荊山下, 鼎旣成, 有龍垂胡髥, 下迎黃帝. 黃帝上騎, 群臣後宮從上龍七十餘人, 龍乃上去. 餘小臣不得上. 乃悉持龍髥, 龍髥拔, 墮黃帝之弓. 百姓仰望, 黃帝旣上天, 乃抱其弓與龍胡髥號, 故後世因名其處曰鼎湖, 其弓曰烏號."
67 其年: 1주년. '朞年'을 말함.

滅而不歸, 遺法林而永秀. 豈唯濟生靈於沙界? 實亦禪聖化於三韓. 禮云:『別子爲祖』, 康成注云:『子若始來, 在此國者, 後世以爲祖』. 是以, 達摩爲唐第一祖, 我國則以儀大師爲第一祖, 居禪師爲第二祖, 我師第三祖矣. 中和三年, 春三月十五日, 門人義車等, 纂輯行狀, 遠詣王居, 請建碑銘, 用光佛道. 聖上慕眞宗之理, 憫嚴師之心, 敎所司, 定諡曰普照, 塔號彰聖, 寺額寶林, 褒其禪宗禮也. 翌日, 又詔微臣, 修撰碑讚, 垂裕[68]後人. 臣兢惶承命, 直筆爲詞. 但以供奉宸衷, 敢避文林嗤哂[69]. 詞曰:

禪心不定兮　至理歸空
如活瑠璃兮　在有無中
神莫通照兮　鬼其敢衝
守無不足兮　施之無窮
劫盡恒沙兮　妙用靡終 [其一]
寥廓[70]舍那　苞育萬物
蠢蠢[71]衆生　達舍那律
二旣同體　復誰是佛
迷之又迷　道乃斯畢 [其二]
大哉禪師　生乎海域
克鍊菩提　精修惠德

68　垂裕後昆의 준말. 훌륭한 도를 후손에게 물려줌을 뜻하는 말.『書經』, 商書,「仲虺之誥」"王懋昭大德, 建中于民, 以義制事, 以禮制心, 垂裕後昆."
69　嗤哂(치신): 웃음거리.
70　寥廓(요확): 텅 비고 끝이 없음.
71　蠢蠢(준준): 벌레가 꾸물꾸물 움직이는 모양.

觀空離空　見色非色
強稱爲印　難名所得 [其三]
有爲世界　無數因緣
境來神動　風起波翻
須調意馬　勤伏心猿
以斯爲寶　施于後賢 [其四]
乘波若[72]舟　涉愛河水
彼岸旣登　唯佛是擬
牛車已到　火宅任燬
法相雖存　哲人其萎 [其五]
叢林無主　山門若空
錫放衆虎　鉢遣群龍
唯餘香火　追想音容
刊此貞石　紀法將雄 [其六]

中和四年歲次甲辰季秋九月戊午朔旬有九日丙子建
　　從頭第七行禪字已下, 弟子前兵部侍郎入朝使殿中大監賜紫金魚袋金彥卿□[73]. 興輪寺僧釋賢暢刻字

72　波若: '般若'와 같음. '班若' 또는 '鉢若'로도 쓴다.
73　□: '書' 자로 추정됨.

번 역

신라국 무주(武州) 가지산(迦智山)[74] 보림사 교시(敎諡) 보조선사(普照禪師) 영탑(靈塔)의 비명 – 서(序)를 아우름.

조청랑(朝請郎)이며 수(守) 정변부사마(定邊府司馬)[75]로 비어대(緋魚袋)를 하사 받은 신 김영(金穎)이 왕명을 받들어 찬술하고, 유림랑(儒林郎)이며 수 무주곤미현령(武州昆湄縣令)[76]인 김원(金薳)이 왕명을 받들어 글씨를 쓰다.

듣건대 저 선경(禪境)은 그윽하고 고요하며, 정각(正覺)은 깊고 오묘하여 헤아리기 어렵고 알기도 어려우며 허공과 같고 바다와도 같다. 그러므로 용수존자(龍樹尊者)[77]와 사자존자(師子尊者)[78]는 서천(西天: 인도)에서 파초[79]를 가지고 비유하였고, 홍인조사(弘忍祖師)[80]와 혜능조사(惠能祖師)[81]는 진단(震旦: 중국)에서 제호(醍醐)[82]로써 설명하였다. 대개 인과(因果)의 자취를 쓸어 없애고 색상(色相)의 땅에

---

74 전라남도 장흥군 有治面과 長平面 사이에 있는 산.
75 '정변부사마'를 당나라 관직으로 보는 학자가 많지만,『구당서』·『당서』의 地理志를 보아도 '정변부'라는 지명은 없다. 근자에는 신라 하대의 행정조직 가운데 하나로 보기도 한다(우한흥,「신라 하대의 '府'에 관한 연구」, 동아대학교 석사학위논문, 1989). 일부 학자는 정변부를 오늘의 羅州로 비정하기도 한다.
76 곤미현은 지금의 영암군 미암면 일대다.
77 남인도 출신의 보살(B.C. 250?~150?) 석가모니의 법맥을 이은 제14대 祖師. 인도명은 '나가르쥬나(Nāgārjuna)', '龍勝'이라고도 한다.
78 인도 禪宗의 28조 가운데 제24조. 중인도 사람이다.
79 겉껍질은 단단히 겹쳐 있지만 껍질을 벗기면 안에 알맹이가 없는 것을 말한다. 곧 고정된 실체가 없음을 이르는 말이다.
80 중국 선종의 제5조(602~675). 道信에게 法을 전수받았다.
81 중국 선종의 제6조(638~713). 韶州 조계산에 보림사를 세워 南宗禪을 열었다.
82 우유에서 精製한 최상의 음료. 불교 최상의 正法에 비유됨.

서 떠나, 대승의 수레를 타고 망상(罔象)[83]의 경지에 들어갔다. 이런 까닭에 지혜의 빛이 먼 곳까지 비추고 지혜의 못물[惠澤]이 멀리까지 흘러, 혼미한 거리에 법우(法雨)를 뿌리고 깨달음의 길에 자비의 구름을 펼쳤다. 공(空)을 깨달은[見空] 사람은 단숨에 저 사악한 산봉우리를 뛰어넘지만 유위법(有爲法)[84]에 매이면 영겁토록 흑업(黑業: 악업)에 가로막힌다. 하물며 말법(末法) 세상에서는 상교(像教)[85]가 분분하여 진종(眞宗: 부처의 가르침)에 계합(契合)하는 것은 드물고, 서로 편벽된 견해를 가지고 있다. 물을 가르고 들어가 달을 구하는 것과 같고, 노끈을 꼬아서 바람을 잡아 매려는 것과 같다. 헛되이 육정(六情)[86]을 수고롭게 할 뿐, 어찌 그 지극한 이치를 얻을 수 있겠는가.

중생이 노사나(盧舍那)[87]가 되고 노사나가 중생이 됨에 있어, 중생은 노사나불의 법계(法界) 가운데 있음을 알지 못하고 종횡으로 업(業)을 지으며, 노사나불 또한 중생이 자신의 품 속[范舍之內]에 있음을 알지 못하여 담담하게 언제나 고요하니 어찌 미혹됨이 아니겠는가? 이 미혹됨을 아는 사람은 아주 미혹되지는 않는다. 그 미혹됨을 아는 사람은 우리 선사인가 한다. 어떤 사람은 이 말을 일러 허황된 말[濩落之言]이라고 한다. 아아!『도덕경(道德經)』에 이르기를 "상사(上士)는 도(道)를 들으면 그것을 숭상하여 받들고, 중사(中士)는 도를 들으면 믿는 것 같기도 하고 믿지 않은 듯하기도 한다. 하사

---

83 象이 없다는 말로, 진리 또는 正覺의 비유.
84 인연 따라 변화하는(生滅 있는) 物心의 현상.
85 像法 시대의 教란 뜻. 또 형상을 만들어 교화하는 교란 뜻. 상법시대는 불타 入滅 후 5백 년에 이르는 正法 이후의 시대를 말한다.
86 여섯 가지 감정이 나오는 근원. 곧 眼·耳·鼻·舌·身·意 '六根'을 말한다.
87 毗盧舍那의 약칭. 부처의 眞身, 즉 빛나는 지혜 그 자체를 가리킨다. 光明遍照, 또는 遍照, 遍一切處라고도 쓴다.

(下士)는 도를 들으면 크게 손바닥을 만지면서 비웃거나, 비웃지 않으면 족히 도라고 여기지 않는다"고 하였으니, 이것을 말하는 것인가 한다.

선사의 휘(諱)는 체징(體澄)이며 성은 종성(宗姓)인 김씨다. 웅진(熊津)[88] 사람이다. 집에서는 좋은 명망을 이어받았고 문중에서는 인풍(仁風)을 계승하였다. 이런 까닭에, 복은 하늘로부터 모이고 덕은 산악으로부터 내려오니, 효의(孝義)는 향리에 드날렸고 예악(禮樂)은 고관들 중에서 으뜸이었다.

선사가 몸을 의탁하던 해에 존부인(尊夫人: 모친)께서 꿈을 꾸었는데 둥근 해가 허공에 떠서 빛살을 드리우더니 배[腹]를 꿰뚫었다. 그 때문에 놀라 깨어서 문득 회임(懷妊)이 있으리라는 것을 깨달았다. 1년(12월)을 넘기고도 태어나지 아니함에, 존부인이 상서로운 꿈을 돌이켜 생각하고는, 양인(良因: 좋은 인연)을 맹세하고 기도하였다. 반찬으로는 단수(腅脩)를 치우고 마실 것으로는 술을 끊었으며 청정한 계율로 태교(胎敎)하고 은밀히 복전(福田)을 섬겼다. 이로 말미암아 능히 해산의 걱정[分蓐之憂]을 이겨냈으니, 진실로 농장지경(弄璋之慶)[89]에 들어맞았다. 선사의 용모는 산이 서 있는 것처럼 빼어났고 기품은 하천이 신령스러운 것처럼 넉넉하였다. 고른 치아는 자연스러웠고 금발(金髮)이 특이하였으니, 동네에서 탄성이 자자하였고 친척들이 다 놀라워했다.

포대기에 싸여 있을 때부터 완연히 세속을 떠날 기미가 있었는

---

88 지금의 公州 일대.
89 구슬을 가지고 논다는 뜻으로, 아들을 낳음을 빗대어 이르는 말.

데, 이를 갈 나이가 되자 굳게 세속을 버릴 인연을 영원히 품게 되었다. 양친은 그를 부귀(富貴)로도 만류하기 어렵고 재색(財色)으로도 붙들 수 없음을 알고는 출가하여 유학(遊學)하는 것을 허락하였다. 지팡이를 채찍삼아 스승을 찾다가 화산(花山) 권법사(勸法師) 좌하(座下)에 들어가 경전 배우는 것을 업으로 삼았다. 경건하게 스승을 섬기며[摳衣] 법익(法益)을 청하였는데 아침 일찍부터 밤늦게까지 열심히 정진하여, 눈이 닿은 것은 하나도 빠트리지 않았으며 귀를 스친 것은 반드시 기억하였다. 항상 거칠고 비루함을 도야하며 스님의 법도[僧儀]를 꾸미고 익히는 것으로써 하였다. 인순(仁順)을 쌓아서 번뇌를 제거하며, 허정(虛靜)을 익혀 신통(神通)하고 묘용(妙用)한 경지에 오르니, 초연하게 무리 중에 뛰어났으며 탁출(卓出)하여 뭇사람과 같지 아니하였다.

후일 태화(太和) 정미년(827: 흥덕왕 2년)에 가량협산(加良峽山)[90] 보원사(普願寺)[91]에 가서 구족계를 받았다. 한 번은 계단장(戒壇場)에 들어가 칠일 동안 도(道)를 닦았는데, 홀연히 이상한 꿩이 순하게 날아들었다. 옛일을 상고하는 사람이 있어 말하기를 "옛날에는 진창(陳倉)에서 왕패(王霸: 王伯)의 도(道)를 드러내더니[92] 오늘

---

90 뒤에 가야산으로 불렀다.
91 지금의 충청남도 서산시 운산면 용현리 象王山에 있었던 절.
92 『사기』 권28, 「封禪書第六」, '作鄜畤後九年, 文公獲若石雲' 조에 대하여 索隱에서는 司馬貞의 『列異傳』을 인용, 다음과 같이 말하였다. "陳倉 사람이 특이한 물건을 얻어 그것을 바치러 가다가 길에서 두 동자를 만났다. 두 동자가 '이 異物의 이름은 媦인데 땅속에서 죽은 사람의 뇌를 먹고 삽니다'라 하였다. 이에 媦가 말하기를 '저 두 동자의 이름은 陳寶인데 숫컷을 잡은 사람은 王이 되고 암컷을 잡은 사람은 伯(霸)가 될 것입니다'고 하였다. 이 때 동자가 변하여 꿩이 되었다. 뒤에 秦穆公이 大獵을 하다가 과연 암꿩(까투리)을 잡았는데, 그 꿩을 위해 사당을 세웠다. 제사를 지내는데 숫꿩(장끼)이 10여 길이나 붉은 빛을 내면서 陳倉의 사당 안으로 들어왔다고 한다."

에는 보지(寶地: 절)에 날아왔다. 장차 불법을 일으킬 주인공이 나타날 징조다"고 하였다.

처음에 도의대사(道儀大師)[93]가 서당(西堂)[94]에게 심인(心印)을 전수 받은 뒤, 우리나라에 돌아와 그 선(禪)의 이치를 설하였다. 그러나 당시 사람들은 평소 경전의 가르침과 습관존신(習觀存神)[95]의 법을 숭상하여, 그 무위임운(無爲任運)[96]의 종지(宗旨)에는 이르지 못하였다. 허탄(虛誕)하게 여겨 숭중(崇重)하지 않음이 달마대사가 양(梁)나라 무제(武帝)와 뜻이 맞지 않은 것[不遇][97]과 같은 점이 있었다. 이로 말미암아 아직 때가 이르지 않음을 알고는 산림에 은거하여 법을 염거선사(廉居禪師)[98]에게 부촉하였다.

(염거선사는) 설악산 억성사(億聖寺)[99]에 있으면서, 조사(祖師)의 마음을 전하고 스승의 가르침을 열었다. 우리 선사가 찾아가서 섬겼다. 일심(一心)을 깨끗하게 닦아 삼계(三界)[100]에서 벗어나기를 추구

---

93 우리나라에 최초로 중국의 南宗禪을 전한 고승. 성은 王, 법호는 明寂, 시호는 元寂. 도의는 법명이다. 신라 선덕왕 5년(784) 입당 유학하여, 開元寺에서 西堂 智藏의 법맥을 이어받았다. 37년 동안 당나라에 머물다가 헌덕왕 13년(821)에 귀국하여 禪法을 펴고자 하였으나 여의치 않자, 설악산 陳田寺로 들어가 40년 동안 수도하다가 제자 廉居에게 傳法하고 죽었다.
94 馬祖道一의 제자 西堂智藏(735~814)을 말함. 속성은 廖, 법명은 지장이다.
95 觀照하는 방법을 익혀 정신을 보존하는 수행법.
96 모든 일에 인위를 가함이 없이 되는대로 맡겨둠. 洪州宗의 종지다. '任運騰騰' 또는 '任運自在'라고도 한다.
97 양무제와 달마가 만났지만 敎와 禪의 입장 차이만 확인하고 말았다 한다.
98 가지산문의 제2조(?~844). 가지산문의 宗祖인 道義가 당나라에서 귀국, 장흥의 보림사에서 南宗禪을 열었으나 당시 불교계가 받아들이지 않자 설악산에 은거하였다. 이 때 염거가 도의로부터 남종선을 전수받고 가지산문의 제2대 교조가 되었다. 국립중앙박물관에 국보 제104호로 지정된 傳興法寺廉居和尙塔이 소장되어 있다.
99 지금의 설악산 權金城 산장대피소 부근에 있던 절. 1977년 단국대학교 정영호 교수에 의해 절터가 발굴되었다.
100 중생이 사는 세계. 欲界 · 色界 · 無色界로 나눈다.

하여, 목숨을 자기 목숨으로 여기지 아니하고, 몸을 자기 몸으로 여기지 않았다. 염거선사는 그의 의지와 기개가 우연이 아니오, 평소의 절개가 보통 사람과 다르다는 사실을 살피고는, 현주(玄珠)[101]를 주고 법인(法印)을 전하였다.

개성(開成) 2년(837) 정사(丁巳)에, 동학인 정육(貞育)·허회(虛懷) 등과 함께 길을 떠나 창해(滄海)로 나가 서쪽으로 화하(華夏: 중국)에 들어갔다. 선지식(善知識)을 찾아보고 십오주(十五州)[102]를 편력하였다. 그는 법계에서 기욕(嗜欲: 즐기고 좋아하는 욕망)이 공통적이고 성상(性相: 사물의 본성과 현상)이 다르지 않음을 알았다. 이에 말하기를 "우리 조사(祖師)께서 설한 바에 더할 만한 것이 없거늘 어찌 수고로이 멀리 가랴!"라 하며, 지족(止足: 발걸음을 그침)에 뜻이 일었다.

개성 5년(840) 봄 2월, 평로사(平盧使)[103]를 따라 본국에 돌아와 고향을 교화하였다. 이에 단월(檀越: 施主)이 마음을 기울여 불교가 연달아 끊이지 않았다. '모든 하천이 금오산(金鰲山) 골짜기에 조회(朝會)하고 뭇 산령이 영취산(靈鷲山)을 종주(宗主)로 하는 것'으로도 비유가 되지 못하였다. 드디어 무주(武州) 황학사(黃壑寺: 미상)에 머무르니, 때는 대중(大中) 13년(858), 용이 석목(析木)의 나루[104]

---

101 黃帝가 赤水 북쪽에서 노닐다가 돌아오는 길에 玄珠를 잃어버렸는데 아무도 찾지 못하다가 象罔이 찾아냈다는 고사. '현주'는 진리를 상징한다. 『莊子』, 「天地」편 참조.
102 중국 전역을 가리키는 말로 사용된 듯하다.
103 당나라 平盧節度使를 가리킴. 840년 당나라 문종 황제가 鴻臚寺에 명하여, 신라 출신 質子와 만기가 된 유학생 등 105인을 강제로 귀국시킬 당시 인솔했던 당나라 관리로 추측된다.
104 석목은 12星次 중의 하나. 예부터 우리나라 사람들은 석목이 우리나라와 요동 일대를 비춰 준다고 여겼다. 十二支의 寅에 해당하기도 한다.

에 모이던 해(戊寅年)였다. 헌안대왕(재위: 857~861)이 즉위하고 난 후년이었다. 대왕은 선사의 풍도(風度)를 듣고 도(道)를 앙모하여 꿈에서조차 노심초사하였다. 선문(禪門)의 사립이 열리기를 연원하였고 서울로 들어오기를 청하였다. 여름 6월에 왕명으로 장사현(長沙縣)[105] 부수(副守)[106] 김언경(金彦卿)을 파견, 차와 약을 가지고 가서 맞이하게 하였다. 선사는 운암(雲巖)을 벗삼아 지내는 것이 편안하다는 점, 또 결계(結戒)의 달[107]이라는 점을 구실로, 유마거사(維摩居士)의 병[108]을 칭하고 육조대사(六祖大師: 혜능)의 말씀[109]을 진술하였다.

겨울 10월, 교(敎)를 내려 또 도속사(道俗使)[110]를 파견하였다. 영암군(靈巖郡) 승정(僧正)[111] 연훈법사(連訓法師)와 임금의 뜻을 받든[奉宸] 풍선(馮瑄) 등이 왕의 뜻을 설명하여 가지산사(迦智山寺)로 옮겨가기를 청하였다.[112] 드디어 황금 석장[金錫]을 날려 산문(山門)으로 옮겨 들어갔다. 그 산으로 말하자면 원표대덕(元表大德)[113]

---

105 통일신라시대의 지방 행정구역. 지금의 전북 고창군 무장면·성송면·대산면·공음면·상하면·해리면·심원면 일대다. 뒤에 茂長縣이 되었다.
106 '制守'의 오기라는 설이 있다. 제수는 신라 때 지방 관직의 하나로 位階는 幢으로부터 大奈麻까지다. '少守'라고도 한다.
107 夏安居를 가리킴. 음력 4월 15일부터 7월 15일까지다.
108 유마거사가 문병 오는 사람에게 설법하기 위해 칭병하였다는 '維摩示疾'의 고사. 『維摩經』, 「方便品」 참조.
109 705년 則天武后가 혜능을 불렀을 때 병을 핑계로 나가지 않았다고 한다.
110 도인(승려)과 속인으로 구성된 사절단.
111 僧官의 이름. 본디 승려의 濫行을 바로잡는 것이 주된 직무였다. 신라에서의 체계와 기능에 대해서는 자세하지 않다. 深源寺秀澈和尙碑에 보인다.
112 가지산사로 옮겨가게 한 것을 사실상 조정의 압력으로 보는 시각도 있다.
113 신라 승려. 당나라 天寶 연간(742~756)에 당나라에 들어갔다가 인도를 순례하였으며 돌아올 때 화엄경 80권을 가지고 왔다고 한다. 『宋高僧傳』 권30, 「唐高麗國元表傳」 참조.

이 옛날에 거처하던 곳이었다. 원표대덕은 법력(法力)을 정사에 베풀었다. 이 때문에, (당나라 숙종) 건원(乾元) 2년(759)에 특별히 교(敎)를 내려 장생표주(長生標柱)[114]를 세우게 하였다. 현재까지 남아 있다.

당(唐) 선제(宣帝)[115] 14년(859) 2월, 부수(副守) 김언경은 일찍이 제자의 예를 갖추었고 문하의 빈객(賓客)이 된 사람이었는데, 녹봉을 덜어내고 사재(私財)를 출연하여 철 2,500근(斤)을 사서 노사나불 1구를 주조함으로써 선사가 거처하는 절을 장엄하게 장식하였다.[116] 망수댁(望水宅)·이남댁(里南宅)[117]에게 영을 내려 황금 160분(分), 조(租) 2,000곡(斛)을 출연하도록 하여, 공덕을 장식하는 것을 도와 충당하였고, 가지산사를 선교성(宣敎省)에 속하게 하였다.[118] 함통(咸通) 신사년(881)에 십방(十方)에서 물자를 보시함으로써 그 선사(禪寺)를 넓혔다. 준공(竣工)을 경축하는 날에 선사가 자리에 임하였다. 암수 무지개가 법당 안을 꿰뚫더니 빛을 나누어 실내를 빛나게 하고 진한 단청[渥彩]이 사람들을 비추었다. 이는 곧 견뢰지신(堅牢地神)[119]이 상서를 알리고 사가라용왕(娑迦羅龍王)[120]이 상서를 표한

114 寺格을 정하거나 寺領의 사방 경계를 밝히기 위해 세운 標識.
115 당나라 제16대 황제 宣宗(재위 846~859).
116 8행으로 된 철조비로자나불좌상 造像記에는 '大中十二年戊寅七月十七日武州長沙副官金遂宗聞奏' 운운하여 金遂宗이 조성한 것으로 되어 있다. 김수종과 김언경은 같은 사람으로 추정된다. 허흥식,『한국금석전문』고대편, 177쪽 참조.
117 『삼국유사』권1, 紀異篇,「秦韓」에 나오는 四十八金入宅 가운데 하나인 水望宅과 里上宅으로 추정됨. 이기동,「신라금입택고」,『진단학보』45, 1978 참조.
118 신라 하대에 국왕의 교서 반포를 주된 업무로 하는 官府. 국왕의 직속기구로 추정된다. 이기동,「나말여초 近侍機構와 文翰機構의 확장」,『역사학보』77, 1978 참조.
119 땅을 받들고 굳게 지킨다는 신. 대지를 맡은 신이다.
120 불교에서 말하는 8대 용왕의 하나. 바다 밑 용궁에 살며 불교를 수호한다고 한다.『법화경』에서는 八歲龍女의 成佛을 말하면서 그 祥瑞를 알렸다고 한다.

것이라.

광명(廣明) 원년(880) 3월 9일, 여러 의지(依止)[121]에게 고하기를 "나는 금생에 보업(報業)이 다하여 취목(就木)[122]할 조짐이 있다. 너희들은 마땅히 법을 잘 호지(護持)하여 계율을 무너뜨리거나 게으름에 이르지 말라"고 하였다. 4월 12일에는 천둥 번개가 온 산에 울렸다. 유시(酉時)부터 술시까지 계속되었다. 13일 밤 자시에는 상방(上房: 절)에 땅의 흔들림이 있었다. 동이 틀 무렵에 우협(右脇)[123]을 땅에 대고 누워서 임종하니 향년이 77세요, 승랍이 52년이었다. 이에 제자인 영혜(英惠)·청환(淸奐) 등 8백 여 스님은 의리가 고비(考妣: 양친)만큼이나 깊었고, 정은 천지(天地)도 감동시킬 만한지라, 추모하며 울부짖으니 그 소리가 계곡을 울렸다. 기년(朞年: 1주년)을 넘겨 14일에 왕산(王山) 송대(松臺)에서 장례를 치르고 탑을 쌓아 안치하였다.

아아, 선사이시어! 이름은 여기에 남기셨건만 혼백은 어디로 가셨는가. 살아서는 오탁(五濁)[124]을 여의고 십팔공(十八空)[125]을 뛰어넘었다. 기꺼이 적멸하여 돌아오지 않고 법림(法林)을 남겨 길이 빼어나게 하시니, 어찌 사바세계(沙界)에서 생령을 제도(濟度)했을 뿐이겠는가? 실로 삼한(三韓)에서 (불교의) 성화(聖化)를 도운 것이다.

121 禪宗에서 승려들이 受學할 때, 초막을 짓고 선배 스님인 依止阿闍梨의 지도 감독을 받으며 참선하던 일.
122 관으로 들어간다는 말. 곧 죽음을 이름.
123 오른쪽 옆구리. '着地右脇'의 준말. 석가모니는 오른쪽 갈비뼈 있는 부분을 통해 세상에 태어났고, 세상을 떠날 때에도 바른편으로 누워 열반에 들었다고 한다.
124 세상에서 피하기 어려운 다섯 가지 더러운 것. 命濁·衆生濁·煩惱濁·見濁·劫濁을 이른다.
125 불교에서 말하는 '空'의 본체와 작용을 18가지로 분류한 것.

『예기(禮記)』에 이르기를 "별자(別子)가 조(祖)가 된다"고 하였다. 정강성(鄭康成)[126]이 주석하기를 "그대가 만약 처음으로 와서 이 나라에 있는 사람이라면 후세에는 조(祖)로 생각할 것이다"[127]고 하였다. 이런 까닭에 달마를 당나라 제1조로 삼고, 우리나라는 곧 도의대사(道儀大師)를 제1조, 염거선사(廉居禪師)를 제2조로 삼으니 우리 스님은 제3조가 될 것이다.

중화(中和) 3년(883) 봄 3월 15일 문인 의거(義車) 등이 행장을 모아 엮어서 멀리 왕궁에 나아가 비명을 세워 불도(佛道)를 빛낼 것을 청하였다. 성상께서는 진종(眞宗)의 이치를 흠모하고 스승을 높이는 마음을 어여삐 여겨 담당 관사(官司)에 명을 내려 시호를 '보조(普照)', 탑호를 '창성(彰聖)', 절 이름을 '보림(寶林)'으로 정하였다. 그 선종의 예법으로써 포상한 것이다. 다음 날 또 미신(微臣)에게 명령을 내려, 비찬(碑讚)을 지어 후세 사람들에게 전하여 알리게 하심에, 신이 황공하옵게도 명을 받들어 사실대로 기록하여 사(詞)를 지었다. 다만 삼가 임금의 뜻[宸衷]을 받드는 것을 구실로 삼았지만, 감히 문단의 웃음거리를 피하리요.

사(詞)는 다음과 같다.

선심(禪心)[128]이 정해져 있지 아니함이여! 지극한 이치는 공(空)에 돌아간다.

활발발(活潑潑)한 유리세계(琉璃世界) 같음이여! '유'와 '무'가

---

126 중국 후한 때의 경학자 鄭玄(127~200)의 字.
127 『禮記注疏』권34, 大傳 10 "別子爲祖, 繼別爲宗. 百世不遷者, 別子之後也."
128 禪定 상태의 마음.

운데 있음이라.

　　신(神)도 통하여 비칠 수 없음이여! 귀신인들 감히 부딪치랴.

　　지킴에 부족함이 없음이여! 베풂이 끝이 없어라.

　　겁진(劫盡)[129] 세월, 무수한 항하사(恒河沙)여! 묘용이 그침이 없구나. (其一)

　　한없이 넓은 노사나불(盧舍那佛)은 만물을 감싸서 기르는데

　　어리석은 중생은 노사나의 율법을 어기는구나.

　　둘이 이미 동체(同體)이거늘 다시 누가 부처랴!

　　미혹한 데다 미혹함이여! 도(道)가 이에 끝이구나. (其二)

　　위대하신 선사께서는 해역(신라)에서 태어나시어

　　보리를 잘 연마하고 지혜와 덕을 정수(精修)하시었네.

　　공(空)을 관(觀)하여 공을 여의고 색(色)을 보았지만 색이 아니었네.

　　억지로 일컬어 '인(印)'이라 하지만 얻은 바를 표현하기 어렵도다. (其三)

　　유위세계(有爲世界)는 무수한 인연이라.

　　대상[境]이 옴에 정신이 움직이니 바람이 일어 물결이 출렁이는 듯.

129　세계의 존속 기간이 다하는 것.

모름지기 의마(意馬)[130]를 조복(調伏)[131]하고, 부지런히
심원(心猿)을 굴복시키니,

이를 보배로 삼아 후현(後賢)에게 베풀었네. (其四)

반야의 배를 타고 애욕의 강물을 건너셨네.

피안에 이미 올랐으니, 부처님에게만 견줄 수 있으리라.

우거(牛車)[132]가 이미 이름에 화택(火宅)[133]이 타는 것을
내버려두었네.

법상(法相)은 비록 남았으나, 철인(哲人)은 이미 시들었네.[134] (其五)

총림(叢林)[135]에 주인 없으니 산문(山門)이 텅 빈 듯하구나.

석장으로는 뭇 호랑이를 떼어놓고 발우로는 용의 무리를 내쫓았
네.[136]

---

130 '意馬心猿'의 준말. 번뇌와 망상이 왕성하게 활동하는 것을 이리저리 날뛰는 말과 원숭이에 비유한 것.
131 내면적으로는 자신의 심신을 제어하고 외면적으로는 모든 악의 근원을 제압하는 것.
132 『法華經』「第三比喩品」에 나오는 '大白牛車'를 말함. 長者의 집에 불이 났다. 집안에서 무심하게 놀고 있는 아들들을 구하려고 장자가 꾸며 말하기를 "문 밖에 羊車·鹿車·牛車가 있으니 빨리 나오라! 너희가 좋아하는 수레를 주겠다"고 하였다. 이 말을 듣고 다투어 문 밖으로 나오자 장자는 아들들에게 똑같이 큰 白牛車를 주었다. 여기서 큰 백우거는 法華一乘教에 비유된다.
133 『法華經』「第三比喩品」에 나오는 '火宅'을 말함. '불이 일어난 집'이란 번뇌와 고통이 가득한 속세를 비유적으로 이르는 말이다.
134 공자가 세상을 떠나기 7일 전에 "태산이 무너지는구나. 대들보가 꺾이는구나. 철인이 시드는구나."(泰山其頹乎, 梁木其壞乎, 哲人其萎乎)라고 노래하였다. 子貢이 이 노래를 듣고는 "태산이 무너지면 우리가 장차 어디를 우러러보며, 대들보가 꺾이고 철인이 시들면 우리가 장차 어디에 의지하겠습니까"라고 하였다 한다. 『禮記』, 「檀弓上」"泰山其頹, 則吾將安仰, 梁木其壞, 哲人其萎, 則吾將安放."
135 승려들이 모여 있는 곳. 주로 선종에서 승려가 좌선 수행하는 도량.
136 '降龍鉢解虎錫' 고사에서 나온 말. '용을 항복시킨 발우' 고사는 六祖 慧能과 관련이 있다. 혜능이 寶林寺 龍沼에 사는 毒龍을 다루려고 "神龍이라면 能屈能伸할 수 있어야

오직 향화(香火)를 넉넉히 하고 음용(音容)을 추억할 뿐이라.
이 정석(貞石)에 새겨 법이 장차 웅장하기를 적어둔다. (其六)

중화 4년(884) 갑진년 가을 9월 무오삭(戊午朔) 19일 병자에 세우다. 머리에서 제7행 선자(禪字)[137] 이하는 제자[138]로 전에 병부시랑 입조사(入朝使) 전중대감(殿中大監)[139]을 지내고 자금어대(紫金魚袋)를 하사받은 김언경(金彦卿)이 글씨를 썼다.[140] 홍륜사 스님 석현창(釋賢暢)이 글자를 새겼다.

한다"고 하면서, 용을 발우로 유인한 뒤, 독룡을 발우에 담아 설법을 하자 용이 마침내 허물을 벗었다고 한다. '싸움하는 범을 말린 석장' 고사는 僧稠라는 스님과 관련 있다. 승조가 산 길을 가는데 범 두 마리가 싸우고 있으므로 육환장으로 두 범 머리를 몇 번 툭툭 치자 서로 헤어져 갔다고 한다. 『續高僧傳』 권16, 「僧稠傳」; 『祖庭事苑』, 권7 참조.
137 '禪師諱體澄' 운운하는 대목이다.
138 김원의 제자가 아니라 보조선사의 제자라는 말이다.
139 신라 하대 왕실에 관한 일을 맡아보던 관청. 본디 內省이라 하다가 경덕왕 때 殿中省으로 고쳤다. '대감'은 그 차관으로 추정된다.
140 청나라 말기의 금석연구가 葉昌熾는 『語石』에서 이 비에 대하여 '一碑兩人書一則'이라고 평한 바 있다.

17

해인사묘길상탑기
海印寺妙吉祥塔記

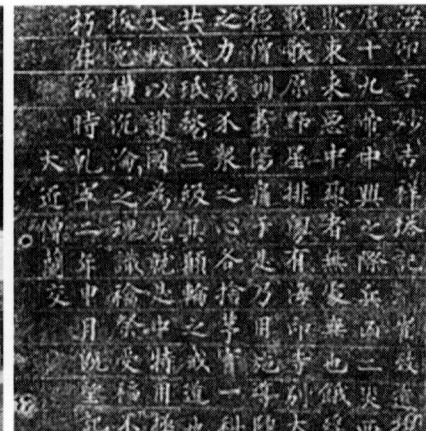

그림 17. 해인사 길상탑과 묘길상탑기 탑본

진성여왕 9년(895)에 조성된 이 탑지(塔誌)는 경남 합천군 가야면 치인리(緇仁里) 해인사 일주문 앞 묘길상탑(妙吉祥塔) 안에 봉안되어 있었다. 1966년 도굴범으로부터 소탑(小塔) 157기를 압수하는 과정에서 세상에 알려졌다. 가로 23.3㎝, 세로 23.2㎝, 두께 2.5㎝다. 신라말 해인사 부근에서 치열한 전란이 있었고, 이 전란에서 사망한 승군(僧軍)들의 넋을 기리고자 탑을 만들었다고 한다. 탑지를 찬술하고 글씨를 쓴 사람은 당대의 석학 최치원이다. 탑의 내력을 적은 탑지 1매, 승군의 이름을 적어 넣은「해인사호국삼보전망치소옥자(海印寺護國三寶戰亡緇素玉字)」1매가 있어 해인사 묘길상탑 관련 자료는 모두 2매다. 오대산사(五臺山寺) 및 백성산사(百城山寺)의 묘길상탑 탑지 2매도 해인사 묘길상탑에서 함께 나왔다. 본디 해인사 묘길상탑과 함께 세우고자 하였으나 사정이 여의치 못하여, 미리 마련해둔 탑지를 해인사 보길상탑 안에 함께 넣은 것 같다. 4매의 탑지는 벽돌에 새겨졌다.

원문

海印寺妙吉祥塔記　崔致遠撰

唐十九帝, 中興之際, 兵凶二災, 西歇東來. 惡中惡[1]者, 無處無也; 餓殍戰骸, 原野星排. 粵[2]有海印寺別大德僧訓, 盍傷痛[3]于是, 乃用施導師之力, 誘介衆之心, 各捨芧實[4]一科, 共成珉甃[5]三級. 其願輪之戒道也, 大較以護國爲先; 就是[6]中特用[7]拯拔寃橫沈淪[8]之魂. 識[9]禴祭受福[10], 不朽[11]在玆. 時乾寧二年申月[12]旣望記.

大匠僧蘭交

1　惡中惡: 상태가 나쁜 것 중에서도 나쁜 것. 최악의 상태.
2　粵(월): 발어사. 문장 첫머리에 쓰이며 의미는 없다.
3　盍傷痛: 몹시 마음 아파함. 『書經』, 周書, 「酒誥」 "民罔不盍傷心".
　　* 盍(혁): 애통해하다.
4　芧實(서실): 상수리 나무[橡樹] 열매. '芧'는 上聲語韻으로 '象呂切'이다. 『列子』, 「皇帝」 "與若芧, 朝三而暮四, 足乎?" '芧'를 '茅'의 誤書로 보아 '벼'라고 해석하는 경우가 있으나 이는 잘못이다. 「五臺山寺吉祥塔詞」에서 '樹子塔根'이라 하여 나무 열매가 탑의 근원임을 밝혔다.
5　珉甃: 옥돌과 벽돌. 곧 탑을 가리킴. 벽돌은 지면을 까는 데 쓴다.
6　就是: 바로 ~이다.
7　用: 일을 하다. '爲'와 같다.
8　寃橫沈淪: 원통하게 橫死하여 苦海에 빠짐.
9　識(지): 기록함.
10　禴祭受福: 禴祭(약제)를 지내 복을 받도록 함. 禴祭는 天子가 宗廟에 지내는 제사 이름인데, 여기서는 간소한 제사[薄祭]를 가리킨다. 『周易』, 旣濟, 九五 "東鄰殺牛, 不如西鄰之禴祭, 實受其福."; 同注 "牛祭之盛者也, 禴祭之薄者也."
11　三不朽를 말함. 立德·立功·立言.
12　申月: 음력 7월의 별칭.

번 역

해인사묘길상탑기 - 최치원이 찬술하다.

　당나라 제19대 황제 소종(昭宗: 재위 888~904)이 중흥(中興)의 정치를 펼 즈음에, 전쟁과 흉년 두 재앙이 서국(西國: 당나라)에서는 멈추고 동국(東國: 신라)으로 건너왔다.[13] 최악의 상태가 벌어지지 않은 곳이 없었으니, 굶어 죽거나 싸우다 죽은 시체가 들판에 별처럼 즐비하게 널려 있었다.[14] 해인사의 별대덕(別大德)[15]인 승훈(僧訓)[16]이 이것에 대해 몹시 애통해 하더니, 이에 도사(導師)[17]의 힘을 베풀어 개중(介衆: 大衆)의 마음을 유도(誘導)하여, 각자 상수리 일과(一科)[18]를 희사(喜捨)하게 하고 함께 삼층 탑을 완성하였다. 그 원

13　전쟁과 흉년 두 재앙이~: 이러한 현실 인식은 僧訓의 「五臺山寺吉祥塔詞」에서 "혼탁한 운세가 西國으로부터 와서 신라에 이르렀다(濁數西來及薩羅)"고 한 것에서도 엿볼 수 있다. 許興植(편), 『韓國金石全文』 고대편, 236쪽.
　　※참고: 『論語』 「子路」편을 보면 "子曰, 魯衛之政, 兄弟也"라 하여, 노나라와 위나라의 정치가 쇠퇴, 혼란한 것이 서로 비슷함을 형제의 관계에 比한 예가 나온다. 최치원이 당나라와 신라의 관계를 매우 긴밀한 것으로 파악한 데에는 대개 이러한 인식이 깔린 것으로 본다. 최치원이 撰한 「謝賜詔書兩函表」를 보면 "其詔旨則曰:「殆比卿於魯衛, 豈復同於蕃服?」"라 하여, 唐帝 역시 자기 나라와 신라의 관계를 魯衛之間에 비한 바 있다.
14　굶어 죽거나~: 진성여왕대의 참혹한 전란 상태를 묘사한 것으로, 崔光胤撰, 「興法寺眞空大師塔碑」에 "…… 子參曰, 禪僧此間觀曝骨之墟, 見殭屍之處, 他山靜境, 豈無避地之方?"라고 한 것이 참고된다. 『조선금석총람』 상권, 146쪽.
15　별대덕: 화엄종 계열에서 최고 지위에 있는 스님을 일컫는 말. 別和尙.
16　僧訓: 해인사 묘길상탑에서 함께 발견된 「五臺山寺吉祥塔詞」를 지은 스님. 『화엄경』에 나오는 五臺山은 淸涼山이라고도 한다. 강원도에 있는 오대산의 이름은 『화엄경』에서 비롯된 것이다. 僧訓이 말하는 오대산은 해인사 부근 淸涼寺(慶南 陜川郡 伽倻面 淸涼洞 소재)가 있는 산을 가리킨 것 같다. 일찍이 최치원이 이 청량사에 遊歷한 바 있다. 『신증동국여지승람』 권30, 〈陜川郡, 佛宇〉 "淸涼寺, 在月留峯下. 崔致遠嘗遊于此."
17　導師: 법회나 葬儀 등에서 대중을 거느리고 의식을 이끌어 행하는 승려.
18　科: 수량을 나타내는 단위. 구체적으로 알기는 어렵다. 후세에 이른바 '가마니'인 듯 하다.

륜(願輪)[19]의 계도(戒道)[20]로 말하자면 대개 '호국(護國)'을 으뜸으로 삼는데, 그 가운데서도 특별히 원통하게 횡사(橫死)하여 고해(苦海)에 빠진 영혼[21]을 증구(拯救)하는 일에 힘썼다. 간소한 제사[禴祭]나마 받들어 저들이 명복을 받도록 하고, 영원토록 썩지 않을 공적이 이 탑에 있음을 적어둔다. 때는 건녕(乾寧) 2년(895) 7월 16일[旣望]에 기록한다.

대장(大匠)은 난교(蘭交) 스님이다.

---

19 願輪: 보살의 몸. 언제나 대중이 誓願하는대로 굴러다닌다고 하여 붙여진 이름.
20 戒道: 佛道를 성격에 따라 셋(戒道·定道·慧道)으로 나눈 것 가운데 하나(『大智度論』).
21 원통하게 횡사하여~: 신라 말 지방에서 봉기한 群盜가 寺院을 약탈하자 이를 막기 위해 자체적으로 무장하고 싸우다가 죽은 이들을 말한다.

18

오대산길상탑사
五臺山寺吉祥塔詞

그림 18. 오대산사길상탑사

이 탑지는 진성여왕 9년(895)에 조성되었다. 경상남도 합천군 가야면 치인리 해인사 일주문 앞 길상탑 안에 봉안되어 있다. 오대산사는 현재 해인사 근처에 있는 청량사로 추정된다. 탑지의 내용을 보면, 탑의 건립과 관련된 내용을 4언 32구의 운문에 담았으며 서(序)는 생략하였다. 배면(背面)에는 '곡치군(哭緇軍)'이라 하여, 전란 통에 죽은 승군들을 위로하는 내용의 칠언율시를 새겼다. 신라한문학사에 기록될 만한 뛰어난 문학작품으로 평가된다. 탑지의 찬자는 승훈(僧訓), 서자는 석희(釋喜)이다.

원문

五臺山寺吉祥塔詞除序

沙門僧訓撰

自酉及卯¹, 一七²年中, 方圓濁亂, 原野兵蓬.³

人忘向背, 行似狼獿⁴, 邦垂傾破, 災接蓮宮.

護國三寶, 法衆願同, 交刃綠林⁵, 亡身嵒叢⁶.

滿王重化⁷, 厭髑⁸再終, 道存僧侶, 利在皇公.

見之懷痛, 念斯不夢? 仍出悲語, 偏召緇工⁹.

樹子¹⁰塔根, 朽骨龕雄¹¹, 多線拘薦¹², 級基¹³導衆.

1 진성여왕 3년(889, 己酉)부터 동 9년(895, 乙卯)까지를 말함. 동 3년에 沙伐州에서 元宗과 哀奴의 난이 일어나고, 동 5년에는 北原에서 梁吉이 일어나 그 휘하의 궁예가 북원과 溟州 관내의 10여 고을을 석권하였다. 동 6년에는 견훤이 完山州를 점거하여 후백제라 일컬었고, 동 8년에는 궁예가 何瑟羅(江陵)에 진주하여 將軍으로 자립하였으며, 동 9년에는 궁예가 嶺東 漢州 일대를 장악하였다. 이 혼란한 시기를 '7년간의 전란'으로 표현한 것이다.
2 第一로부터 第七까지.
3 兵蓬: 전쟁으로 쑥대밭이 됨.
4 獿(종): 한 배에서 난 세 마리 강아지. 신라·후고구려·후백제를 가리킨다. 혹자는 '狻'(사자산)의 잘못이라 하나, '산'은 韻에 맞지 않는다.
5 綠林: 도적을 달리 이르는 말. 王莽 때 新市 사람 王匡·王鳳 등 無賴輩 수백 사람이 깊은 산에 깊이 숨어 强盜가 되었는데, 세상에서 이들을 '綠林'이라 했다 한다. 『後漢書』 권11,「劉玄傳」"王莽末, 南方饑饉, …… 新市人王匡王鳳爲評理爭訟, 遂推爲渠師, 衆數百人, 於是諸亡命馬武, 王常成丹往從之. 共攻離鄕聚, 藏於綠林中, 數月間至七八千人."
6 嵒叢: 바위가 모여 있는 곳. 바위무더기.
7 重化: 교화를 중시함. 교화를 거듭함.
8 厭髑: 순교자 異次頓의 본래 이름.
9 緇工: 승려 출신 匠人.
10 樹子: 나무 열매. 앞에서 말한 '상수리나무 열매芧實'를 가리킨다.
11 龕: 佛龕(塔) 또는 龕室(神佛을 모시는 장 또는 壇)을 말함. 닷집이라고도 한다. 여기서는 전자를 가리킨다.
12 拘薦: 영혼을 이끌어 薦度시킴.
13 級基: 基壇과 層.

魂名刻壁, 沙魄[14]翔空, 羽層岳久, 鎭仙礱[15].
親觀此事, 欲光後童, 肯申鄙作, 頌茲鶖功.
乾寧二年 夷則[16]建

【背面】
　　　哭緇軍僧訓

濁水西來及薩羅[17]
十年狼豹困僧伽
吾師向覺天耶[18]出
弟子修仙豈免魔
昨喜斑螢昭道好
今悲乾陣散骸蹉[19]
欲逢東廟吉祥處[20]
爲汝徹霄窣堵波

僧釋喜書

14　沙魄: 恒河沙 같이 많은 영혼들.
15　仙礱(선롱): 신선이 사는 깊은 골짜기.
16　夷則: 음력 7월을 달리 이르는 말.
17　薩羅: 신라의 音譯. '斯羅'라고도 한다.
18　天耶: 하늘이 낸 '伽倻山'이라는 뜻. 伽耶는 '伽倻' 또는 '迦耶'라고도 쓴다.
19　散骸蹉: 흩어진 뼈에 걸려 넘어짐. * 蹉(차): 넘어지다.
20　窣堵波: 범어 'Stupa'의 음역. 塔婆라 음역하기도 하고 줄어서 '塔'이라고 한다.

번 역

오대산사길상탑사(序는 생략함)
사문(沙門) 승훈(僧訓)이 찬술하다.

유년(己酉, 889)부터 묘년(乙卯, 895)까지 7년 동안 천지[方圓]가 혼탁하고 어지러워 들판이 쑥대밭이 되었네. 사람들은 향배(向背)를 잊었고 행동은 (세 나라 모두) 이리떼와 같았으니, 나라에 경파(傾破)의 먹구름 드리우고 재앙이 연궁(蓮宮: 절)에까지 이어졌네. 나라와 삼보(三寶)를 수호하는 것은 법중(法衆: 불법을 믿는 대중)의 소원이 같은데, 깊은 숲속에선 칼날이 부딪치고 바위무더기엔 죽은 시체가 널려 있네. 원만하신 임금이 교화를 거듭하고 이차돈(異次頓) 같은 이가 재차 순교하여, 도가 승려에게 있고 이로움이 황공(皇公: 임금)에게 있었건만, 저를 보니 가슴 쓰리고 이를 생각하니 꿈은 아닌지. 이에 자비로운 말 내어 두루 치공(緇工)을 불렀네. 나무 열매[樹子]는 탑의 근원이요 후골(朽骨)에는 감실(龕室: 묘길상탑)이 으뜸이라. 여러 가닥의 줄로 혼령을 이끌어 천도(薦度)하고 층과 기단이 대중을 인도하네. 혼령 이름 탑벽에 새기니 수많은 혼백들이어 하늘로 나옵소서. 날개 같은 석탑은 산처럼 버티고 있으면서 영원토록 신선 골짜기를 진정(鎭定)하옵소서. 몸소 이 일을 보고서는 후진들을 빛내고자 기꺼이 보잘 것 없는 글을 펴서 이 탑을 세운 공을 기리노라.

건녕 2년(895) 7월에 세움

【승군僧軍을 곡하다 - 僧訓】

흐린 물결 서국(西國)에서 흘러와 신라에 미치니
십 년 동안 이리와 표범 같은 무리들이 승가(僧伽)[22]를 괴롭혔네.
우리 스승 깨달음 향해 가야산으로 나오셨건만
제자들은 선도(仙道)만 닦으니 어찌 마군(魔軍)을 면할 수 있으랴?
어제는 아롱진 반딧불이 길 비춰주는 걸 좋아하였더니
오늘엔 메마른 진지(陣地)에 해골이 발길에 차이는 게 슬프구나.
그래도 동묘(東廟)[23]의 길상(吉祥)한 곳에서 만나고자
너희들을 위해 하늘도 뚫을 탑을 세우노라.

승(僧) 석희(釋喜)가 글씨를 쓰다

21　풍수지리와 관련된 듯하다. 背面에 실린 '弟子修仙豈免魔'와 연결해서 보아야 한다.
22　불법을 믿고 불도를 행하는 이들의 집단을 말함. 보통은 출가 승려를 말하고 줄여서 '僧'이라고 한다.
23　동방의 廟院이라는 뜻으로 해인사를 가리킴. 최치원이 찬한 '贈希朗和尙'이라는 시 가운데 "오늘 아침 부상에서 떠오른 지혜의 해, 문수가 동묘에 강림한 것을 알겠네"(今朝慧日出扶桑, 認得文殊降東廟)라는 구절이 있다.

19

雙磎寺 眞鑒禪師塔碑銘

쌍계사진감선사탑비명

그림 19. 하동 쌍계사 진감선사탑비와 탑본

신라 하대 구산선문(九山禪門)의 선구자인 진감선사(眞鑑禪師) 혜소(慧昭 : 774~850)의 일생 행적과 탑비를 세우게 된 과정을 적은 비문이다. 비는 정강왕 2년(887)에 건립되었으며, 현재 경상남도 하동군 화개면 운수리 쌍계사 경내에 남아 있다. 국보 제47호로 지정되어 있다. 비신 일부분이 박락되었지만 비문의 내용은 완전하게 전한다. 비문의 찬자는 고운 최치원이며 글씨와 전액(篆額)도 그의 솜씨다. 최남선은 '구양순의 골(骨)에 안진경의 육(肉)을 붙여' 특색을 나타낸 글씨라고 평가하였다. 비문을 새긴 이는 환영(奐榮)이다.

비문에는, 진감선사 혜소의 입당구법 과정과 830년 귀국 이후 지리산 화개곡(花開谷)에서 선법을 펼친 사실이 기록되어 있다. 쌍계사의 유래, 범패의 전래와 유포, 효소왕(孝昭王)의 피휘(避諱) 사실 등도 실려 있다. 이 비문은 최치원의 사상적 경향이 가장 잘 반영된 것으로 꼽힌다. 최치원은 당시 중국에서 유행하던 삼교합일론의 영향을 받아, 삼교가 궁극에 가서는 하나로 만난다는 '이로동귀(異路同歸)'의 입장을 취하였다. 신라 하대 선종사 연구는 물론 최치원의 철학사상 연구에서도 빼놓을 수 없는 중요한 자료라 할 수 있다.

원문

有唐新羅國故知異山雙谿寺教諡眞鑒禪師碑銘 幷序
前西國都統巡官承務郞侍御史內供奉賜紫金魚袋 臣崔致遠奉
教撰 幷書篆額

夫道不遠人[1], 人無異國[2]. 是以, 東人之子[3], 爲釋爲儒必也. 西浮大洋, 重譯從學, 命寄刳木[4], 心懸寶洲[5]. 虛往實歸[6], 先難後獲[7], 亦猶采玉者不憚崐丘[8]之峻, 探珠者不辭驪壑[9]之深. 遂

---

1 道不遠人: 도는 사람에게서 멀리 있지 않다는 말. 『中庸』, 제13장 "道不遠人, 人之爲道而遠人, 不可以爲道."
2 道不遠人 人無異國: 이 대목은 顔延之(384~456)의 「庭誥」에 이른바 "天之賦道, 非差胡華, 人之稟靈, 豈限內外"(『弘明集』, 권13)라고 한 것에서 뜻을 취한 듯하다.
3 東人之子: 우리나라 사람.
   ※참고: 『시경』, 小雅, 「大東」 "東人之子, 職勞不來, 西人之子, 粲粲衣服"에서의 東人之子는 '제후의 사람', 西人之子는 '京師의 사람'을 가리킨다. 여기서 최치원은 東人之子를 '우리나라 사람', 西人之子를 중국 사람을 지칭하는 뜻으로 사용하였다.
4 刳木(고목): 속을 파낸 통나무배. 『周易』, 「繫辭(下)」 "黃帝刳木爲舟, 剡木爲楫."
5 寶洲: 西國(중국과 天竺國을 포함)을 가리키는 말. 須彌四主의 중심인 南贍部洲(閻浮提)에 四主가 있다. 보배가 많아 '寶主'인 서쪽은 '寶洲'라고 한다. 남쪽은 象主, 동쪽은 人主, 북쪽은 馬主이다. 玄奘, 『大唐西域記』, 권1 "瞻部洲, 地有四主焉. 南象主則暑濕宜象, 西寶主, 乃臨海盈寶, 北馬主寒勁宜馬, 東人主, 和暢多人."
6 虛往實歸: 빈 채로 갔다가 가득 채워 돌아옴. 『莊子』, 「德充符」 "虛而往實而歸, 固有不言之敎, 無形而心成者耶."
7 先難後獲: 어려운 일을 먼저 하고 얻는 바는 뒤로 함. 『論語』, 「雍也」 "樊遲問仁, 子曰, 先難而後獲, 可謂仁矣."
8 崐丘: 중국의 전설에 나오는 崑崙山을 말한다. 玉이 많이 생산되는 것으로 유명하다. 『治水經』 "崑崙高五萬里, 地之中也. 河源出其東北阪, 日月相隱避, 中多寶玉云."
9 驪壑: 검은 용이 사는 깊은 바다 구렁. '驪龍之珠'의 고사에서 나왔다. 黑龍의 턱 밑에 귀한 구슬이 있으나, 그 용이 몹시 사나워 구슬을 얻기가 거의 불가능하다고 하다고 한다. 여기서는 진리를 얻기가 매우 어렵다는 뜻에 비유되었다. 『莊子』, 「列御寇」 "人有見宋王者, 錫車十乘, 以其十乘, 驕稺莊子. 莊子曰: '河上有家貧恃緯蕭而食者, 其沒於淵, 得千金之珠. 其父謂其子曰: '取石來鍛之! 夫千金之珠, 必在九重之淵而驪龍頷下. 子能得珠者, 必遭其睡也. 使驪龍而寤, 子尙奚微之有哉?' 今宋國之深, 非直九重之淵也, 使宋王而

得慧炬則光融五乘, 嘉肴¹⁰則味飫六籍¹¹. 競使千門入善, 能令一國興仁¹². 而學者或謂:『身毒¹³與闕里¹⁴之設教也, 分流異體, 圜鑿方柄¹⁵, 互相矛楯, 守滯一隅』嘗試¹⁶論之, 說詩者, 不以文害辭, 不以辭害志¹⁷. 禮所謂言豈一端而已, 夫各有所當¹⁸. 故廬峯慧遠著論, 謂:『如來之與周孔, 發致¹⁹雖殊, 所歸一揆. 體極²⁰不兼應者, 物不能兼受²¹故也』²² 沈約有云:『孔發其端, 釋窮其致』²³, 真可謂識其大者, 始可與言至道矣. 至若佛語心法, 玄之又玄²⁴, 名不可名, 說無可說. 雖云得月, 指或坐忘²⁵, 終類係

瘃, 子爲蕭紛矣』……"
10 嘉肴: 맛있는 안주. 人口에 膾炙되어 수양에 도움을 주는 여러 가지 좋은 말의 비유. 『禮記』, 「學記」 "雖有嘉肴, 不食, 不知其味, 雖有至道, 弗學, 不知其善."
11 六籍: 유교의 대표적 經書인 六經을 달리 이르는 말.
12 一國興仁: 『大學』 傳 제9장에 나오는 말.
13 身毒(견독): 범어 'Shindhu'의 音譯. 天竺國(석가의 탄생지)을 달리 이르는 말로, 천축 또는 '身篤', '賢豆'라고도 쓴다. 여기서는 석가를 지칭한다.
14 闕里: 공자의 탄생지. 중국 山東省 曲阜縣에 있다. 여기서는 공자를 지칭한다.
15 圜鑿方柄(원조방예): 둥근 구멍에 네모난 자루를 박는다는 뜻. 서로 맞지 않음을 이름. 『楚辭』, 宋玉, 「九辯」 "圜鑿而方柄兮."
16 嘗試: 시험삼아. '嘗'도 '試'의 뜻을 지님.
17 說詩者 ~ 不以文害志: 『孟子』, 「萬章(上)」에 나오는 말.
18 禮所謂言豈一端而已 夫各有所當: 『禮記』, 「祭義」편에 나오는 말.
19 發致: 출발과 도착. 출발하여 도달하는 방법상의 차이를 말한다.
20 體極: 敎의 本體가 至極함. ↔ 化極. 『梁高僧傳』 권6, 「釋慧遠傳」 "慧遠乃歎曰, 佛是至極則無變. 無變之理, 豈有窮耶? 因著法性論曰, 至極以不變爲性, 得性以體極爲宗."
21 兼受: 차별없이 동등하게 받아들임. 明本『高僧傳』에는 '兼愛'로 되어 있다.
22 如來之與周孔 ~ 物不能兼受故也: 『沙門不敬王者論』, 「第四體極不兼應」에 나온다.
23 孔發其端 釋窮其致: 『廣弘明集』 권22, 「內傳序」에 나오는 말.
24 玄之又玄: 현묘한 위에 또 현묘함. 지극히 현묘함을 이른다. 『老子』, 제1장 "無名天地之始, 有名萬物之母. 此兩者, 同出而異名, 同謂之玄, 玄之又玄, 衆妙之門."
25 坐忘: 고요히 앉아서 잡념을 버리고 自我를 잊어, 절대 무차별의 경지에 들어가는 일. 『莊子』, 「大宗師」 "顔回曰, 回益矣. 仲尼曰, 何謂也? 曰坐忘矣. 仲尼蹴然曰, 何謂坐忘? 顔回曰, 墮肢體, 黜聰明, 離形去知, 同於大通, 此謂坐忘."

風²⁶, 影難行捕²⁷. 然陟遐自邇²⁸, 取譬何傷? 且尼父謂門弟子曰: 『予欲無言. 天何言哉?』²⁹, 則彼淨名之³⁰默對文殊, 善逝逝³¹之密傳迦葉, 不勞鼓舌³², 能叶印心³³. 言天不言, 捨此奚適而得? 遠傳妙道, 廣耀吾鄕, 豈異人乎? 禪師是也.

　　禪師法諱³⁴慧昭, 俗姓崔氏, 其先漢族, 冠盖³⁵山東, 隋師征

26　係風: 바람을 잡아 맴. 지극히 어려운 일의 비유. 係風捕影『漢書』권25(下),「郊祀志(下)」"谷永說上曰, 蕩蕩如係風捕景(影), 終不可得."
27　影難行捕: 그림자는 뒤쫓아 가서 붙잡기 어렵다는 말. '係風'註 참조.
28　陟遐自邇: 먼 곳에 이르는 것은 가까운 데서부터 비롯된다는 말.『書經』, 商書,「太甲(下)」"若升高必自下, 若陟遐必自邇."
29　予欲無言 天何言哉:『논어』,「陽貨」편에 나오는 말. 하늘이 말하지 않으면서 철을 바꾸고 만물을 생기게 하는 것처럼, 공자 자신도 그렇게 하겠노라는 뜻이다. "予欲無言. 子貢曰:「子如不言, 則小子何述焉?」子曰:「天何言哉, 四時行焉, 百物生焉, 天何言哉?」"
30　淨名: 維摩菩薩의 별칭. 淨名尉 또는 杜口大士라고도 한다. 文殊舍利가 維摩詰에게 '菩薩이 不二法門에 드는 것'을 물었으나 묵묵히 말이 없었다. 그것이 곧 대답이었다고 한다.『維摩經』,「入不二法門品」"於是, 文殊舍利問維摩詰:「我等各自說已. 仁者當說, 何等是菩薩不二法門?」時維摩詰默然無言. 文殊舍利歎曰:「善哉! 善哉! 乃至無有文字言語, 是眞入不二法門.」"
31　善逝: 부처의 十號 가운데 하나. 범어 'Sugata'(修加陀)의 漢譯. 지혜의 힘으로 번뇌를 끊고 그 최후의 결과에 도달할 사람이라는 의미이다.
32　鼓舌: 혀를 놀림. 곧 말을 하는 것.
33　印心: 도장이 찍히듯 마음에 들어와 박히는 것을 이름. 곧 禪家에서의 以心傳心을 이른다.
34　法諱: 法諱와 賜號가 똑같이 '慧昭'라는 점에 석연치 않은 점이 있다.
　　※참고: 이 문제에 대해 靑莊館 李德懋는 "신라의 慧昭大師는 민애왕의 賜號다. 처음에 慧照라 하였으나 炤智王의 廟號를 피해 慧昭로 고쳤다. '炤'와 '照'는 같다. 또 智證大師가 있는데, 智證王의 廟號를 피하지 않은 것은 무엇 때문인가. 그리고 지증대사의 탑호가 '寂照'인데 이 또한 '炤'자를 피하지 않은 것이다"고 의문을 제기하였다(『靑莊館全書』권68, 寒竹堂涉筆 上,〈昭炤〉).
35　冠盖: 높은 벼슬아치가 타는 수레의 덮개. 轉하여 높은 벼슬아치를 이른다.『戰國策』,「魏策」"韓使使者求救於秦, 冠蓋相望也."

遼³⁶, 多沒驪貊³⁷, 有降志而爲遐甿³⁸者, 爰及聖唐囊括³⁹四郡⁴⁰,
今爲全州金馬人也. 父曰昌元, 在家有出家之行. 母顧氏, 嘗晝
假寐, 夢一梵僧謂之曰:『吾願爲阿孃(原註: 方言謂母)之子』, 因
以瑠璃甖爲寄, 未幾娠禪師焉. 生而不啼, 迺夙挺銷聲息言⁴¹之
勝牙⁴²也. 旣齓⁴³從戲, 必噴葉爲香, 采花爲供. 或西嚮危坐,
移晷⁴⁴未嘗動容. 是知善本, 固百千劫前所栽植, 非可跂⁴⁵而及
者. 自丱㠯弁⁴⁶, 志切反哺⁴⁷, 跬步⁴⁸不忘, 而家無斗儲⁴⁹, 又無尺
壤, 可盜天時⁵⁰者. 口腹之養, 惟力是視⁵¹, 乃裨販⁵²娵隅⁵³, 爲贍

36 遼: 遼河의 東西地方. 여기서는 遼東을 가리킨다.
37 驪貊: 고구려를 낮추어 이르는 말.
38 遐甿: 먼 지방에 사는 백성. '먼 지방'이란 중국에서 우리나라를 가리키는 말이다.
39 囊括(낭괄): 자루에 넣고 주둥이를 동여맴. 곧 어떠한 것을 온통 차지함을 이르는 말. 『史記』권48,「陳涉世家」"包擧宇內, 括囊四海之志."
40 四郡: 漢四郡을 말함이니, 곧 한반도 지역(우리나라)을 가리킨다.
41 銷聲息言: 소리가 작고 말이 없음.
42 勝牙: 거룩한 싹수. '牙'는 '芽'와 통용된다.
43 齓(츤): 이를 갈다[易齒].
44 移晷(이구): 해 그림자가 옮겨감. 곧 '날이 저물어 가는 것'을 이른다.
45 跂(기): 발돋움함. '企'와 통용. 『老子』, 제24장 "企者不立, 跨者不行."
46 自丱㠯弁(자관기변): 幼年으로부터 成年에 이르도록. '㠯'는 '㠯'와 仝字.
47 反哺: 자식이 자라서 부모의 은혜에 보답하는 것을 이름. 梁武帝,「孝思賦」"慈烏反哺以報親."
48 跬步: 한 걸음의 반半步]. 반걸음. 『禮記』,「祭義」"君子跬步, 而弗敢忘孝也."
49 家無斗儲: 집에 한 말의 여유 곡식도 없음. 곧 당일 벌어서 당일 먹는다는 뜻이다. '儲'는 '貯'와 통용된다.
50 天時: 때를 따라 돌아가는 자연의 현상. 즉 人生과 밀접한 관계가 있는 晝夜·季節·風雨 등을 이른다. 『列子』,「天瑞」"…… 吾聞天有時, 地有利, 吾盜天地之時利. 雲雨之滂潤, 山澤之産育; 以生吾禾, 殖吾稼, 築吾垣, 建吾舍. 陸盜禽獸, 水盜魚鼈, 亡非盜也. 夫禾稼土木禽獸魚鼈, 皆天之所生, 豈吾之所有? 然吾盜天而亡殃."
51 惟力是視: 오직 그 힘을 살펴서 일을 행함. 『춘추좌씨전』, 僖公 24년 "除君之惡, 唯力是視."
52 裨販(비판): 소규모로 차린 장사, 또는 그 장수.
53 娵隅(추우): 물고기를 이르는 말. 『世說新語』권6,「排調」"郝隆爲桓公南蠻參軍, 三月三日會, 作詩一句云:「娵隅躍淸池」, 桓問娵隅是何物. 答曰:「蠻名魚爲娵隅」"

滑甘[54]之業. 手非勞於結網[55], 心已契於忘筌[56], 能豐啜菽之資[57], 允叶采蘭之詠[58]. 曁鍾艱棘[59], 負土成墳[60]; 迺曰:『鞠育之恩, 聊將[61]力報; 希微[62]之旨, 盍以心求? 吾豈匏瓜[63], 壯齡滯跡?』

遂於貞元廿年, 詣歲貢使, 求爲榜人[64], 寓足西泛; 多能鄙事, 視險如夷[65], 揮楫慈航[66], 超截苦海. 及達彼岸, 告國使曰:『人各有志, 請從此辭!』

遂行至滄州, 謁神鑒大師. 投體[67]方半, 大師怡然曰:『戲別[68]匪遙, 喜再相遇!』遽令削染[69], 頓受印契; 若火沾[70]燥艾, 水注卑

---

54 滑甘: 미끄럽고 맛이 좋은 음식.
55 結網: 물고기를 잡는 사람이 그물을 맺음. 「智證大師碑」의 '羨魚者學網'과 같은 말. 『淮南子』, 「說林訓」"臨河而羨魚, 不如結網."; 『漢書』 권56, 「董仲舒傳」"古人有言曰, 臨淵羨魚, 不如退而結網."; 同注 "師古曰, 言自當求之."
56 忘筌: 물고기를 잡고 나면 통발이 필요 없게 된다는 말. 『莊子』, 「外物」"筌者所以在魚, 得魚而忘筌."
57 啜菽之資(철숙지자): 아버지께 콩죽을 드시게 할 정도의 가난한 봉양. 『禮記』, 「檀弓(下)」"子路曰: 「傷哉貧也! 生無以爲養, 死無以爲禮也」 孔子曰: 「啜菽飮水, 盡其歡, 斯之謂孝」"
58 采蘭之詠: 효자가 아버지를 잘 봉양하는 것을 읊은 시. 『文選』 권19, 束晳, 「補亡詩六首其一」 "循彼南陔, 言採其蘭."
59 艱棘: 부모의 喪當故를 말함.
60 負土成墳: 『후한서』 권37, 「桓榮傳」에 나옴.
61 將: ~으로써(以).
62 希微: 道의 심오함을 형용하는 말. 『老子』, 제14장 "聽之不聞, 名曰希, 搏之不得, 名曰微."
63 吾豈匏瓜: 덩굴에 매달려 보이기만 하고 먹을 수 없는 조롱박처럼 어찌 쓸모 없는 인간이겠느냐는 말. 『논어』, 「陽貨」 "吾豈匏瓜也哉, 焉能繫而不食?"
64 榜人: 뱃사공. 『廣韻』 "榜人, 舟人."
65 夷: 평탄함.
66 慈航: 자비의 배.
67 投體: 五體投地를 이름.
68 戲別(호별): (전생에) 슬프게 헤어짐. 奇僧 杯度和尙이 彭城에 있을 때 鳩摩羅什이 長安에 왔단 말을 듣고 "내가 이 분과 슬프게 헤어진 지 3백여 년 만에 다시 서로 만나는구나!"라고 탄식하였다 한다. 『梁高僧傳』 권2, 「鳩摩羅什傳」 "杯度比丘在彭城, 聞羅什在長安, 乃歎曰: 『吾與此子, 戲別三百餘年相見!』"
69 削染: 削髮染衣. 머리털을 깎고 옷에 물을 들임. 곧 승려가 됨을 이른다.
70 沾: 엿보다. '覘'과 통용됨.

邊[71]然. 徒中相謂曰:『東方聖人[72], 於此復見!』

禪師形貌黯然, 衆不名而目爲黑頭陁. 斯則探玄處黙[73], 眞爲漆道人[74]後身; 豈比夫邑中之黔[75], 能慰衆心而已哉? 永可與赤頿[76]靑眼[77], 以色相顯示矣.

元和五年, 受具[78]於嵩山少林寺瑠璃壇, 則聖善[79]前夢, 宛若合符. 旣瑩戒珠, 復歸橫海[80]; 聞一知十, 茜絳藍靑[81]; 雖止水澄

---

71 邊: '原'의 古字.
72 東方聖人: 鳩摩羅什이 釋道安을 '東方聖人'이라고 불렀던 故事에서 나왔다. 『梁高僧傳』 권5,「釋道安傳」 "什亦遠聞安風, 謂是東方聖人, 恒遙而禮之."
※참고: 여러 註解本에서는 "初見道義, 今見禪師, 故云復也"라고 하였다. 즉, 신라 宣德王 5년(784)에 入唐한 道義(西堂智藏의 法嗣)가 慧昭에 앞서 이름을 날렸기 때문에 '다시 뵙는다'고 한 것이라 했다. 여기서는 道安의 故事가 분명한 만큼 이는 잘못이라 하겠다.
73 探玄處黙: 玄理를 탐구하고 말없는 데(禪) 처함.
74 漆道人: 中國 東晉 때의 고승 道安法師를 달리 부르는 말. 도안의 얼굴이 검었으므로 이 별명이 붙여졌다고 한다. 『梁高僧傳』 권5,「釋道安傳」 "…… 時人語曰, 漆道人驚四隣, 于時學者, 多守聞見."
75 邑中之黔: 춘추시대 宋나라 사람으로 얼굴빛이 검었던 子罕의 故事. 송나라의 大宰인 皇國父가 平公을 위해 별장을 지으려고 했는데, 공사 때문에 농사일에 방해가 되므로 子罕은 농한기를 틈타 시작하라고 요청했다. 임금이 허락하지 않았다. 이에 별장 짓는 인부들이 노래 부르기를 "澤門의 피부 흰 사람은 우리들에게 공사를 시키고, 邑中의 얼굴빛 검은 사람은 우리의 마음을 위로한다네!"라고 하였다 한다. 『춘추좌씨전』, 襄公 17년 "宋皇國父爲大宰, 爲平公築臺, 妨於農功. 子罕請俟農功之畢, 公弗許. 築者謳曰: 「澤門之晳, 實興我役, 邑中之黔, 實慰我心」."
76 赤頿(적자): 北天竺 罽賓國(계빈국) 출신의 고승 佛陀耶舍(佛馱邪舍)를 지칭한 말. 불타야사가 수염이 붉고 毘婆娑論을 잘 강론하여 당시 晉나라 사람들이 '赤頿論主'라고 불렀다 한다. 『梁高僧傳』 권2,「佛陀耶舍傳」 "佛陀耶舍, 爲人赤頿, 善解毘婆娑論, 時人號赤頿論主."
77 靑眼: 중국 禪宗의 初祖인 達摩를 가리킴. 푸른색의 눈을 가졌으므로, 당시 梁나라 사람들이 '碧眼胡僧'이라고 불렀다 한다. 『佛祖通載』, "達摩眼紺靑色, 稱碧眼胡僧."
78 具: 具足戒. 비구와 비구니가 지켜야 할 모든 法戒이다. '완전히 갖추어진 계'라는 의미이다.
79 聖善: 어머니를 이름. 『시경』, 邶風, 「凱風」 "凱風自南, 吹彼棘薪, 母氏聖善, 我無令人."
80 橫海: 橫은 黌과 통용되니 곧 '학문의 길'을 이른다. 학문의 길이 바다와 같이 넓다는 데서 비유한 말이다.
81 茜絳藍靑: 絳色은 꼭두서니[茜草]에서 취하지만 꼭두서니 빛보다 더 붉고, 靑色은 쪽풀(藍草)에서 취하지만 쪽빛보다 더 푸르다는 말. 곧 제자가 스승보다 뛰어남을 비유한 말이다. 『荀子』, 「勸學」 "靑取之於藍, 而靑於藍."; 『文心雕龍』, 「通變」 "靑出於藍, 絳生

心, 而斷雲浪跡.

粵有鄉僧道義, 先訪道於華夏; 邂逅適願[82], 西南得朋[83]. 四遠參尋[84], 證佛知見. 義公前歸故國, 禪師卽入終南, 登萬仞之峯, 餌松實而止觀寂寂者三年; 後出紫閣, 當四達之道, 織芒屩[85]而廣施憧憧[86]者又三年. 於是, 苦行旣已修, 他方亦已遊; 雖曰觀空[87], 豈能忘本.

乃於太和四年來歸, 大覺上乘[88], 照我仁域. 興德大王, 飛鳳筆[89]迎勞曰:『道義禪師, 鄕已歸止, 上人繼至, 爲二菩薩! 昔聞黑衣之傑, 今見縷褐之英. 彌天[90]慈威, 擧國欣賴; 寡人行[91]當以東雞林之境, 成吉祥[92]之宅也』

於茜, 雖蹟本色, 不能復化."
82 邂逅適願: 우연히 서로 만나 바라는 바가 일치함. 『시경』, 鄭風, 「溱有」"邂逅相遇, 適我願兮."
83 西南得朋: 『주역』에 이르기를 "서남에서 벗을 얻는다 함은, 곧 同類와 함께 감을 의미한다"고 했다. 후일 친구를 얻은 기쁨을 나타내는 典故로 많이 사용되었다. 『周易』, 坤卦, 〈彖辭〉"西南得朋, 乃與類行."
84 參尋: 參訪尋師의 준말. 여러 곳을 行脚하면서 善知識을 찾아뵙는 것을 이른다.
85 芒屩(망갹): 짚신, 또는 미투리.
86 憧憧: 바쁘게 왕래하는 모양. 『주역』, 咸卦; 「繫辭下」"憧憧往來, 朋從爾思."
87 觀空: 우주 만물의 실체가 모두 空임을 諦觀함.
88 上乘: 가장 뛰어난 敎法. 곧 大乘을 이른다.
89 鳳筆: 자루에 봉새를 새긴 붓. 轉하여 天子의 勅書 또는 임금의 書翰을 이른다.
90 彌天: 하늘에 가득 참. 東晉 때의 고승 道安의 고사에서 나온 말이다. 東晉 당시 襄陽의 高士 習鑿齒와 道安은 서로 친교가 있었다. 어느 날 習鑿齒가 檀溪寺로 도안을 찾아와 첫 對面을 할 때 대뜸 "나는 四海의 習鑿齒요"라고 하니, 이를 무례하다고 느낀 도안이 "나는 彌天(하늘에까지 이름이 가득한) 釋道安이요"라고 하여, 습착치를 굴복시켰다고 한다. 『梁高僧傳』권5, 「釋道安傳」"時襄陽習鑿齒, …… 旣坐稱言, 四海習鑿齒, 安曰, 彌天釋道安. 時人以爲名答."
91 行: 장차將.
92 吉祥: 상서로움을 지닌 부처를 지칭하는 말. '薄伽梵'(범어로는 Bhagavat, 世尊이라 번역됨)의 여섯 가지 뜻 가운데 하나. 『佛地經論』, 권1 "薄伽梵者, 謂薄伽聲依六義轉, 一自在義, 二熾盛義, 三端嚴義, 四名稱義, 五吉祥義, 六尊貴義."

始憩錫[93]於尙州露岳長栢寺, 毉門多病[94], 來者如雲. 方丈雖寬, 物情自隘. 遂步至康州知異山, 有數於菟[95], 哮吼前導; 避危從坦, 不殊兪騎[96]. 從者無所怖畏, 豢犬如也, 則與善无畏三藏, 結夏[97]靈山, 猛獸前路, 深入山穴, 見牟尼立像[98], 宛同事跡; 彼竺曇猷之扣睡虎頭, 令聽經, 亦未專媺於僧史[99]也. 因於花開谷故三法和尙蘭若[100]遺基, 纂修堂宇[101], 儼若化成[102].

洎開成三年, 愍哀大王, 驟登寶位. 深託玄慈, 降璽書, 餽齋

---

93 憩錫(게석): 錫杖(禪杖)을 쉼.
94 毉門多病: 名醫의 門前에 病者가 많이 찾아 든다는 말. 『莊子』, 「人間世」 "醫門多疾."
95 於菟(오도): 중국 춘추시대 楚나라에서 '호랑이'를 이르던 말. 『춘추좌씨전』 宣公 4년 "楚人謂乳穀, 謂虎於菟."
96 兪騎: 산을 오를 때 앞에서 이끌어 주는 登山之神. 『文選』 권5, 左思, 「吳都賦」 "兪騎騁路, 指南司方."
97 結夏: 여름 結制. 夏安居를 달리 이르는 말.
98 與善无畏三藏 ~ 見牟尼立像: 『宋高僧傳』 권2, 「善無畏傳」에 나온다. "善無畏, …… 嘗結夏於靈鷲, 有猛獸前導, 深入山穴, 穴明如晝, 見牟尼像, 左右侍者如生焉."
99 僧史: 『高僧傳』을 달리 이르는 말. 『梁高僧傳』 권11, 「竺曇猷傳」에는 다음과 같이 되어 있다. "…… 後移始豊赤城山, 石室坐禪, 有猛虎數十蹲在猷前. 猷誦經如故, 一虎獨睡, 猷以如意杖扣虎頭, 問何不聽經. 俄而群虎皆去."
100 蘭若(난야): 범어 'Aranya'를 音譯한 '阿蘭若'의 준말. 촌락에서 멀리 떨어져 修行하기에 알맞은 한적한 곳. 곧 '절'을 이른다.
101 纂修堂宇: 재료를 모아서 堂宇를 다시 세움. 『文選』 권59, 王巾, 「頭陁寺碑文」 "纂脩堂宇, 未就而沒."
102 儼若化成: 엄연하게 조화로 이루어진 것 같다는 말.
※참고: 많은 註解本에서는 '化成'을 '化城'의 誤書로 보았다. '儼若化城'은 「大朗慧和尙碑」의 "以尙州深妙寺不遠京, 請禪那別館, 辭不獲, 往居之, 一日必茸, 儼若化城"이라 한 대목에 보인다. 또 이와 비슷한 구조를 가진 문장으로 '未若化城'이 있다. 「大崇福寺碑」에 "初寺宇之徙也, 雖同湧出, 未若化城"이라 한 것이 보인다. 이와 같은 평소의 用例로 볼 때, '化成'은 '化城'의 誤書라고 할 수도 있을 법하다. 그런데 金知見은 '化成'이 '化城'의 誤書가 아니라고 하면서 "쌍계사의 절터가 儼肅하기로 造化로 이루어진 것 같다고 보는 것이 어떨까 생각한다"고 하였다. 또 "成字를 城字로 改字해 가면서 엉뚱한 註解를 하는 것은 이중으로 잘못을 범한 것이다"고까지 하였다(『四山碑銘 集註를 위한 연구』, 21, 27쪽). 김지견의 견해에 찬동한다. 최치원이 글을 짓고 글씨까지 쓴 「眞鑑禪師碑」는 다른 사람이 글씨를 쓴 朗慧·智證碑와는 달리 한 자의 誤字가 없음에 유의할 필요가 있다.

費, 而別求見願. 禪師曰:『在勤修善政, 何用願爲?』使復于王, 聞之愧悟; 以禪師色空雙泯, 定惠[103]俱圓, 降使賜號爲慧昭; 昭字, 避聖祖廟諱, 易之也. 仍貫籍于大皇龍寺, 徵詣京邑, 星使[104]往復者, 交轡于路[105], 而岳立不移其志. 昔僧稠拒元魏之三召云:『在山行道, 不爽大通』[106]棲幽養高, 異代同趣.

居數年, 請益[107]者, 稻麻[108]成列, 殆無錐地. 遂歷銓奇境, 得南嶺之麓, 爽塏[109]居寂[110]. 經始[111]禪廬, 却[112]倚霞岑, 俯壓雲㵎. 清眼界者, 隔江遠岳; 爽耳根者, 迸石飛湍. 至如春豀花, 夏徑松, 秋壑月, 冬嶠雪; 四時變態, 萬象交光, 百籟和唫, 千巖競秀[113]. 嘗遊西土者, 至止咸愕; 視謂:『遠公東林[114], 移歸海表![115] 蓮花世界, 非凡想可擬, 壺中別有天地[116]則信也.』

103 定惠: 禪定과 智慧. '惠'는 慧와 통용.
104 星使: 임금의 使者.『後漢書』권82(上),「李郃傳」"和帝卽位, 分遣使者, 觀採風謠. 使者二人當到益州, 投郃候舍. 時夏夕露坐, 郃因仰觀, 問曰:「二君發京師時, 寧知朝廷遣二使邪?」二人黙然, 驚相視曰:「不聞也」問何以知之, 郃指星示云:「有二使星向益州分野, 故知之耳」"
105 交轡于路: 길에서 말고삐가 서로 엉킬 정도였다는 뜻. '轡(비)'는 말고삐.
106 在山行道~:『續高僧傳』권16,「僧稠傳」에 나오는 말.「魏孝明帝, 夙承令德, 前後三召, 乃辭云:「普天之下, 莫非王土; 乞在山行道, 不爽大通」帝遂許焉.」
107 請益: 學人이 특별히 묻는 의식을 거쳐, 師家에게 法益을 청하는 것.
108 稻麻: 稻麻竹葦의 준말. 논의 볏대, 밭의 삼대, 대밭의 대나무, 풀밭의 갈대와 같이 그 수가 많음을 이르는 말.『維摩經』,「法供養品」"甘蔗竹葦, 稻麻叢林."
109 爽塏(상개): 위치가 높아서 앞이 시원스럽게 툭 트인 것을 이름.
110 寂: '最'의 古字.
111 經始: 집을 짓기 시작함.
112 却: 물러남. 곧 뒤를 이른다.
113 千巖競秀: 온갖 바위들이 다투어 빼어남.『世說新語』권1,「言語」"顧長康, 從會稽還, 人間山川之美. 顧云:「千巖競秀, 萬壑爭流」"
114 遠公東林: 慧遠이 廬山에 세운 東林寺를 가리킴.
115 海表: 바다 건너 저쪽이라는 뜻으로, 중국에서 신라를 일컫는 말.
116 壺中別有天地: 神仙 壺公의 고사에서 나온 말로, 別世界를 이른다.『後漢書』권82(下),「費長房傳」"費長房者, 汝南人也. 曾爲市掾, 市中有老翁賣藥, 懸一壺於肆頭, 及市罷, 輒跳入壺中. 市人莫之見, 唯長房於樓上覩之, 異焉, 因往再拜 奉酒脯. 翁知長房之意其神也, 謂之曰:「子明日可更來」長房旦日復詣翁. 翁乃與俱入壺中, 唯見玉堂嚴麗, 旨酒甘肴, 盈衍其

架竹引流, 環階四注, 始用玉泉爲牓. 屈指法胤[117], 則禪師乃曹磎之玄孫. 是用建六祖影堂, 彩飾粉墉, 廣資導誘; 經所謂「爲悅衆生故」[118], 綺錯繪[119]衆像者也.

大中四年, 正月九日詰旦[120], 告門人曰: 『萬法皆空, 吾將行矣. 一心爲本, 汝等勉之! 無以塔藏形, 無以銘紀跡!』[121] 言竟坐滅[122], 報年七十七, 積夏[123]四十一. 于時天無纖雲, 風雷欻起; 虎狼號咽, 杉栝[124]變衰. 俄而紫雲翳空, 空中有彈指聲, 會葬者無不入耳; 則梁史載褚侍中翔, 嘗請沙門[125], 爲母疾祈福, 聞空中彈指[126], 聖感冥應, 豈誣也哉? 凡志於道者, 寄聲[127]相弔; 未亡情者[128], 銜[129]悲以泣; 天人痛悼, 斷可知矣. 靈函幽隧, 預使備具,

---

中, 共飲畢而出."
117 法胤: 佛法(禪法)을 이어온 계보.
118 爲悅衆生故: 『法華經』, 「如來神力品」에 나오는 말.
119 錯繪: 여러 가지 색을 섞어서 그림.
120 詰旦(힐단): 새벽. 詰朝.
121 無以塔藏形 無以銘紀跡: 이는 六祖 慧能이 당나라로부터 자신의 頂相을 가져다가 쌍계사에 모시고자 하는 三法和尙에게 現夢하면서 한 말이다. 覺訓(撰), 「六祖慧能頂相東來緣起」"…… 其夜又現夢曰:「勿塔而表彰, 勿碑而記著. 無名無相第一義, 勿向人說, 勿令人知!」"
122 坐滅: 佛家語. 앉은자리에서 그대로 세상을 떠남.
123 積夏: 승려가 具足戒를 받은 해부터 세는 나이. 法臘, 法歲, 夏臘이라고도 한다. 대개 구족계를 받은 해부터 法臘으로 쳐서 夏安居를 마친 햇수에 따라 나이를 센다.
124 杉栝: 삼나무와 향나무.
125 沙門: 범어 'Sramana'의 音譯. 佛門에서 出家한 이를 가리키는 말이다. 比丘와 같은 뜻으로 쓴다. 桑門・娑門・沙門那 등으로 音譯하기도 하며, 息心・息惡・勤息 등으로 번역한다.
126 彈指: 손가락 튀기는 소리. 『大唐西域記』 권3, 「醫羅鉢呾羅龍王」 "今彼土請雨祈晴, 必與沙門共至池所, 彈指慰問, 隨願必果."
127 寄聲: 音信을 통함. 남에게 소식을 전함.
128 未亡情者: 有情의 病을 없애지 못한 사람. 곧 俗人을 말한다.
129 銜(함): '含'과 통용.

弟子法諒等, 號奉色身[130], 不踰日而窆于東峯之冢[131], 遵遺命也.

　　禪師性不散樸, 言不由機[132]. 服煖縕賮[133], 食甘糠麧[134]. 芧菽[135]雜糅, 蔬佐[136]無二; 貴達時至, 曾不異饌. 門人以墋腹[137]進難; 則曰:『有心至此, 雖糲[138]何害?』尊卑耋穉, 接之如一. 每有王人, 乘馹傳命, 遙祈法力; 則曰:『凡居王土, 而戴佛日者, 孰不傾心護念? 爲君貯[139]福, 亦何必遠汙綸言[140]於枯木朽株? 傳乘之飢不得齕[141], 渴不得飮, 吁可念也』或有以胡香爲贈者, 則以瓦[142]載煻灰, 不爲丸而焫[143]之曰:『吾不識是何臭, 虔心而已』復有以漢茗爲供者, 則以薪爨[144]石釜, 不爲屑而煮之曰:『吾不識是何味, 濡腹而已』守眞忤俗[145], 皆此類也.

　　雅善梵唄, 金玉其音, 側調飛聲, 爽快哀婉; 能使諸天歡喜. 永於遠地流傳, 學者滿堂, 誨之不倦. 至今, 東國習魚山[146]之妙

130 色身: 부처나 보살의 肉身.
131 冢(총): 산꼭대기[山頂].
132 機: 機心. 『莊子』, 「天地」"漢陰一丈人謂子貢曰:「吾聞之吾師, 有機械者, 必有機事, 有機事者, 必有機心, 吾非不知, 羞而不爲也」"
133 縕賮(온분): 헌솜. 또는 헌솜과 亂麻. 『列子』, 「楊朱」"昔者宋國有田夫, 常衣縕賮, 僅以過冬."
134 糠麧(강흘): 겨와 보리싸라기.
135 芧菽(서숙): 상수리[山栗]와 콩.
136 蔬佐: 나물자반[佐飯].
137 墋腹: 뱃속을 더럽힘.
138 糲: 거친 쌀. 玄米.
139 貯: 福. 『玉篇』"貯, 福也."
140 綸言: 임금이 아랫사람에게 내리는 말. 綸音. 『禮記』, 「緇衣」"王言如絲, 其出如綸."
141 齕: 먹음. '吃'과 통용된다.
142 瓦: 질그릇.
143 焫(설): 불에 사름. '爇'과 仝字.
144 爨(찬): 불을 땜.
145 忤俗: 속된 것을 싫어함.
146 魚山: 曹植이 지었다고 하는 梵唄의 하나. 이후 범패의 별칭이 되었다.『佛道論衡』, 卷甲 "陳思王曹植, 嘗遊魚山, 忽聞空中梵天之響, 淸颺哀婉, 其聲動心. 獨聽良久, 而侍御莫

者, 競如掩鼻[147], 效玉泉餘響; 豈非以聲聞度之之化乎?

禪師泥洹[148], 當文聖大王之朝; 上惻儴襟[149], 將寵淨諡, 及聞遺戒, 愧而寢之. 越三紀, 門人以陵谷[150]爲慮, 扣不朽之緣於慕法弟子; 內供奉一吉干楊晉方, 崇文臺鄭詢一, 斷金爲心[151], 勒石是請. 獻康大王, 恢弘至化, 欽仰眞宗[152], 追諡眞鑒禪師; 大空靈塔, 仍許篆刻, 以永終譽[153].

懿乎! 日出暘谷[154], 無幽不燭; 海岸植香, 久而彌芳. 或曰: 『禪師垂不銘不塔之戒, 而降及西河之徒[155], 不能確奉先志; 求之歟, 抑與之歟?[156] 適足爲白珪之玷[157]』嘻! 非之者, 亦非也. 不近名而名彰, 蓋定力之餘報; 與其灰滅電絕, 曷若爲可爲於可爲之時[158], 使聲震大千之界?

聞, 植深感神理, 彌悟法應, 乃慕其聲節, 寫爲梵唄撰文製音, 傳寫後式."
147 掩鼻: 중국 東晉 때의 名臣 謝安(자는 安石)이 '洛下書生詠'이라는 가곡을 잘 불렀다. 콧병이 있어 음성이 탁하였으나, 당시의 士者들이 그 소리를 다투어 모방하느라고, 손으로 코를 쥐어 코먹은 소리를 냈다는 故事.『晉書』권79,「謝安傳」"謝安能爲洛下書生詠, 有鼻病, 故其音濁, 名流愛之, 不能及, 或以手掩鼻以效之."
148 泥洹: 涅槃과 같은 뜻.『南史』卷75,「顧歡傳」"泥洹仙化, 各是一術."; 同注 "按, 佛書以涅槃爲泥洹."
149 儴襟: 임금의 마음을 이름. 凡人의 마음은 '塵襟'이라 함.
150 陵谷: 세상일의 변천이 심한 것을 이름.『시경』, 小雅,「十月之交」"高岸爲谷, 深谷爲陵."
151 斷金爲心: 쇠를 끊을 정도의 굳게 하나된 마음.『周易』,「繫辭(上)」"二人同心, 其利斷金."
152 眞宗: 진실한 종교. 자기가 신봉하는 종교를 말한다. 여기서는 불교를 일컫는다.
153 終譽: 명예를 끝까지 잃지 아니함.
154 暘谷: 해가 솟는 곳.『書經』, 虞書,「堯典」"分命羲仲, 宅嵎夷, 曰暘谷, 寅賓出日, 平秩東作."
155 西河之徒: 門弟子들을 말함.『史記』권67,「仲尼弟子列傳」"子夏居西河教授, 爲魏文侯師."
156 求之歟 抑與之歟: '스스로 임금에게 구했는가, 아니면 임금이 그대들에게 주었는가'라고 묻는 말.『論語』,「學而」"子禽問於子貢曰:「夫子至於是邦也, 必聞其政, 求之歟, 抑與之歟?」"
157 白珪之玷: 흰 구슬의 티. '옥의 티'를 말한다.『시경』, 大雅,「抑」"白珪之玷, 尙可磨也, 斯言之玷, 不可爲也."
158 爲可爲於可爲之時: 할 만한 일을 할 수 있을 때 한다는 뜻.『漢書』권57(下),「揚雄傳」"爲可爲於可爲之時則從, 爲不可爲於不可爲時則凶."

而龜未戴石, 龍遽昇天[159]. 今上繼興, 塤箎相應[160]; 義諧付囑, 善者從之. 以隣岳招提[161]有玉泉之號, 爲名所累, 衆耳致惑; 將俾弃同卽異, 則宜捨舊從新[162]. 使視其寺之所枕倚[163], 則以門臨複澗爲對, 乃錫題爲雙溪焉.

申命下臣曰:『師以行顯, 汝以文進, 宜爲銘!』致遠拜手, 曰:『唯! 唯!』退而思之; 頃捕名中州[164], 嚼腴咀雋[165]于章句間; 未能盡醉霑罇[166], 唯愧深跧[167]泥甃[168]. 況法離文字, 無地措言; 苟或言之, 北轅適郢[169]. 第以國主之外護, 門人之大願, 非文字不能昭昭乎群目[170], 遂敢身從兩役, 力效五能[171]; 雖石或憑焉[172], 可

---

159 龍遽昇天: 용이 갑자기 하늘로 올라감. 곧 임금의 昇遐를 이름.
160 塤箎相應: 형과 아우가 서로 뜻이 잘 맞음을 비유한 말. 『시경』, 小雅, 「何人斯」 "伯氏吹塤, 仲氏吹箎."
161 招提: 절을 달리 이르는 말. 범어로 '四方'을 의미한다. 본래는 '拓提'였다. 北魏의 太武帝 始光 2년(425)에 한 伽藍을 짓고 招提라고 이름한 뒤부터 招提가 사찰의 異名이 되었다. 四方의 승려를 '招提僧'이라 하고 사방의 승려들이 머무는 곳을 '招提僧坊'이라 한다.
162 捨舊從新: 옛 이름(玉泉寺)을 버리고 새 이름(雙溪寺)을 따름. '捨舊謀新'과 같은 말. 『춘추좌씨전』, 僖公 28년 "舍其舊, 新是謀."
163 枕倚: 베개 삼고 의지하는 것. 곧 背後의 憑據(主山)를 말한다. 『文選』 권4, 左思, 「蜀都賦」 "跨蹑犍牂, 枕倚交趾."; 同注 "向曰, 跨蹑·枕倚, 憑據也."
164 中州: 중국을 지칭.
165 嚼腴咀雋: 살지고 기름진 고기를 씹어 맛봄[咀嚼]. 곧 아름다운 문장을 수련함의 비유.
166 衢罇(구준): 오가는 사람이 누구나 마실 수 있도록 큰 길거리에 놓아둔 술항아리. 聖人의 道를 비유한 말. 『淮南子』, 「繆稱訓」 "聖人之道, 猶中衢而致尊(罇)邪, 過者斟酌, 多少不同, 各得其所宜. 是故得一人, 所以得百人也."
167 跧: 엎드림[俯伏].
168 泥甃: 진흙으로 만든 우물 벽돌. 『莊子』에 나오는 '우물 안의 개구리[井底之蛙]'를 지칭하니, 곧 지극히 좁은 見聞을 말한다. 『莊子』, 「秋水」 "子獨不聞夫陷井之蛙乎. 謂東海之鱉曰, 吾樂與. 吾跳梁乎井幹之上, 入休乎缺甃之崖. 赴水則接腋持頤, 蹶泥則沒滅跗, 還虷蟹與科斗, 莫吾能若也."
169 北轅適郢: 수레를 북쪽으로 향하면서 남쪽에 있는 楚나라 郢(영) 땅에 가려 함. 곧 이치에 어긋남을 뜻한다. '北轅適楚'와 같은 말.
170 昭昭乎群目: 뭇 사람의 눈을 환하게 함. 『맹자』, 「盡心(下)」 "賢者以其昭昭, 使人昭昭."
171 五能: 날다람쥐의 많은 재주. 鼯鼠之技. 『說文』 "鼯, 五技鼠也. 能飛不能過屋, 能緣不能窮木, 能游不能渡谷, 能穴不能掩身, 能走不能先人, 此之謂五技."

憖可懼. 而道强名¹⁷³也, 何是何非? 掘筆¹⁷⁴藏鋒, 則臣豈敢? 重宣前義, 謹札¹⁷⁵銘云.

杜口禪那	歸心佛陁
根熟菩薩	弘之靡它
猛探虎窟	遠泛鯨波
去傳秘印	來化斯羅¹⁷⁶
尋幽選勝	卜築巖磴
水月澄懷	雲泉寄興
山與性寂	谷與梵¹⁷⁷應
觸境¹⁷⁸無硋	息機¹⁷⁹是證
道贊五朝	威摧衆妖
黙垂慈蔭	顯拒嘉招

172 石或憑焉:「大朗慧和尙碑」에 나오는 '石有異言'의 故事 참조. '憑'은 귀신이 붙은 것이다. 곧 돌이 사람처럼 異言을 하는 것을 말한다.『춘추좌씨전』, 昭公 8年조 "石言于晉魏楡. 晉侯問於師曠曰: 「石何故言?」 對曰: 「石不能言, 或馮焉. 不然, 民聽濫也. 抑臣又聞之, 曰: '作事不時, 怨讟動于民, 則有非言之物而言', 今宮室崇侈, 民力彫盡, 怨讟竝作, 莫保其性, 石言不亦宜乎?」"
173 道强名: 현묘하고 현묘하여 뭐라 표현할 수 없는 것을 억지로 이름하여 '道'라 한다는 말.『老子』, 제25장 "有物混成, 先天地生, 寂兮寥兮, 獨立不改, 周行而不殆, 可以爲天下母. 吾不知其名, 强字之曰道, 强爲之名曰大."
174 掘筆: 끝이 닳은 몽당붓禿筆.『得樹樓雜鈔』"放翁詩, 作字用掘筆, 掘猶云禿也."
175 札: 札記. 조목으로 나누어 간략히 기록함.
176 斯羅: 新羅의 異稱. 신라의 국호는 시기에 따라 徐那伐・鷄林・斯羅・斯盧・新羅 등으로 다양하게 불려졌다.『삼국사기』新羅本紀에 의하면 시조 박혁거세 때에 국호를 '徐那伐'로 정하였고, 脫解尼師今 9년(A.D. 65)에 '鷄林'으로, 基臨尼師今 10년(307)에 '新羅'라고 하였으며, 지증마립간 4년(503)에 '德業日新, 網羅四方'의 뜻을 취하여 '新羅'로 확정하였다고 한다.
177 梵: 梵音(또는 梵唄)을 가리키는 듯.
178 觸境: 六經 가운데 하나.
179 息機: 機心(巧詐한 마음)을 삭힘.

海自飄蕩　　　山何動搖
無思無慮　　　匪斲匪雕[180]
食不兼味　　　服不必備
風雨如晦[181]　始終一致
慧柯方秀　　　法棟俄墜
洞壑凄凉　　　煙蘿憔悴
人亡道存　　　終不可諼[182]
上士陳願　　　大君流恩[183]
燈傳海裔[184]　塔聳雲根[185]
天衣拂石[186]　永耀松門[187]

光啓三年七月 日建. 僧奐榮刻字.

180 匪斲匪雕: 깎거나 아로새김이 없음. 곧 겉치레가 없음을 이른다.
　　※참고: 梵海 覺岸은 '斲雕'에 대해 "탑을 깎아 세우고 비를 새기다"는 뜻으로 보았으나, 이는 잘못이다.
181 風雨如晦: 아무리 暴風雨가 몰아치는 그믐밤일지라도 새벽이 되면 어김없이 닭이 울듯이, 始終이 如一하다는 말.『시경』, 鄭風, 「風雨」 "風雨如晦, 鷄鳴不已."; 同注 "亂世君子不改度."
182 諼(훤): 잊음. '諠'과 仝字.『시경』, 衛風, 「洪奧」 "有匪君子, 終不可諼兮."
183 流恩: 恩澤을 베풂. 流澤.『說苑』권6,「復恩」 "恩流群生, 潤澤草木.";『道德指歸論』 "鬼神降其澤, 聖人流其恩."
184 海裔: 바다의 끝. 곧 신라를 가리킴.
185 雲根: 구름은 산에서 생긴다고 하여 '산'을 달리 이르는 말.
186 天衣拂石: 길이와 넓이와 높이가 각각 40리인 큰 바위를 天人이 백 년마다 한 번씩 지나가면서 가벼운 옷자락으로 스쳐 이 바위가 닳아 없어지는 동안의 긴 세월. 이를 盤石劫이라고 한다. 지극히 오랜 세월을 말한다.
187 松門: 소나무를 문으로 삼은 집. 곧 산 속의 절을 비유한 말. 趙瑕,「晚宿山寺」 "松門明月佛前燈, 菴在孤雲最上層."

번역

신라국 고(故) 지리산 쌍계사 교시(教謚) 진감선사비명(眞鑑禪師碑銘) 및 서(序)

전(前)에 중국에서 도통순관(都統巡官)·승무랑(承務郎)·시어사(侍御史)·내공봉(內供奉)을 지냈으며, 자금어대(紫金魚袋)를 하사받은 신(臣) 최치원, 왕명을 받들어 찬술하고 아울러 전자(篆字)로 제액(題額)을 씀.

대저 도(道)는 사람으로부터 멀리 있지 않고, 사람은 나라에 따라 차이가 없다.[188] 이런 까닭에, 우리나라 사람들이 불법(佛法)이나 유학(儒學)을 배우는 것은 필연적이다. 서쪽으로 큰 바다를 건너 통역을 거듭해 가며[189] 학문에 종사할 적에, 목숨을 통나무배에 맡기면서도 마음은 보주(寶洲: 西國)에 달려 있다. 빈 채로 갔다가 가득 채워 돌아왔고, 험난한 일을 먼저하고 얻는 바를 뒤로 하였다. 역시 보옥(寶玉)을 캐는 자가 곤륜산(崑崙山)의 높음을 꺼리지 않고, 진주를 찾는 자가 검은 용이 사는 바닷물 속의 깊음을 피하지 않는 것과 같았다.

드디어 지혜의 횃불[慧炬]을 얻었는데, 빛이 오승(五乘)[190]을 밝게

---
188 사람에게는 ~: 모든 인류에게 보편적이고 타당성을 띤 道(진리)를 배우고 실천함에 내 나라 남의 나라, 中華와 오랑캐를 따질 것이 없다는 뜻. 진리에는 국경이 없다는 말이다.
189 통역을 거듭해 가며: 중국에 유학을 갔던 사람이 다시 天竺國에 유학을 갈 때에는 이중의 통역을 거쳐야 했기 때문에 이르는 말.
190 사람을 각 果地에 이르게 하는 다섯 가지 教法. 즉 人乘·天乘·聲聞乘·緣覺乘·菩薩乘을 이른다(宗派에 따라 異說 있음).

하였고, 유익한 말[嘉肴]을 얻었는데, 맛을 육경(六經)에서 실컷 느끼게 하였으니, 다투어 많은 사람들로 하여금 선(善)에 들도록 하고, 능히 한 나라로 하여금 인(仁)을 일으키게 하였다.

그러나 배우는 자들이 간혹 이르기를 "석가[身毒]와 공자[闕里]가 교의(敎義)를 베풂에, 흐름을 나누고 체재(體裁)를 달리하여, 둥근 구멍에 모난 자루를 박는 것과 같으니, 서로 모순되어 한 귀퉁이만을 지키거나 그에 얽매어 있다."고 한다. 시험삼아 논하건대, 시를 해설하는 사람은 글자[文]를 가지고 말[辭]을 해쳐서는 안 되고, 말에 구애되어 뜻[意]을 해쳐서는 안 된다.[191] 『예기(禮記)』에 이른 바 "말이 어찌 한 갈래뿐이겠는가. 무릇 제각기 경우에 합당한 바가 있다"[192]고 하였다. 그러므로 여봉(廬峯: 廬山)의 혜원(慧遠)[193]이 논(論: 沙門不敬王者論)을 지어 이르기를 "여래(如來)가 주공(周公)·공자(孔子)와 비록 출발하여 도달하는 방법은 달리하나, 귀착하는 곳은 한 가지 길이다. 교체(敎體)가 극에 달하면 아울러 응하지 못하는 법이니, (이는) 사물을 차별없이 받아들이지 못하기 때문이다.[194]"고

---

191 시를 해설하는 사람은 ~: 儒와 佛이 비록 진리를 설명하는 방식이 다르다고 하더라도, 뜻은 서로 통한다는 점을 강조하려는 말.
192 말이 어찌 ~: 같은 의미의 말이라도 경우에 따라 그 표현이나 설명이 다를 수 있다는 뜻.
193 중국 東晋 때의 高僧(334~417). 俗姓은 李氏. 儒·道 兩家의 학문에도 통달하였으며, 21세 때 釋 道安의 설법을 들은 뒤 출가하였다. 太元年間에 廬山에다 東林寺를 세우고 慧永·宗炳 등과 함께 白蓮社를 결성하였으며, 30여 년간 여산에 있으면서 念佛修行에 정진하였다. 중국 淨土敎의 창건자로 손꼽힌다. 저서로 『法性論』(14편) 등이 있다. 『梁高僧傳』 권6 참조.
194 敎體가 극에 달하면 ~: 자기의 敎가 최고라는 인식에 사로잡혀, 유교는 불교와 통하지 못하고 불교는 유교와 통하지 못하니, 이는 만물을 전체로 받아들이지 못하기 때문이라는 말. 『梁高僧傳』 권6, 「釋慧遠傳」에서는 "如來와 周公·孔子는 그 출발하여 도달하는 방법은 비록 다르나, 모르는 사이에 서로 영향을 주어, 그 出處는 다 다르지만 終局에는 반드시 같음을 기할 수 있다. 그러므로 비록 그 道가 다르다고 하지만 귀착

하였다. 심약(沈約)[195]의 말에 이르기를 "공자는 그 실마리를 일으켰고 석가는 그 이치를 밝혔다"고 하였다. 참으로 그 대요(大要)를 아는 사람이라고 할 만하니, (이 정도는 되어야) 비로소 더불어 지극한 도를 말할 수 있을 것이다.

부처님이 말씀하신 심법(心法) 같은 것으로 말하면, 현묘하고 또 현묘하여 이름하려 해도 이름할 수 없고, 설명하려 해도 설명할 수 없다. 비록 '달을 보았다[得月]'[196]고 하더라도, 그 달을 가리키는 손가락[197]마저 잊어버리니, 끝내 바람을 붙들어 매는 것 같고 그림자를 뒤따라가서 잡기 어려움과 같다. 그러나 먼 곳에 이르는 것도 가까운 곳에서부터 시작되는 것이다.[198] 비유를 취한들 무엇이 해로우랴. 공자가 문제자(門弟子)에게 일러 말하기를 "내 말하지 않으련다.

하는 곳은 하나인 것이다. 차별없이 응하지 않는 것은 物을 동등하게 받아들일 수 없기 때문이다(如來之與周孔, 發致雖殊, 潛相影響, 出處咸異, 終期必同. 故雖曰道殊, 所歸一也. 不兼應者, 物不能兼受也)"라고 하였다.
 ※참고: 종래 이에 대한 註解가 분분하여 '體極'을 '體達至極之理'라고 하는 등 정확하지 않았는데, 『文昌集』『桂苑遺香』에서는, '體, 敎體也. 極, 至極也'라고 하여 정확히 주해하고 있다.
195 중국 梁나라 때의 시인이며 정치가(441~513). 자는 休文. 梁武帝의 帝業 완성을 도와 상서령에 이르렀다. 六朝時代를 통해 정계 및 문단에서 傑出한 사람으로, 특히 시의 '韻律' 문제를 연구하여 이른바 '四聲八病說'을 주장함으로써, 시의 발전에 공헌하였다. 勅令으로 『宋書』100권을 撰進하였다. 저술로 『沈隱侯集』이 있다. 『梁書』 권13, 「沈約傳」 참조.
196 달을 보았다: 心法을 얻은 것의 비유.
197 달을 가리키는 손가락: 진리에 도달하기 위한 수단과 방편을 비유한 말. '指月'의 비유는 『楞伽經』에서 처음 나왔다. 『금강경』의 뗏목의 비유[筏喩]와 함께 대승경전에서 한결같이 說하고 있는 말이다.
 ※참고: 『능가경』 권4에서는 "진리는 문자를 떠난 것이다. 大慧여, 어리석은 사람을 위해 손가락으로 달을 가리킬 때, 어리석은 사람은 손가락을 쳐다볼 뿐 달은 쳐다보지 않는다. 이처럼 名字에 집착하는 자는 자기의 진실을 볼 수 없는 것이다"고 하였다.
198 먼 곳에 이르는 것도 ~ : 極微한 道體와 深遠한 心法을 깨닫는 과정에서, 처음에는 말이나 글과 같은 수단에 의지할 수밖에 없다는 뜻.

하늘이 무슨 말을 하더냐"고 하였으니,[199] 저 유마거사(維摩居士)[200]가 침묵으로써 문수보살(文殊菩薩)을 대한 것[201]이라든지, 석가가 가섭존자(迦葉尊者)에게 은밀히 전한 것[202]은, 혀끝도 움직이지 않고 능히 마음을 전하는 데 들어맞은 것이다. (공자가) '하늘이 말하지 않음'을 말하였으니, 이를 버리고 어디에 가서 얻을 것인가. 멀리에서 현묘한 도[203]를 전하여 이 나라를 빛낸 분이 어찌 다른 사람이랴. 선사가 이 분이시다.

선사의 법휘(法諱)[204]는 혜소(慧昭)[205]이고 속성은 최씨(崔氏)[206]다. 그의 선대(先代)는 한족(漢族)으로, 산동(山東)의 고관이었다. 수

---

199 공자가 門弟子에게 ~ 하였으니: 撰者는 공자의 이 말을 佛家에서 말하는 '以心傳心'의 心法과 같은 뜻으로 보고 인용한 듯하다.
200 '維摩經'의 주인공. 維摩詰 또는 淨名이라고 번역되며, 杜口大士라고도 한다. 在家이면서도 大乘의 奧義를 체득하고 名利에 집착하지 않으며, 처자를 거느리고도 항상 계율을 지키며, 어디에 가더라도 곧 隨處에 주인이 되는 인물로 존경을 받는, 이른바 在家人으로서 大乘思想의 실천을 보여준 대표적인 인물이다. 不二法門으로 유명하다.
201 유마거사가 침묵으로써 ~ 대한 것: 뒷날 不立文字의 세계를 상징하는 것으로 전승되었는데, 이와 함께 유마거사가 중국 선종에서 항상 散聖의 한 사람으로 주목되는 등, 『유마경』의 주장은 중국 선종의 祖師禪 사상에 지대한 영향을 끼쳤다.
202 석가가 가섭존자에게 ~: 靈山會上에서의 '拈華微笑' 故事를 가리킴. 釋尊三處傳心의 하나로 '以心傳心'의 효시다.
203 현묘한 도: 禪道를 말함.
204 불교에 들어온 사람에게 주는 이름. 法名·法號·戒名이라고도 한다.
※참고: 민애왕이 '慧昭'라는 호를 내린 것은 法號라기보다는 일반적인 '호'로 보는 것이 좋다.
205 法諱와 민애왕의 賜號가 똑같은 '慧昭'라는 점에 있어서 석연치 않음은 김영태가 제기한 바 있다. 그런데 故事를 살펴보면 名으로써 字를 삼은 경우가 적지 않다. 名으로써 號를 삼는 예는 아직 詳考하지 못하였으나, 이 역시 '以名爲字'의 경우와 별로 다르지 않은 것 같다. 이 문제는 이러한 선에서 이해하는 것이 좋을 듯하다. 宋 孔平仲撰 『孔氏雜說』, "漢孔安國, 字安國. 晉安帝名德宗, 字德宗. 恭帝名德文, 字德文. 會稽王名道子, 字道子. 乃至 …… 唐郭子儀·孟浩然·田承嗣·田承緒·張嘉貞·宇文審·李嗣業, 皆以名爲字."(『說郛三種』제1권, 425쪽)
206 李睟光은 完山崔氏로 추정하였다. 『芝峯類說』권18, 外道部, 〈禪門〉참조.

(隋)나라가 군사를 일으켜 요동(遼東) 지방을 정벌²⁰⁷하다가 고구려에서 많이 죽자, 뜻을 굽히고 귀화한 자가 있었는데, 당나라가 옛 한사군(漢四郡) 지역을 차지함에 이르러, 바로 전주(全州)의 금마(金馬)²⁰⁸ 사람이 되었다.

아버지의 이름은 창원(昌元)이다. 속인(俗人)이면서도 승려의 수행이 있었다.²⁰⁹ 어머니 고씨(顧氏)가 일찍이 낮에 잠깐 잠[假寐]이 들었는데, 꿈에 한 범승(梵僧)이 나타나 "나는 아미(阿孃:【原註】方言으로 어머니를 이른다)의 아들이 되기를 원합니다."라고 이르며, 유리 항아리²¹⁰를 증표로 삼아 주었다. 얼마 지나지 않아서 선사를 임신하게 되었다.

태어나면서 울지 않았으니, 곧 일찍부터 소리가 작고 말이 없는 거룩한 싹²¹¹을 타고났던 것이다. 이[齒]를 갈 무렵²¹²이 되자, 아이들과 놀 때에는 반드시 나뭇잎을 태워 향이라 하고, 꽃을 따서 공양물로 삼았다. 간혹 서쪽을 향해 바르게 앉아 해가 기울도록 움직이지

---

207 遼東 지방을 정벌: 고구려 영양왕 23년(612)에 수나라 煬帝가 백만대군을 이끌고 고구려 遼東城을 공격해 왔다. 요동성 공격에 시일을 많이 소모하자 于仲文과 宇文述에게 따로 30만의 군사를 주어 평양성을 곧장 공격하도록 하였다. 그러나 우중문 등이 이끄는 수나라 군대는 이해 7월 薩水(淸川江)에서 을지문덕에게 크게 패하였다. 이 때 遼河를 건너 살아 돌아간 사람이 2천 7백여 명에 불과하였다고 한다.
208 마한의 본고장인 益山을 이름. 백제 온조왕 때 金馬渚라고 일컫던 것을 신라 신문왕 때 金馬郡으로 개칭하고 全州에 예속시켰다.
※참고: 신라 문무왕 10년(670)에 고구려 보장왕의 庶子인 安勝이 4천여 호를 이끌고 신라에 투항하자, 신라에서는 그들을 金馬渚에 살게 하였다. 진감선사의 선조 역시 이 때 安勝과 함께 금마로 와서 살았던 漢族으로 추정된다. 이지관(편역), 『교감역주 역대고승비문-신라편』, 139쪽.
209 속인이면서도 ~: 이런 사람을 불가에서 '優婆塞'(우바새)라고 한다.
210 유리 항아리: 유리는 淸淨한 것의 상징이다. 불교계를 '琉璃界'라고도 한다.
211 일찍부터 ~ 거룩한 싹: 일찍부터 禪師가 될 조짐이 보였다는 말.
212 이를 갈 무렵: 6~7살 무렵. 轉하여 '어린아이 때'를 말한다.

않았다. 이로써 선본(善本)²¹³이 진실로 백천겁(百千劫) 전에 심어진 바임을 알지니, 발돋움하여 따라갈 일이 아닌 것이다.

유년(幼年)으로부터 성년에 이르도록, 부모의 은혜를 갚는 데 뜻이 간절하여 잠시[跬步]도 잊지 않았다. 그러나 집에 한 말의 여유 곡식도 없었고, 또 한 자의 땅뙈기도 없었으니, 때를 따라 돌아가는 자연의 현상[天時]만을 훔칠 수 있었다.²¹⁴ 음식을 공양함에 오직 형편을 살펴서 행해야 했으므로, 이에 소규모의 생선장사를 벌여, 미끄럽고 맛이 좋은 음식[滑甘]을 넉넉하게 하는 업으로 삼았다. 손으로 그물을 맺는 데 힘쓰지 않았지만, 마음은 이미 통발을 잊은 데 합치되었으니, 능히 가난한 봉양[啜菽之資]에 넉넉하였고, 진실로 어버이를 봉양하는 노래[采蘭之詠]에 들어맞았다.

부모의 상[艱棘]을 당함에 미쳐, 흙을 져다가 무덤을 이루고는 이내 말하기를 "길러 주신 은혜는 그런대로 힘써 보답하였지만, 심오한 진리를 어찌 마음으로써 구하지 않을 것인가. 내 어찌 덩굴에 매달린 조롱박[匏瓜]²¹⁵처럼, 한창 나이에 걸어온 자취에만 머무를 것인가." 라고 하였다.

드디어 정원(貞元)²¹⁶ 20년(애장왕 5년, 804), 당나라에 들어가는 세공사(歲貢使)²¹⁷에게 나아가 뱃사공이 되기를 자원하여 발을 붙이고 서쪽으로 건너가게 되었다. 속된 일에도 재능이 많아 험한 풍파

213 좋은 결과를 얻을 원인.
214 자연의 현상을 ~: 天時와 地利를 잘 이용하여 생계를 해결했음을 말한다.
215 덩굴에 매달린 조롱박: 덩굴에 매달려 있기만 하고 사람이 먹을 수 없는 박. 곧 쓸모 없는 사람의 비유.
216 당나라 德宗의 두 번째 연호(785~804).
217 해마다 중국에 朝貢을 바치러 가던 使臣. 후일의 冬至使.

를 평지와 같이 여기고는, '자비의 배'에 노를 저어서 '고난의 바다'를 건넜다. 중국(彼岸)에 도달하자, 국사(國使)에게 고하기를 "사람마다 각기 뜻한 바가 있을 것입니다. 여기서 작별을 고할까 합니다"고 하였다.

마침내 길을 떠나 창주(滄州)[218]에 이르러 신감대사(神鑑大師)[219]를 뵈었다. 오체투지(五體投地)[220]하여 바야흐로 절을 마치기도 전에 대사가 기뻐하면서 "슬프게 이별한[221] 지가 오래되지 않는데, 기쁘게 서로 다시 만나는구나!"라고 하였다. 급히 머리를 깎고 잿빛 옷을 입도록 함에, 머리를 조아려 인계(印契)[222]를 받았다. 불이 마른 쑥을 엿보고 물이 낮은 언덕으로 흐르는 듯하였다. 승도(僧徒) 가운데서 서로 이르기를 "동방의 성인을 여기서 다시 뵙는구나!"[223]라고 하였다.

선사는 얼굴빛이 검었다.[224] 그러므로 모두들 이름을 부르지 않고 지목하여 '흑두타(黑頭陀)'[225]라고 했다. 이는 곧 현리(玄理)를 탐

---

218 당나라 때의 地名. 지금의 河北省 滄縣 지방.
219 唐四祖 馬祖道一의 八十弟子 가운데 한 사람.
220 불교의 경례법의 하나. 두 무릎을 땅에 꿇은 뒤, 두 팔을 땅에 대고 이어 이마를 땅에 닿도록 절하는 것을 말한다.
221 슬프게 이별한: 神鑑과 慧昭 두 선사가 전생에 이별하였음을 이르는 말.
222 범어로는 'Mudra'라고 하며, 印·印相·契印 등으로도 번역된다. 손가락을 여러 가지 모양으로 끼어 맞추어 佛菩薩의 內證의 덕을 표시한 것이다.
223 동방 성인을 다시 뵙는구나: 앞서 釋道安이 鳩摩羅什으로부터 '東方聖人'으로 일컬어졌기 때문에, '다시 뵙는다'고 한 것이다.
224 얼굴빛이 ~: 『芝峯類說』 권18, 外道部, 〈禪門〉에 이르기를, "세속에서 黔丹禪師(신화적인 民衆僧侶로 알려진 인물)가 곧 眞鑑이라고 말하는데, 나(李晬光)는 이같은 말을 여러 늙은 중들에게 들었다"고 하였다. 이것은 '얼굴빛이 검어서 黑頭陀라고 불렀다'고 한 본 비문의 기록에 비추어 설득력이 있는 것으로 보인다.
225 범어 'Dhuta'를 音譯한 말. 일반적으로 修道僧을 이른다.

구하고 말없는 데 처함이 참으로 칠도인(漆道人)²²⁶의 후신(後身)이었으니, 어찌 저 읍중(邑中)의 얼굴 검은 자한(子罕)²²⁷이 백성의 마음을 잘 위로해 준 것에 비할 뿐이랴. 코 밑의 수염이 붉은 불타야사(佛陀耶舍),²²⁸ 눈이 푸른 달마(達磨)²²⁹와 함께 색상(色相)으로써 영원히 나타내 보일 것이다.

원화(元和)²³⁰ 5년(헌덕왕 2년, 810), 숭산(嵩山) 소림사(少林寺)²³¹의 유리단(瑠璃壇)에서 구족계(具足戒)를 받았다. 어머니[聖善]의 지난 꿈²³²이 완연히 들어맞았다. 이미 계율에 밝자 다시 학림(學林)으로 돌아왔다. 하나를 들으면 열을 아니, 강색(絳色)이 꼭두서니풀[茜

---

226 중국 東晉 때의 고승 道安法師(312~385)의 별호. 12세에 출가하여 西域僧인 佛圖澄에게 배웠는데, 얼굴이 검었으므로 '漆道人'이라는 별명이 붙여졌다고 한다. 그는 老莊化한 불교를 원래 面目으로 되돌리려고 노력한 고승이었다(『梁高僧傳』권5,「釋道安傳」 참조). '道人'은 俗人에 대하여 승려를 일컫는 말로 道士와 구별된다. 역사적으로 중국 남조불교에서 승려를 '도인'으로 지칭한 경우가 많았다.
227 邑中의 얼굴 검은 子罕: 춘추시대 宋나라 사람으로 얼굴빛이 검었던 子罕의 故事. 宋나라 大宰인 皇國父가 平公을 위해 별장을 지으려고 했다. 공사 때문에 농사일에 방해가 되므로, 子罕은 농한기를 틈타 시작하라고 요청했다. 그러나 임금이 허락하지 않았다. 이에 별장을 짓는 인부들이 "澤門의 피부 흰 사람은 우리들에게 공사를 시키고, 邑中의 얼굴빛 검은 사람은 우리의 마음을 위로한다네"라고 노래했다 한다.
228 北天竺 罽賓國(계빈국) 출신의 高僧. 覺明이라 번역된다. 13세에 불교에 들어가 27세에 具足戒를 받았으며, 鳩摩羅什에게 『阿毘曇』과 『十誦律』 등을 배웠다. 이후 구마라십이 중국에 갔다는 말을 듣고, 長安에까지 따라와 逍遙園의 新省에 駐錫하기도 했다.
229 중국 禪宗의 初祖(?~528). 갖춘 이름은 '菩提達磨'로서, 西天二十八祖 가운데 28번째의 위치에 있는 高僧이다. 남인도 香至國 출신으로, 양나라 普通 1년(520)에 중국으로 건너와 少林寺에서 面壁九年의 수도생활을 하였으며, 慧可에게 禪法을 전하였다. 시호는 圓覺大師.
230 당나라 憲宗(재위: 806~820)의 연호.
231 중국 河南省 登封縣의 嵩山에 있는 절. 達磨가 面壁九年의 修道를 하고, 慧可가 斷臂求法했던 古刹로 이름이 높다.
　※참고: 唐代의 文人 劉禹錫(자는 夢得)이 "禪寂을 말하는 자는 嵩山을 근본으로 하고, 神通을 말하는 사람은 淸凉山을, 戒律을 말하는 사람은 衡山을 근본으로 한다"고 하였듯이, 숭산은 일찍부터 禪修行의 勝地로 유명하였다. 특히 소림사는 '중국 선종의 고향'으로 전승되어 왔다.
232 어머니의 지난 꿈: 한 梵僧이 나타나 유리 항아리를 증표로 삼아 맡겼던 胎夢을 말함.

草]에서 나와 그보다 더 붉고, 청색(靑色)이 쪽풀[藍草]에서 나와 그보다 더 푸른 것 같았다.[233] 그러나 비록 마음은 고요한 물처럼 맑았지만, 자취는 조각구름같이 떠돌아다니는 신세였다.

그 언제인가, 고국(故國)의 중 도의(道義)[234]가 먼저 중국에 도를 물으러 왔었다. 우연히 서로 만나 바라는 바가 합치되었으니, 서남쪽에서 벗을 얻은 것이다.[235] 사방의 먼 곳을 두루 찾아보고 불지견(佛知見)[236]을 증득(證得)하였다. 도의가 먼저 고국으로 돌아가자,[237] 선사는 곧 바로 종남산(終南山)[238]에 들어갔다. 한 없이 높은 봉우리에 올라 소나무 열매를 따먹으며 외롭고 쓸쓸하게 지관(止觀)[239]한 것이 3년이요, 뒤에 자각봉(紫閣峯)[240]으로 나와 네 거리에 지켜 앉아 짚신을 삼아 가며 혜시(惠施)를 넓혀, 바쁘게 왕래하였던 것이 또 3년이었다. 이에 고행은 이미 닦기를 끝마쳤고, 다른 지방 역시 유력(遊歷)하기를 마친 터였다.

그런데, 비록 공(空)을 체관(諦觀)한다 하더라도, 어찌 자기의

---

233 絳色이 꼭두서니풀에서 나와 ~: 제자가 스승보다 더 낫다는 말.
234 신라 때의 고승. 속성은 王氏, 법호는 元寂. 北漢郡 출신. 宣德王 5년(784)에 당나라에 들어가 智藏禪師의 제자가 되었으며, 그에게 禪風을 傳受하고 도의라 개명하였다. 헌덕왕 13년(821)에 귀국, 南禪을 전파하고 迦智山派의 開祖가 되었다. 이로 말미암아 신라에 南禪과 北禪 두 계통의 禪이 있게 되었다. 『祖堂集』 권17, 「雪岳陳田寺元寂禪師」 참조.
235 서남쪽에서 벗을 ~: 道義와 慧昭 두 學僧이 西國(중국)에서 만나 서로 同志者가 되었다는 말.
236 諸法實相의 진리를 남김없이 깨닫고 이를 照見하는 부처님의 지혜. 모든 부처님이 세간에 출현하는 이유는 중생으로 하여금 이 佛知見을 얻게 하기 위함이라 한다.
237 먼저 고국으로 돌아가자: 도의는 혜소보다 9년 앞서 헌덕왕 13년(821)에 신라로 귀국하였음.
238 중국 섬서성 長安의 城南에 있는 산. 古刹과 명승지가 많음.
239 많은 妄想을 억제하고 萬有의 진리를 觀照하여 깨닫는 일.
240 종남산의 한 봉우리. 험하기로 유명하다. 李白과 杜甫 등 많은 시인들이 시편을 남겼다.

근본²⁴¹을 잊을 수가 있겠는가. 이에 태화(太和)²⁴² 4년(흥덕왕 5년, 830)에 귀국하니, 대각(大覺)의 대승법(大乘法)이 인역(仁域)²⁴³을 비추었다. 흥덕왕께서 칙서[鳳筆]를 급히 내리고 맞아 위로하시기를, "도의 선사가 지난번에 돌아오더니, 상인(上人)²⁴⁴께서 뒤이어 이르러 두 보살이 되셨도다. 옛날에 흑의(黑衣)를 입은 호걸²⁴⁵이 있었다고 들었는데, 오늘에는 누더기[縷褐]를 걸친 영웅²⁴⁶을 보겠노라. 하늘에 가득한 자비의 위력에 온 나라가 기쁘게 의지하리니, 과인(寡人)은 장차 동쪽 나라 계림(鷄林)의 경내를 석가세존(釋迦世尊: 吉祥)의 집으로 만들리라."고 하였다.

처음 상주(尙州) 노악산(露岳山)²⁴⁷ 장백사(長栢寺)²⁴⁸에 석장(錫杖)을 멈추었다. 명의(名醫)의 문전에 병자가 많은 것처럼 찾아오는 이들이 구름 같았다. 방장(方丈)²⁴⁹은 비록 넓었으나, 물정(物情)이 자연 군색했으므로, 마침내 걸어서 강주(康州)²⁵⁰ 지리산에 이르

241 자기의 근본: 자기가 태어나서 자란 근원지. 곧 故國 신라를 지칭.
242 당나라 文宗의 연호(827~835).
243 예부터 우리 東方을 仁方이라 일컬은 데서 비롯된 말.
244 일반적으로 승려를 높여 일컫는 말로 쓰이나, 본래는 지혜와 덕망을 갖춘 佛弟子를 이르는 말이다.
245 黑衣를 입은 호걸: 중국 南朝의 齊武帝가 法獻·玄暢 두 법사를 천하의 僧主로 삼아 강북·강남의 일을 나누어 맡기자, 당시 사람들이 '黑衣二傑'이라고 일컬었다는 故事. 『佛祖通紀』 권36 참조.
246 누더기를 걸친 영웅: 진감선사를 지칭. '누더기'는 苦行하는 승려의 옷차림이다.
247 현재도 그대로 불려지고 있다.
248 지금의 경상북도 상주시 蓮院洞 511번지 일대에 있었던 절. 현존하지 않고 遺址만 밝혀졌다.
　※참고: 여러 註解에서는 지금의 南長寺라고 하였는데 이는 잘못이다. 남장사는 지금의 상주시 남장동 502번지에 따로 있다.
249 和尙·國師 등 高僧의 처소를 이름. 維摩居士의 거실이 一丈四方이었다는 데서 나온 말이다.
250 신라 때 九州의 하나. 신문왕 5년(685) 居陁州에서 분리, 菁州로 독립한 뒤 경덕왕 6년(747)에 康州로 개칭되었고, 晉州·河東 등 11개 고을을 통할했다.

렀다. 몇 마리의 호랑이가 으르렁거리며 앞에서 인도하였다. 위험한 곳을 피해 평탄한 길로 가게 함이 산을 오르는 신(神: 兪騎)과 다르지 않았으니, 따르는 사람들도 두려움 없이 마치 (집에서 기르는) 돼지나 개처럼 여겼다. 선무외(善無畏)²⁵¹ 삼장(三藏)²⁵²이 영산(靈山: 靈鷲山)에서 하안거(夏安居)²⁵³를 할 때, 길을 앞선 맹수(猛獸)를 따라 동굴에 깊이 들어가 모니(牟尼)의 입상(立像)을 본 것과 완연히 같은 사적이다. 저 축담유(竺曇猷)²⁵⁴가 자는 범의 머리를 두드려 송경(誦經) 소리를 듣게 한 것 역시 홀로 승사(僧史: 高僧傳)에서 미담이 될 수만은 없다. 이리하여 화개곡(花開谷)²⁵⁵의 고(故) 삼법(三法)²⁵⁶ 화상이 세운 절의 남은 터전 위에 당우(堂宇)를 꾸려 내니, 엄연히 조화로 이루어진 것 같았다.

---

251 당나라 때의 서역승(637~735). 中天竺 佛手王의 아들로서, 父王의 뒤를 이어 마가다국(摩竭陀國)의 임금이 되었으나, 형에게 讓位하고 출가하여 스님이 되었다. 중국에 포교하기 위해 玄宗 開元 4년(716)에 長安으로 와서 密敎의 전파에 노력했다. 入寂한 뒤 鴻臚寺卿에 추증되었다.
252 經·律·論에 통달한 高僧을 높여 일컫는 말.
253 여름 結制. 인도의 雨期에 해당하는 음력 4월 보름부터 석달 동안 외출하지 않고 한 곳에 모여 조용히 수도하는 행사. 雨安居 또는 夏籠이라고도 한다.
254 晉나라 때 康居國에서 온 高僧. 일명 法猷. 어려서부터 禪定을 익혔으며, 浙江의 石城山과 始豐의 赤城山 등의 石室에서 좌선하였다. 맹수나 독사들도 그를 해치지 않고 조용히 독경을 듣는 등 많은 神異가 전한다. 그에게 선정을 배우려는 사람들이 많이 모여들었으며, 王羲之도 그의 소문을 듣고 방문했다고 한다.
255 지금의 경상남도 河東郡 花開面 雲樹洞 쌍계사가 있는 곳. 겨울철 눈 속에서도 칡꽃[葛花]이 난만하게 핀다고 하여 이 이름이 붙여졌다고 한다.
256 신라 성덕왕 때의 승려(?~739). 속성은 金氏. 金官 帶浦村 사람으로 일찍이 출가하여 朗州(현 靈巖)의 雲寺 沙門으로 있었다. 문무왕 16년(676) 義相의 문하에 들어가 제자가 되었다. 이후 중국에서 六祖 慧能이 禪風을 일으키자 그를 몹시 사모하여 道를 묻고자 하였으나 뜻을 이루지 못했다. 혜능이 입적한 뒤, 성덕왕 20년(721) 5월 당나라에 들어가 신라출신 遊學僧 金大悲와 함께 그해 12월 六祖의 頂相을 절취하여 지리산 花開谷에 六祖頂相塔을 세우고 禪定에 침잠하였다. 제자로 仁慧과 義定 등이 있다. 「禪宗六祖慧能大師頂相東來緣起」 참조.

개성(開成)²⁵⁷ 3년(민애왕 1년, 838)에 이르러, 민애대왕(愍哀大王)²⁵⁸께서 갑자기 보위(寶位)에 올랐다. (부처의) 그윽한 자비에 깊이 의탁하고자 국서(璽書)를 내리고 치재(致齋)의 비용을 보내, 특별히 발원해 줄 것을 청하셨다. 선사가 말하기를 "부지런히 선정(善政)을 닦는 데 있을 뿐이니 발원하여 무엇하리요?"라고 하였다. 사자(使者)가 임금에게 복명(復命)하니, 임금께서 그 말을 듣고 부끄러워하면서도 깨달은 바가 있었다. 선사께서 색(色)과 공(空)을 둘 다 초월하고, 선정(禪定)과 지혜(智慧)를 모두 원융하였다는 이유로, 사자(使者)를 보내 '혜소(慧昭)'라는 호를 내리셨다. '소(昭)' 자는 성스러운 선조의 묘휘(廟諱)를 피하여 그렇게 바꾼 것이다.²⁵⁹ 그리고는 대황룡사(大皇龍寺)에 적(籍)을 편입시키고²⁶⁰ 서울로 나오도록 부르셨다. 사자(使者)의 왕래하는 것이 마치 길에서 말고삐가 섞갈리는 듯했으나,²⁶¹ 큰 산처럼 우뚝 서서 그 뜻을 바꾸지 않았다. 옛날

---

257 당나라 문종의 두 번째 연호(836~840).
258 신라 제44대 임금(재위: 838~839). 성은 金, 諱는 明. 侍中 利弘과 함께 僖康王을 자살케 하고 왕위에 올랐으나, 곧이어 金祐徵(뒤의 神武王)을 옹립하려는 金陽 일파에게 살해당하였다. 『삼국사기』와 『삼국유사』에는 '閔哀'로, 「敏哀大王石塔記」에는 '敏哀'로 되어 있다.
259 혜소의 본래 법휘는 慧明인데, 신문왕의 휘 政明, 민애왕의 휘 明을 피하여 '혜소'로 바꾸었다는 것이다.
260 대황룡사에 적을 편입시키고: 황룡사는 지금의 경주시 九黃洞에 있었던 巨刹이다. 진흥왕 14년(553)에 착공하여 선덕여왕 14년(645)에 완공하였으며, 신라 불교를 대표하는 최고, 최대의 사찰로 꼽힌다. 景文王 때 九層木塔의 중수와 함께 成典이 설치됨으로써 불교계의 중추적인 寺院으로 다시 부각되었는데, 당시 지방 사찰에 황룡사의 승려를 州統으로 삼아 파견한 예도 있었다(蔡尙植, 「신라 통일기의 成典寺院의 구조와 기능」, 『釜山史學』 제8집, 1984). 이는 「中初寺幢竿石柱記」와 「淸州蓮池寺鐘銘」 등에 보이는 바와 같이 황룡사가 國分寺의 성격을 띤 官寺의 기능을 가지고 불교 교단을 통제하였음을 시사한다(李泳鎬, 「新羅中代 王室寺院의 官寺的 機能」, 『한국사연구』 제43집, 1983). 無染和尙이 열었던 藍浦 聖住寺를 大興輪寺에 編錄하였던 사실도 이와 비슷한 예라 하겠다.
261 길에서 말고삐가 ~: 使者의 왕래가 매우 잦았음을 이름.

에 승주(僧稠)²⁶²라는 스님이 원위(元魏)²⁶³의 세 번에 걸친 부름을 거절하면서 말하기를 "산에 있으면서 도를 행하여 크게 통하는데 어긋나지 않고자 합니다"고 하였다. 그윽한 곳에 살면서 고매함을 기르는 것이, 시대는 달랐으나 지취(志趣)는 한 가지였던 것이다. 여러 해를 머무는 동안 법익(法益)을 청하는 사람들이 벼나 삼대처럼 들어서 열(列)을 이루니, 거의 송곳 꽂을 만한 땅도 없었다.

드디어 기묘한 절경을 두루 가리어 남령(南嶺)의 한 기슭을 얻었다. 앞이 확트여 시원하기가 으뜸이었다. 선사(禪寺)를 지음에, 뒤로는 저녁 노을이 끼는 봉우리에 의지하고, 앞으로는 구름이 비치는 간수(澗水)를 내려다보았다. 시야를 맑게 하는 것은 강 건너 먼 산이요, 귓부리를 시원하게 하는 것은 돌에서 솟구쳐 흐르는 여울물 소리였다. 더욱이 봄이 되면 시냇가에 온갖 꽃들이 피고, 여름이 되면 길가에 소나무가 그늘을 드리우며, 가을이 되면 두 산 사이의 오목한 구렁에 밝은 달이 떠오르고, 겨울이 되면 산마루에 흰 눈이 뒤덮여, 철마다 모습을 달리하고, 온갖 물상(物像)이 빛을 나누며, 여러 울림소리가 어울려 읊조리고, 수많은 바위들이 다투어 빼어났다. 일찍이 중국에 유학했던 사람이 찾아와 머물게 되면, 모두 깜짝 놀라 살펴보며 이르기를 "혜원선사(慧遠禪師)의 동림사(東林寺)²⁶⁴를

---

262 중국 남북조시대 北齊 文宣帝 때의 高僧(481~561). 일찍이 유학을 배우고 經史에 통달하여 太學博士가 되었으나, 불교의 경전을 읽고 28세 때 출가하여 禪定에 전념하였다. 道宣은 『續高僧傳』의 '習禪篇' 가운데 「僧稠傳」을 가장 많이 할애하였다. 이것으로도 그가 중국 禪定思想의 정립에 얼마나 중요한 위치를 차지하고 있는지 짐작할 수 있다. 그의 선정사상은 『열반경』「聖行品」에 나오는 四念處法을 所依로 하고 있다. 『續高僧傳』 권16, 「釋僧稠傳」 참조.
263 중국 남북조시대 北魏의 孝明帝(재위: 516~527)를 지칭.
264 중국 廬山의 동쪽 기슭에 자리한 절. 본래 慧遠이 여산 一隅에 龍泉精舍를 창건하였는데, 나중에 혜원과 同門인 慧永의 청으로 潯陽刺史 桓伊가 여산 동쪽 기슭에다 동림

바다 건너로 옮겨 왔도다! 연화장세계(蓮花藏世界)²⁶⁵야 범상(凡想)으로 비겨 볼 바 아니겠지만, 항아리 속에 별천지가 있다는 말인즉 믿을 만하다."²⁶⁶고 했다. 홈을 판 대나무를 가로질러 시냇물을 끌어다가 축대를 돌아가며 사방으로 물을 대고는, 비로소 '옥천(玉泉)' 두 글자로 절의 이름을 삼았다.

손꼽아 법통(法統)을 헤아려 보니, 선사는 곧 조계(曹溪)²⁶⁷의 현손제자(玄孫弟子)²⁶⁸였다. 이에 육조(六祖)의 영당(影堂)을 세우고²⁶⁹

사를 다시 세웠다. 絶景으로 유명하다. 『梁高僧傳』권6,「釋慧遠傳」에서는, 동림사의 주변 경관을 묘사하되, "혜원이 처음 정사를 지을 적에 여산의 아름다움을 모두 살렸다. 香爐峯을 뒷배경으로 하여 측면에는 물보라를 뿜어대는 폭포 계곡을 배치하였다. 이어 돌로 기초를 쌓고, 松林에 어울리게 造林을 하였는데, 맑은 샘물이 계단을 빙 둘러싸고 흐르며, 흰 구름이 방안에 가득하였다. 또 절 안에는 따로 禪林을 베풀었다. 우거진 樹林에는 안개가 자욱하고, 돌계단에는 이끼가 끼어, 바라보는 모든 것, 밟는 모든 것이 다 정신을 맑게 하고, 기분을 가라앉히는 것들뿐이었다"고 하였다.

265 연화장세계: 十蓮花藏世界海 또는 華藏世界·華藏界 등으로 표현된다. 毘盧遮那佛이 있는 功德無量·廣大莊嚴의 세계를 말한다. 이 세계는 큰 蓮花로 되어 있고, 그 가운데 一切國·一切物을 간직하고 있으므로 '연화장세계'라 한다.

266 항아리 속에 별천지가 ~: 李晬光의 『芝峯類說』권13, 文章部, 〈東詩〉에 의하면, 이수광 당시 구례군수 関大倫이 지리산에 駐錫하는 老僧으로부터 최치원의 詩帖으로 추정되는 책을 얻어서 이수광에게 보내 왔다. 그 필적이 정말 최치원의 것이어서 의심할 나위가 없었다고 한다. 그리고 그 시첩에 실려 있는 오언율시 16수 가운데 8수는 잃어버리고 8수만 소개한다고 하였다. 그 첫수에 "우리나라 花開洞은 항아리 속 別天地(東國花開洞, 壺中別有天)"라는 말이 나온다. 그 詩帖이 지리산 石窟 속에서 발견되었다는 점으로 미루어 보면, 최치원이 지리산 쌍계사에 은거할 당시에 지은 詩들인가 한다. 眞鑒碑와 이 詩에서 共히 쌍계사가 있는 지리산 花開谷을 '壺中別有天地'로 표현하고 있는 것은 단순한 문자치레가 아니라고 하겠다.

※참고: 위에서 말한 시 8수를 보면 최치원의 시임에 분명하다는 증거가 있다. 겉으로 보면 隱者의 脫俗한 詩들 같지만, 최치원의 독특한 필치와 깊은 사색 끝에 나온 철학적 표현도 접할 수 있다. 예를 들면 "至道離文字, 元來是目前"(제4수)이라든지, "無心見月色, 黙黙坐忘歸"(제6수), "密旨何勞舌, 江澄月影通"(제7수) 등은 표현과 사고가 『사산비명』에 보이는 문자들과 꼭 같다. 이런 까닭에 역주자는 위 시들을 최치원의 작품으로 인정하는 데 주저하지 않는다.

267 중국 禪宗의 第六祖 慧能을 가리키는 말. 본래 중국 廣東省 曲江縣 韶州의 동남쪽에 있는 시내 이름이다. 뒷날 당나라 때 六祖慧能이 이곳에 있던 寶林寺에서 禪風을 크게 선양했다고 하여 '曹溪'라는 별칭이 붙어지게 되었다.

268 ① 六祖慧能, ② 南嶽懷讓, ③ 馬祖道一, ④ 滄州神鑑, ⑤ 眞鑒慧昭 순이다.

흰 담을 채색으로 장식하여 중생을 인도하는데 널리 이바지하였다. 경(經)[270]에 이른바 '중생을 기쁘게 하기 위한 까닭에' 화려하게 여러 빛깔을 섞어 많은 상(像)을 그린 것이었다.

대중(大中)[271] 4년(문성왕 12년, 850) 정월 초아흐렛날 새벽[詰旦], 문인에게 말하기를 "모든 법이 다 공(空)이다. 나도 장차 가게 될 것이다. '한 마음'이 근본이니 너희들은 힘쓸지이다! 탑을 세워 형해(形骸)를 갈무리하거나 명(銘)을 지어 걸어온 발자취를 기록하지 말라!"고 하였다. 말을 마치고는 앉은 채로 세상을 떠났다. 보년(報年)[272]이 77세요 법랍(法臘)이 41년이었다. 이 때 실구름도 없더니 바람과 우레가 홀연히 일어나고, 호랑이와 이리가 슬피 울부짖더니 삼나무와 향나무도 시들하게 변하였다. 얼마 지나서는 검붉은 구름이 하늘을 가리우고, 공중에서 손가락 튕기는 소리[273]가 나서 장례에 모인 사람치고 듣지 못한 이가 없었다. 『양서(梁書)』[274]에 실리기를 "시중(侍中) 저상(褚翔)[275]이 일찍이 스님을 청하여, 앓고 계신 모

---

269 六祖의 影堂을 세우고: 南宗의 개창자 神會(혜능의 제자, 685~760) 이래의 六祖顯彰運動과 무관하지 않은 듯하다.
270 法華經을 이름. 李智冠은 "구체적으로 佛像造成經을 가리킨다"고 하였으나(『교감역주 역대고승비문-신라편』, 146쪽), 최치원이 인용한 것은 보다 대중적인 법화경이었을 것으로 생각된다.
271 당나라 宣宗의 연호(847~859).
272 佛家語. 과거의 業因에 대하여 그 보수로 받는 一期의 수명. 報命.
273 손가락 튕기는 소리: 인도의 습속으로 엄지와 中指를 튕겨 소리를 내는 것. 여러 경우에 하는데, 여기서는 하늘에 소원을 빌 때 하는 것이다. 즉 "공중에서 손가락 튀기는 소리가 들렸다"는 것은 褚翔 자신뿐만 아니라 外物까지도 모친의 쾌유를 빌었음을 의미한다.
274 중국 南朝 梁나라의 四代事蹟을 기록한 正史. 총 56권. 당나라 太宗 貞觀 3년(629)에 姚思廉과 魏徵이 勅命으로 편찬했다.
275 중국 梁나라 武帝 때의 문신. 자는 世擧. 湖南의 陽翟 사람. 벼슬이 시중에 이르렀으며, 효자로 이름이 높았다.

친을 위해 쾌유를 빌었을 때, 공중에서 손가락 튀기는 소리가 들렸다"고 했으니, 성신(聖神)의 감동과 명귀(冥鬼)의 감응을 어찌 꾸밈이라고 하겠는가. 무릇 도에 뜻을 둔 사람은 소식을 보내 서로 조상(弔喪)하고, 유정(有情)의 병통을 없애지 못한 사람[俗人]들은 슬픔을 머금고 울었으니, 하늘과 사람이 애끓게 슬퍼함을 단연코 알 수 있으리라. 영함(靈函: 棺)과 무덤길[幽隧]을 미리 갖추도록 하였던바, 제자 법량(法諒) 등이 울부짖으며 선사의 시신을 모시고는, 그 날로 동쪽 봉우리 꼭대기에 장사지냈다.[276] 유명(遺命)을 따른 것이었다.

선사의 성품은 질박함을 흩트리지 않았다.[277] 말은 기교를 부리지 않았다. 입는 것은 헌 솜이나 삼베도 따뜻하게 여겼고, 먹는 것은 겨나 보리 싸라기도 달게 여겼다. 상수리와 콩을 섞은 범벅에 나물자반도 둘이 아니었다. 존귀한 사람이 가끔 왔지만, 다른 반찬을 내놓은 적이 없었다. 문인이 뱃속을 더럽게 하는 것이라 하여 올리기를 어려워하면 "마음이 있어 여기에 왔을 것이니, 비록 거친 현미(玄米)인들 무엇이 해로우랴"고 말하였으며, 지위가 높은 사람이나 낮은 사람, 그리고 늙은이와 젊은이를 가릴 것 없이 대접함이 한결 같았다. 매양 왕인(王人: 使者)이 역말을 타고 와서, 멀리 (修法功德의) 법력을 기원하면 말하기를 "무릇 왕토(王土)[278]에 살면서 불일(佛日)[279]을 머리에 인 사람으로서, 누구인들 호념(護念)[280]에 마음을

---

276 장사지내니: 사리탑을 세우기 이전에 사리함을 임시로 매장하는 것을 가리키는 듯함.
277 성품은 ~: 찬자 최치원이 도가의 핵심을 '樸'(樸實自然)으로 본 것과 무관하지 않은 듯함.
278 임금의 私有地가 아니고, 단순히 '임금의 영토'라는 관념적인 의미. 『시경』, 小雅, 「北山」 "溥天之下, 莫非王土, 率土之濱, 莫非王臣"에서 나온 말.
279 모든 중생을 구제하는 부처의 광명을 해에 비유하여 일컫는 말.
280 항상 부처나 보살을 마음에 품고 선행을 닦으면, 모든 부처와 보살·諸天 등이 온갖

기울여 임금의 복을 위해 빌지 않겠습니까? 그런데 하필이면 멀리서 마른나무 썩은 둥걸과 같은 저에게 윤언(綸言)[281]을 욕되게 하시나이까? 왕인(王人)과 말이 허기질 때 먹지 못하고 목마를 때 마시지 못하는 것이, 아! 마음에 걸리나이다."고 하였다. 어쩌다 호향(胡香)[282]을 선물하는 이가 있으면, 질그릇에 잿불을 담아 환(丸)을 짓지 않은 채로 사르면서 말하기를 "나는 냄새가 어떠한지 분별하지 못한다. 마음만 경건히 할 따름이다"고 하였다. 다시 한다(漢茶)[283]를 진공(進供)하는 사람이 있으면, 땔나무로 돌 가마솥에 불을 지피고는 가루로 만들지 않고 끓이면서 "나는 맛이 어떤지 분별하지 못한다. 뱃속을 적실 뿐이다"고 말하였다. 참된 것을 지키고 속된 것을 싫어함이 모두 이러한 것들이었다.

평소 범패(梵唄)[284]를 잘하였는데, 그 목소리가 금옥 같았다. 측조(側調)[285]에 나를 것 같은 소리는 상쾌하면서도 슬프고 구성져서, 능히 천상계(天上界)의 모든 신불(神佛)로 하여금 크게 환희(歡喜)케 하였다. 길이 먼 곳까지 흘러 전함에, 배우려는 사람이 승당(僧堂)을

　魔障을 제거하고 보살펴 주며, 깊이 憶念하여 버리지 않는다는 것.
281　임금이 아랫사람에게 내리는 말.
282　외국에서 들어온 향.
　　※참고: 『삼국유사』 권3, '阿道基羅'조에 의하면, 향이 우리나라에 처음 들어 온 것은 신라 눌지왕(재위: 417~458) 때라고 한다. 당시 중국 梁나라에서 차를 보내왔는데 아무도 그 이름과 사용방법을 몰라 사람을 시켜 널리 묻게 했다고 한다.
283　중국에서 생산되는 차.
　　※참고: 『삼국사기』 권10, 홍덕왕 3년(828) 조에 의하면, 차(茶)가 우리나라에 처음 전래한 것은 신라 선덕여왕 때였는데, 그 뒤 홍덕왕 때 入唐廻使 大廉이 당나라에서 차씨를 가져다가 지리산에 심고 나서부터 성하게 되었다고 한다.
284　四法要의 하나. 法會를 시작할 때 맨 먼저 '如來妙色身'의 偈頌을 읊으며 부처님의 높고 큰 덕을 찬양하는 것이다. 우리나라에서는 眞鑑禪師에 의해 널리 보급된 것으로 알려져 있다.
285　옛 음악의 세 음조 가운데 하나. 清調·平調·側調를 三調라 한다.

가득 메웠는데, 가르치기를 게을리 하지 않았다. 오늘에 이르러, 우리나라에서 어산(魚山: 범패)의 묘한 곡조를 익히는 자가 코를 막고 가곡(歌曲)을 배우 듯286 다투어 옥천(玉泉: 진감선사)의 여향(餘響)을 본받으려 하니, 어찌 성문(聲聞)287을 가지고 중생을 제도하는 교화가 아니겠는가.

선사께서 열반에 드신 때가 문성대왕 시절이었다. 임금께서는 마음[僞襟]이 측연(惻然)하여 장차 청정(淸淨)한 시호를 내리려고 하였으나, 선사가 남긴 당부의 말을 듣고는 부끄러워하여 그만두었다. 삼기(三紀)288를 지난 뒤, 문인이 세상일의 변천이 심한 것을 염려하여, 불법(佛法)을 흠모하는 제자[在家弟子]에게 영원토록 썩지 않을 인연을 물었더니, 내공봉(內供奉)289이며 일길한(一吉干)290인 양진방(楊晉方)과 숭문대(崇文臺)291의 정순일(鄭詢一)이 굳게 마음을 합쳐 돌에 새길 것을 주청하였다. 헌강대왕께서 지극한 덕화를 넓히고 참된 종교[禪宗]를 흠앙하시어 '진감선사(眞鑑禪師)'라고 추시(追諡)하시고 탑이름을 '대공령탑(大空靈塔)'이라 하셨다. 그리고 전각(篆刻)을 허락하여 길이 명예를 전하도록 하시었다.

거룩하도다! 해가 양곡(暘谷)에서 솟아올라 그윽한 데까지 비추

---

286 코를 막고 歌曲을 배우 듯: 중국 東晋 때의 名臣인 謝安(자는 安石)이 '洛下書生詠'이라는 가곡을 잘 불렀다. 콧병이 있어 음성이 탁하였으나 당시의 士者들이 그 소리를 다투어 모방하느라고, 손으로 코를 쥐어 코막힌 소리를 냈다고 한다.
287 名聲. 五乘의 하나.
288 1紀가 12년이므로 36년이다.
289 신라 하대에 大內의 道場에 供奉하는 일을 담당했던 관직. 唐制를 본뜬 것이다.
290 신라 17관등 가운데 제7위인 一吉飡의 별칭.
291 신라 때 文翰機構의 하나. 관원으로 郎 2명, 史 4명, 從舍知 2명을 두었다. 뒤에 郎이 學士와 直學士로 개편되었다. 『삼국사기』 권39, 「職官(中)」 참조.

지 않음이 없고, 해안(海岸)에 향기를 심어[292] 오랠수록 향내가 가득하다. 어떤 이는 말하기를 "선사께서, 탑을 세우지 말고 명(銘)을 짓지 말라는 당부의 말씀을 내리셨거늘, 후대로 내려와 문인들에 이르러 능히 확고하게 스승의 뜻을 받들지 못했도다. 그들이 억지로 구했던가, 아니면 임금께서 자진해서 주셨던가. 바로 흰 구슬의 티가 되기에 족하다."고 한다.

슬프다! 그르게 여기는 자 또한 그르다. 명예를 가까이 하지 않았는데도 이름이 알려진 것은 대개 선정(禪定)으로 키운 법력의 여보(餘報)이다. 저 재[灰]처럼 사라지고 번개같이 끊어지기보다는, 할 만한 일을 할 수 있을 때 해서, (대사의) 명성이 대천세계(大千世界)에 떨치도록 하는 것이 낫지 않겠는가.

그러나, 귀부(龜趺)가 비석을 이[戴]기도 전에 헌강대왕께서 갑자기 승하(昇遐)하셨다. 금상(今上: 정강왕)께서 뒤를 이어 즉위하시니, 훈(塤)과 지(篪)가 서로 화답하듯 뜻이 부촉(付囑)에 잘 맞아, 좋은 것은 그대로 따르시었다. 이웃의 큰 산에 절이 있어 '옥천사(玉泉寺)'라고 불렀는데,[293] 이름이 서로 같아 여러 사람이 듣는 데 혼동을 초래하였다. 장차 같은 이름을 버리고 다르게 하려면, 마땅히 옛 이름을 버리고 새 이름을 지어야 했다. 그리하여 그 절 배후(背後)의 빙거(憑據)가 될 만한 것을 둘러보게 하니, 절의 문이 두 갈래 간수(澗水)가 마주하는 데 있다고 복명(復命)하였다. 이에 '쌍계(雙溪)'라는 이름을 내리셨다.

---

292 海岸에 향기를 심어 ~ : 신라에 불교가 들어와 날이 갈수록 발전하는 것을 이름.
293 康州 관할인 固城에 있었던 절 이름.

그리고 이 하신(下臣)에게 거듭 명을 내려 말씀하시기를 "선사께서 행적으로 이름이 드러났고, 너는 문장으로 벼슬길에 나섰으니, 마땅히 비명을 짓도록 하라!"고 했다. 치원이 두 손을 마주 대고 절하면서 "네! 네!"하고 대답하였다. 물러 나와 생각해 보건대, 지난 번 중국에서 이름을 얻었고, 장구(章句) 사이에서 살지고 기름진 맛을 보았으나, 아직 성인의 도[衢罇]에 흠뻑 취하지 못했다. (井底蛙처럼) 우물 안에 깊숙이 엎드려 있었던 것이 오직 부끄러울 뿐이다. 하물며 법(法)은 문자를 떠난지라 말을 부칠 데가 없음에랴? 굳이 혹 그것을 말한다면, 끌채를 북쪽으로 두면서 남쪽의 영(郢) 땅에 가려는 격[294]이 되리라. 다만, 임금의 외호(外護)[295]와 문인들의 대원(大願)으로, 문자가 아니면 여러 사람의 눈에 환하도록 할 수 없겠기에, 드디어 몸소 (한꺼번에) 두 가지 일[296]에 종사하고, 힘껏 (날다람쥐의) 다섯 가지 재주[五能][297]를 본받았다. 비록 (말 못하는) 돌이지만 혹여 무슨 말이라도 할는지, 부끄럽고 두렵기만 하다. 그러나 '도'란 억지로 이름 붙인 것이다. 어느 것은 옳고 어느 것은 그르겠는가.[298] 끝이 닳은 몽당붓이라 하며 필봉(筆鋒)을 드러내지 않는 일

---

294 끌채를 북쪽으로 두면서 ~: 이치에 어긋남을 뜻함. 여기서는 곧 不立文字·以心傳心·教外別傳 등을 강조하는 禪宗의 본지와 배치됨을 이름.
295 속인이 승려의 수행을 도와 佛法의 弘通에 힘이 되도록 援護하는 것. 이에 대해 부처님이 제정한 계법으로 身·口·意를 보호하는 것을 內護라고 한다.
296 두 가지 일: 비문 짓는 일과 글씨 쓰는 일. 撰銘幷書.
297 다섯 가지 재주: 날다람쥐에게는 五能과 五不能이 있는데, 날기는 하지만 지붕을 넘지는 못하고, 나무를 타기는 하지만 끝까지 오르지는 못하며, 헤엄을 치기는 하지만 시내를 건너지는 못하며, 구멍을 파기는 하지만 제 몸을 가릴 정도까지는 못하며, 달리기는 하지만 사람을 앞서지는 못한다고 한다. '五能'을 본받았다'고 함은 곧 禪師의 碑銘을 撰함에, 비록 서투를 망정 많은 재주를 펴 보이려고 했으나, 奧旨는 다 표현하지 못했다는 말이다.
298 어느 것은 옳고 ~: 언어·문자로 나타내서 절대적 진리의 본연으로부터 멀어진다면,

²⁹⁹을 어찌 신(臣)이 감히 할 것인가. 거듭 앞의 뜻을 말하고, 삼가 명(銘)을 조목 지어 대강 적는다.

입다물고 선정(禪定)을 닦아
불타에 귀심(歸心)하였네.
근기(根機)가 보살(승)에 익숙하여
그를 넓힘이 타의가 아니었네.
용맹스럽게 범의 굴³⁰⁰을 찾았고
멀리 험한 파도를 넘었으며³⁰¹
가서는 중국에서 비인(秘印)³⁰²을 전해 받고
돌아와서는 신라를 교화했네.

그윽한 곳을 찾고 경치 좋은 데를 가려
바위 비탈에 절을 지었네.
물에 비친 달을 보며 심회(心懷)를 맑게 하고
아름다운 경치[雲泉]에 흥을 기울였네.
산은 인간의 본성처럼 적연(寂然)하고
골짜기는 범음(梵音)과 응답하네.

문자를 떠난 法을 굳이 말하는 것이나, 뭐라고 이름할 수 없어 억지로 '道'라 이름 붙인 것이나 다를 게 무엇이 있겠느냐는 말. 즉 '도'라고 이름 붙인 것 자체가 진리 본연으로부터 멀어지는 것이라면, 문자를 떠난 法을 말하는 것만을 그르다고 할 수는 없다는 뜻이다.
299 끝이 닳은 몽당붓이라 ~: 文才가 없다는 핑계로 계속 사양하는 것을 이름.
300 고난의 상징. 곧 佛門을 비유한 말.
301 험한 파도를 ~: 渡唐遊學을 이르는 말.
302 禪宗의 가르침을 말함.

촉경(觸境: 몸에 닿는 대상)이 막힘 없었으니
교사(巧詐)한 마음을 삭힘이 이것으로 증험되도다.

도로써 다섯 조정303을 협찬(協贊)했고
위엄으로 많은 요사함을 꺾었도다.
말없이 자비의 그늘을 드리우며
분명하게 아름다운 부름304을 거절했네.
바닷물이야 저대로 흩어져 떠돌더라도
산이야 무엇 때문에 흔들리랴.
아무런 생각이나 걱정이 없었고
깎거나 새김도 없었다네.

음식은 노상 드시는 것뿐이었고
옷은 되는대로 입으셨네.
비바람에 그믐밤 같아도
처음과 끝이 한결같았네.
지혜의 가지[慧柯]305가 바야흐로 뻗어나려는데
법계(法界)의 기둥이 갑자기 무너지니
깊고 큰 골짜기306가 처량하고

---

303 홍덕왕·희강왕·민애왕·신무왕·문성왕을 지칭. 홍덕왕 5년(830)에 중국으로부터 귀국하여 문성왕 12년(850)에 입적하기까지 이 다섯 임금을 협찬하였다.
304 임금의 부름을 말함.
305 覺樹를 기하기 위한 慧柯를 가리킴. 곧 지혜의 작용을 말한다.
306 수도자들이 은거하는 곳을 말함.

연기처럼 뻗어 오르는 등라(藤蘿)³⁰⁷가 초췌하구나.

사람은 갔어도 도는 남았으니,
가신 님 끝내 잊지 못하리라.
상사(上士)³⁰⁸가 소원을 진달(陳達)하자
대왕께서 은혜를 베푸셨네.
법등(法燈)이 바다 건너로 전하여
불탑(佛塔)이 산 속에 솟았도다.
천의(天衣)가 스쳐 반석(盤石)이 다 닳도록
길이 송문(松門: 佛門)에 빛나리라.

광계(光啓) 3년(정강왕 2년, 887) 7월 일에 세움. 중 환영(奐榮)이 글자를 새기다.

---

307 연기처럼 뻗어나는 藤蘿: 향학열이 높은 후배들을 이름.
308 불교에서 말하는 보살. 여기서는 內供奉이며 一吉干인 楊晋方과 崇文臺의 鄭詢一을 가리킨다.

20

鳳巖山寺智證大師塔碑銘
봉암산사지증대사탑비명

그림 20. 봉암사 지증대사탑비(좌)와 탑본(우)

신라 하대 구산선문 가운데 희양산문(曦陽山門)의 개산조인 지증대사 도헌(道憲)의 일생 행적을 서술한 비다. 현재 경상북도 문경시 가은면 원북리 봉암사(鳳巖寺) 경내에 남아 있다. 국보 제31호다. 비문의 찬자는 고운 최치원, 서자(書者)는 석혜강(釋慧江)이다. 비문은 이른바 '사산비명(四山碑銘)'의 하나로 현재까지 거의 온전하게 전한다. 신라 불교사를 요약적으로 잘 정리한 것이 주목되며, 지증대사의 생애를 육시(六是)와 육이(六異)의 열 두 가지 조목으로 서술한 것도 이채롭다. 전반적으로 역사 서술적 성격이 짙다는 점이 특징이다. 제한된 형식과 내용 속에서도 찬자 최치원의 사가적(史家的) 면모를 엿보게 한다. 여기에 걸맞게 많은 인명·지명·관직명·제도·풍속 등이 풍부하게 실려 있다. 이밖에도 명문(銘文)에서 풍류도와 관련, '포함삼교설(包含三敎說)'을 부연하는 내용이 들어 있어, 「난랑비서(鸞郎碑序)」에서 증언한 풍류도의 실재가 단순한 문자치레가 아님을 알 수 있게 한다.

원문

大唐新羅國故鳳巖山寺教諡智證大師寂照之塔碑銘 幷序
入朝賀正兼迎奉皇花等使前守兵部侍郎充瑞書院學士賜紫金魚袋 臣崔致遠奉敎撰

叙曰:

五常分位, 配動方者曰仁心[1]; 三敎立名, 顯淨域者曰佛, 仁心卽佛, 佛目能仁則也. 道郁夷[2]柔順性源, 達迦衛[3]慈悲敎海; 寔猶石投水[4], 雨聚沙然[5]. 矧東諸侯之外守[6]者, 莫我大[7]; 而地靈旣好生爲本, 風俗亦交讓爲主, □□[8]太平之春, 隱隱上古之化. 加姓[9]

1 心: '配東方者曰仁'이 '顯淨域者曰佛'과 對偶를 이루므로, '心'은 衍字로 보아야 한다.
2 郁夷: 嵎夷(해 돋는 곳)와 같은 말. 곧 東方을 이름. 『史記』권1, 「五帝紀」"居郁夷."; 同集解 "尙書作嵎夷. 孔安國曰, 東表之地稱嵎夷."
3 迦衛: 석가의 탄생지인 迦毗(維)羅衛國의 약칭으로, 석가를 일컫기도 함.
4 石投水: 돌을 물에 던지면, 물이 돌을 다 받아들일 수 있는 것처럼, 거역할 수 없는 형세를 말함. 『文選』권53, 李蕭, 「運命論」"張良受黃石之符, 誦三略之說, 以遊於群雄. 其言也, 如以水投石, 莫之受也. 及其遭漢祖. 其言也, 如以石投水, 莫之逆也."
5 雨聚沙然: 빗물이 모래를 모으듯 함. 즉 힘들이지 않고 쉽게 이루어짐을 비유한 말. 『孔子家語』, 「六本」"非其人, 告之弗聽, 非其地, 樹之弗生. 得其人, 如聚砂而雨之, 非其人, 如會甕而鼓之."
6 外守: 外方을 다스림. 중국에 대한 事大의 표현으로서, 주위의 諸國이 당나라의 제후국이라는 말.
7 莫我大: 우리보다 더 큰(위대한) 것이 없다는 말. 『文選』권2, 張衡, 「西京賦」"掩四海而爲家, 富有之業, 莫我大也."
8 □□: 『海雲碑銘註』를 비롯한 모든 寫本에는 '熙熙'로 되어 있음. '熙熙'는 和樂한 모양. 『老子』제20장 "衆人熙熙, 如享太牢, 如春登臺."; 『漢書』권22, 「禮樂志」"衆庶熙熙, 施及夭胎, 群生嘽嘽, 惟春之祺."; 同注 "師古曰, 熙熙, 和樂貌也."
9 姓: 인도에서의 四種姓과 같은 것. 탑본에는 분명히 '姓'자로 되어 있다. 대부분의 寫本과 註解本에서는 '性'의 誤書인 것으로 보고 있으나 이는 잘못이다. '姓'은 백성으로도 볼 수 있지만, 다음 구절인 '遍頭居寐錦之尊'과 관련시킬 때, '四姓'으로 풀이해야 옳다. 이것은 『梁高僧傳』의 기록이 증명한다. 『梁高僧傳』권5, 「釋道安傳」"初魏晉沙門, 依師爲姓, 故姓各不同. 安以爲大師之本莫尊釋迦, 乃以釋命氏. 後獲增一阿含, 果稱四河入

參釋種[10], 遍頭[11]居寐錦[12]之尊; 語襲梵音, 彈舌足多羅之字. 是乃天彰西顧[13], 海引東流[14]; 宜君子之鄉也, 法王之道, 日日深又日深矣.

且自魯紀隕星[15], 漢徵佩日[16]; 像跡則百川含月, 法音則萬籟

海, 無復河名, 四姓爲沙門, 皆稱釋種."
10 釋種: 釋迦의 種族. 佛弟子를 가리킨다. 위의 註 및 崔致遠, 「海印寺善安住院壁記」 "四海釋種, 能均入海之名."(『崔文昌侯全集』, 79쪽) 참조.
11 遍頭(변두): 剃頭. 삭발한 머리.
12 寐錦: 신라 때 임금을 일컫는 말. 廣開土王碑・蔚珍鳳坪新羅碑 및 『日本書紀』, 神功紀, 前紀 등에도 보인다. 일본인 金石學者 가츠라기 스에지(葛城末治)는 『朝鮮金石攷』(京城: 大阪屋號書店, 1935), 266~267쪽에서 '尼師今(尼叱今)'과 동일이라는 주장을 하였고, 아유가이(鮎貝房之進) 역시 『新羅王號攷朝鮮國名攷』, 60~61쪽에서 가츠라기와 같은 주장을 하였다. 이밖에 麻立干의 다른 表記라는 설도 있다.
13 西顧: 서쪽 땅(西土)을 돌아 봄. 여기서 서쪽 땅은 중국을 가리킨다. 『시경』, 大雅, 「皇矣」 "乃眷西顧, 此維與宅."; 同集傳 "顧, 顧西土也."
 ※참고: 王巾의 「頭陀寺碑文」에서는 이 『書經』에 나오는 이 '西顧'와 관련하여, "乃睠中土, 聿來迦衛"라고 하였다. 『文選』, 권59 참조.
14 海引東流: 대부분의 註解本에서는 '海印'으로 고쳐, 動詞로 새겨야 할 것을 名詞로 만들고 말았다. '海印東流'라 하면 그와 對偶를 이루는 '天彰西顧'와 문장구조가 달라진다. '海引東流'란 말은 『莊子』 「徐無鬼」에 나오는 "海不辭東流, 大之至也"라고 한 데서 인용한 것으로 보인다.
15 魯紀隕星: 노나라에서 하늘로부터 별이 떨어지는 것을 보고 기록한 사실. 『春秋』 莊公 7年條 經文을 보면, "夏四月 辛卯日 밤에 恒星이 보이지 않았다(恒星不見). 밤중에 별이 비처럼 떨어졌다(夜中星隕如雨)"고 되어 있다(『左氏傳』에서는 "별이 비와 함께 떨어졌다"고 하였다). 이후에 나온 불교관계 서적들은 이 사실을 佛聖의 탄생을 알리는 前兆로 보고 있다.
 ※참고: 『魏書』 권114, 「釋老志」 "釋迦生時, 當周莊王九年. 春秋魯莊公七年夏四月, 恒星不見, 夜明, 是也."
16 漢徵佩日: 後漢의 明帝 永平 3년(A.D. 60)에 황제가 꿈속에서 목덜미에 둥근 해를 두른 金人을 본 故事. 명제는 꿈에서 깬 뒤 群臣에게 그 내용에 대하여 묻고, 蔡愔(채음) 등을 天竺國에 사신으로 보내 佛法을 구해 오도록 하였다 한다. 『後漢書』 권88, 西域傳, 〈天竺〉 "世傳明帝夢見金人, 長大, 頂(項?)有光明, 以問群臣. 或曰:「西方有神, 名曰佛, 其形長丈六尺, 而黃金色」帝於是遣使天竺, 問佛道法."; 『魏書』 권114, 「釋老志」 "後孝明帝, 夜夢金人, 項有日光, 飛行殿庭. 乃訪群臣, 傅毅始以佛對. 帝遣郎中蔡愔, 博士弟子秦景等, 使於天竺, 寫浮圖遺範. 愔仍與沙門攝摩騰・竺法蘭, 東還洛陽. 中國有沙門及跪拜之法, 自此始也."

號風, 或緝懿縑緗[17], 或綵華琬琰[18]. 故濫雒宅[19], 鏡秦宮之事跡[20], 昭昭焉, 如揭合璧[21]; 苟非三尺喙[22], 五色毫[23], 焉能措辭其間, 駕說于後?

就以國觀國[24], 考從鄉至鄉, 則風傳沙嶮[25]而來, 波及海隅[26]之始. 昔當東表[27]鼎跱之秋, 有百濟蘇塗[28]之儀, 若甘泉金

17 緝懿縑緗: 아름다운 사적들을 서적에 모음. '縑緗'은 淡黃色의 얇은 비단으로, 書册의 裝幀에 많이 사용된다. 轉하여 書籍을 뜻한다.
18 琬琰: 아름다운 옥돌의 한 가지. 轉하여 碑石을 뜻한다. 『書經』, 周書, 「顧命」 "赤刀大訓, 弘璧琬琰在西序。" 唐玄宗, 「孝經序」 "寫之琬琰, 庶有補於將來。"; 同疏 "寫之琬圭琰圭之上, 若簡策之爲, 或曰謂刊石也."
19 濫雒宅(낙락택): 周나라 昭王 때 洛陽의 江河와 우물물이 넘쳐흘렀던 故事. 『佛道論衡』 "周昭王二十四年甲寅四月八日, 江河張, 井水溢, 大地震動. 太史蘇由奏曰:「有大聖人, 生於西方」 昭王卽勑鐫石記之, 埋於南郊天祠前."
   ※참고: '雒'은 '洛'과 속자. 雒宅은 東周 및 後漢 등에서 도읍으로 삼았던 洛陽을 이른다. 漢나라가 火德(禮)으로써 천하를 다스렸으므로, '洛'자의 'ㆍ'변을 꺼려 雒字로 대용하였다.
20 鏡秦宮之事跡: 중국 진시황 때 西域의 沙門 室利防의 故事. 朱士行, 『經錄』 "秦始皇時, 有西域沙門室利防等十八人, 來化始皇. 始皇弗從乃囚之, 夜有丈六金身, 面如懸鏡, 破獄出之, 乃稽首謝焉."
21 合璧: 해와 달을 말함. 『莊子』, 「達生」 "昭昭乎若揭日月而行也。"; 『漢書』 권21(上), 「律曆志」 "日月如合璧, 五星如連珠."
22 三尺喙: 석 자나 되는 부리. 곧 言論에 썩 능함을 비유한 말. 『莊子』, 「徐無鬼」 "丘願有喙三尺."
23 五色毫: 江淹의 '五色筆' 故事. 文才 있는 사람을 이른다. 『南史』 권59, 「江淹傳」 "淹嘗宿於冶亭, 夢一丈夫, 自稱郭璞, 謂淹曰:「吾有筆, 在卿處多年, 可以見還」 淹乃探懷中, 得五色筆, 一以授之. 爾後爲詩, 絶無美句, 時人謂之才盡."
24 以國觀國: 한 나라의 경우에 비추어 다른 나라의 사정을 파악함. 『老子』, 제54장 "以身觀身, 以家觀家, 以鄉觀鄉, 以邦觀邦, 以天下觀天下."
25 沙嶮: 沙漠과 험준한 高原. 곧 流沙(고비사막)와 葱嶺(파미르고원)을 가리킨다.
26 海隅: 바다 건너 구석진 곳. 곧 신라를 가리킨다. 『書經』, 虞書, 「益稷」 "帝光天之下, 至于海隅蒼生."
27 東表: 東方의 저쪽. 곧 海東(신라)을 일컫는 말. 『서경』, 虞書, 「堯典」 "分命羲仲宅嵎夷。"; 蔡傳 "東表之地, 稱嵎夷."
28 蘇塗: 고대 三韓 사회에서 天祭를 지내던 장소, 또는 儀式. 『후한서』 권85, 「東夷傳」 "韓有三種, 諸國邑各以一人主祭天神, 號爲天君. 又立蘇塗, 建大木以縣鈴鼓事鬼神。"; 『삼국지』 권30, 魏書, 「東夷傳」 "其立蘇塗之義, 有似浮屠."

之祀²⁹. □□西□□³⁰□于□³¹, 如攝騰³²東入, 句驪³³阿度度
于我, 如康會³⁴南行. 時迺梁菩薩帝反同泰一春, 我法興王剗律
條³⁵八載也. 亦旣海岸植與樂之根³⁶, 日鄕耀增長之寶³⁷; 天融
善願, 地聳勝因. 爰有中貴³⁸捐軀, 上僊³⁹剔髮; 苾蒭⁴⁰西學, 羅
漢東遊, 因爾混沌能開, 娑婆⁴¹遍化; 莫不選山川勝槩, 窮土木
奇功. 藻宴坐之宮, 燭徐行⁴²之路; 信心泉涌, 慧力風揚. 果使漂

29 甘泉金之祀: 金之祀는 '金人之祀'의 잘못. 漢武帝가 甘泉宮에 金人을 奉安하고 焚香禮拜했던 일.『魏書』권114,「釋老志」"案漢武元狩中, 遣霍去病討匈奴, 至皐蘭, 過居延, 斬首大獲. …… 獲其金人, 帝以爲大神, 列於甘泉宮. 金人率長丈餘, 不祭祀, 但燒香禮拜而已. 此則佛道流通之漸也."

30 □□西□□: 字劃이 완전하지 못함.
※참고: 寫本에는 '厥後西晉曇始'라 하여 衍字가 1자 끼어 있다. 曇始 또한 西晉이 아닌 東晉 때의 승려이다. 曇始라는 인명이 틀림없다면 "□陝西曇始"라고 함이 옳다. '西'자가 놓인 자리를 보더라도 '陝西'라고 함이 자연스럽다. 담시는 陝西의 별칭인 關中 출신이다.

31 □于□: 대부분의 寫本에서는 '始之貊'으로 되어 있다.

32 攝騰: 중국 후한 때 서역에서 來化한 攝摩騰(迦葉摩騰)을 이름.

33 句驪: 高句麗를 낮추어 일컫는 말. 고구려와 적대 관계에 있었던 당나라에서 '高'자 대신 '下'자를 넣어 '下句驪'라 하였으며, 또 '麗'자 대신 驪자를 사용하여 '句驪'라 하기도 했다.

34 康會: 중국 三國時代 吳나라 때 康居國에서 來化한 康僧會를 이름.

35 剗律條: 법률을 마련함. '剗(단)'은 '制裁'의 뜻.

36 與樂之根: 즐거움을 주는 근원. 불교사상을 지칭하는 말. 중생에게 즐거움을 주는 것은 慈心이요[慈能與樂], 중생의 괴로움을 제거해 주는 것은 悲心이다[悲能拔苦].

37 增長之寶: 옆으로 커지고 위로 자라나는 보배. 곧 불교에 대한 신심을 비유한 말.

38 中貴: 內官 가운데 임금을 至密한 입장에서 모시는 寵貴한 사람. 여기서는 異次頓을 지칭.『史記』권108,「李將軍傳」"匈奴大入上郡, 天子使中貴人從廣, 勒習兵, 擊匈奴."; 同注 "漢書音義曰, 內官之幸貴者."

39 上僊: 帝鄕에 있는 神仙. 여기서는 임금을 지칭한다.『莊子』,「天地」"去而上僊, 乘彼白雲, 至於帝鄕."

40 苾蒭: 범어 'Bhiksu'의 音譯. 比丘를 말한다. 본래 서역의 풀이름이다. 柔軟하여 바람이 부는대로 나부끼므로, 출가하여 아무 일에도 구애받지 않는 比丘를 비유하여 일컫는다.『尊勝陀羅尼經』"苾蒭生不背日, 冬夏常靑, 體性柔軟, 香氣遠騰, 引蔓傍布. 故比丘曰苾蒭."

41 娑婆: 娑婆世界. 범어 'Sabah'의 音譯으로 釋尊이 교화하는 境土를 말한다. 곧 고생이 많은 세계라는 뜻으로, 인간세계를 두루 일컫는 말이다.

42 徐行: 여러 註解本에서는 '修行'의 잘못이라고 하였으나, 탑본대로 보는 것이 옳을 것

杵⁴³蠲灾, 鍵櫜騰慶⁴⁴; 昔之戞爾三國, 今也壯哉一家. 雁刹⁴⁵雲排, 將無隙地; 鯨枹⁴⁶雷振, 不遠諸天, 漸染⁴⁷有餘, 幽求無斁.

其教之興也, 毘婆娑⁴⁸先至, 則四郡駈四諦之輪; 摩訶衍⁴⁹後來, 則一國耀一乘之鏡. 然能□龍雲躍⁵⁰, 律虎風騰⁵¹; 洎學

같다. '徐行'이란 부처님의 말씀을 따라 항상 安詳하고 조심스럽게 살아가는 생활 태도를 말한다(李智冠, 『역대 고승비문』(신라편), 300쪽).

43 漂杵: '血流漂杵'의 故事. 격렬한 전쟁으로 죽은 사람의 피가 강물에 넘쳐흘러 방패[杵]가 떴다는 故事이니, 여기서는 신라가 고구려·백제와 전쟁을 벌여 크게 무찌름을 암시한 것이다. 『서경』, 虞書, 「武成」 "罔有敵于我師, 前徒倒戈攻于後以北, 血流漂杵, 一戎衣天下大定."

44 鍵櫜騰慶: 무기를 거두고 福을 들어 올렸다는 말. 鍵櫜(건고)는 화살을 넣는 통과 활집 (鍵은 鞬의 잘못).

45 雁刹: 塔의 雅稱. '雁塔'의 故事에서 나온 말. 옛날에 어떤 比丘가 공중을 나는 두 마리의 기러기를 보고는 마음속으로 "만약 이 기러기를 잡아 먹으면 배를 실컷 채우겠다" 고 생각하자, 홀연히 한 기러기가 땅에 떨어져 저절로 죽었다. 이 사연을 들은 사람들이 "이는 기러기가 不殺生의 戒를 내린 것이니 그 덕을 表彰하여야 할 것이다"고 하자, 이에 그 기러기를 묻고 그 위에 탑을 세웠다고 한다. 『大唐西域記』, 권9, "昔有比邱見雙雁飛翔, 思曰: 若得此雁, 可充飮食. 忽有一雁, 投下自隕. 衆曰: 此雁垂戒, 宜旌彼德. 於是瘞雁建塔."

46 鯨枹(경부): 고래를 그린 큰 북채. 海邊에 蒲牢라는 짐승이 있다. 이 짐승은 평소 고래를 두려워하여, 고래가 포뇌를 치면 문득 큰 소리를 낸다고 한다. 梵鐘이나 쇠북을 만들 때 그 상부에는 포뇌를, 종채나 북채에는 고래를 새기거나 그리는 것은 그런 이유에서다. 『文選』권3, 張衡, 「東京賦」"發鯨魚, 鏗華鍾."; 同註 "海邊有獸, 名蒲牢. 蒲牢素畏鯨. 鯨魚擊蒲牢, 輒大鳴, 故鑄鐘者, 像蒲牢於上, 所以撞之者爲鯨, 故曰鯨枹."

47 漸染: 점차 敎化되거나 感化되는 것을 비유한 말. 『後漢書』권28(下), 「馮衍傳」"知漸染之易性兮, 怨造作之弗思."

48 毘婆娑: 說一切有部의 所依經典인 阿毘達磨大毘婆娑論의 준말. 인도의 世親이 『毘婆娑論』을 토대로 『俱舍論』을 지었다. 여기서는 이 『俱舍論』을 포함한 小乘敎 전반을 가리키는 듯하다.

49 摩訶衍(마하연): 범어 'Mahayana'의 音譯으로 大乘敎를 이름. 摩訶는 '大', 衍은 '乘'으로 번역된다.

50 □龍雲躍: 대부분의 寫本에는 '義龍雲躍'으로 되어 있다. 뒤의 '律虎風騰'과 對句임을 생각할 때 적절하다고 본다. 義龍은 經義에 밝은 사람을 용에 비유한 것으로, 중국 불교사에서 '義龍'에 비유된 승려가 많았다. 그 가운데 『大唐西域求法高僧傳』과 『南海寄歸內法傳』의 撰者인 義淨(635~715)이 유명하였다. 義淨은 당나라 때의 學僧으로 속성은 張氏이며 字는 文明이다. 譯經에 전념하여 많은 경전을 번역하였다. 『宋高僧傳』권1, 「義淨傳」참조.

51 律虎風騰: 戒律學에 통달함을 범이 바람처럼 오르는 것에 비유한 말.

海之波濤, 蔚戒林之柯葉; 道咸融乎無外[52], 情或涉乎有中[53]; 抑
止水停漪[54], 高山佩旭[55]者, 蓋有之矣, 世未之知. 洎長慶初, 有僧
道義; 西泛睹西堂之奧, 智光侔智藏而還, 智[56]始語玄契[57]者. 縛
猿心[58]護奔北[59]之短, 矜鷃翼誚圖南之高[60]. 旣醉於誦言[61], 競
嗤爲魔語. 是用韜光廡下[62], 斂迹壺中[63]; 罷思東海東, 終遁北山
□[64]; 豈大易之無悶[65], 中庸之不悔[66]者邪? 華秀冬嶺, 芳定林;

52 道咸融乎無外: 修道하는 사람들 모두가 끝이 없는 데까지 融會했다는 말. 여기서 '道'는 '道俗'이라 할 때의 道人(출가한 승려)을 가리키며, 뒤의 '情(情人)'과 對比된다.
53 情或涉乎有中: 世俗의 有情人 중에 간혹 (眞道에) 的中함이 있는 데까지 涉歷한 사람이 있었다는 말. 여기서 '情'은 有情한 마음의 병이 있는 사람을 가리키니, 곧 俗人을 말한다.
54 停漪(정의): 잔물결[細波]을 잠재움.
55 高山佩旭: 높은 산이 떠오르는 아침해[旭日]를 맨 먼저 둘러찼다는[繞佩] 말. 여기서 '旭日'은 불타의 正法眼藏에 비유되었다.
56 智: 衍字인 듯함. '智者'의 줄임말로 보기도 한다(淨光, 『智證大師碑銘小考』, 경서원, 1992, 169쪽).
57 玄契: 玄妙한 契合. 곧 '見性成佛'의 禪理를 이른다.
58 猿心: 조급하고 安定되지 못한 마음의 비유.
59 奔北(분북): 남쪽이 목적지임에도 북쪽으로 달린다는 뜻. '北轅適郢(北轅適楚·北轅適越)'과 같은 말이며, '犇北(분패)'와는 다른 의미다.
60 圖南之高: 南海를 횡단하려는 大鵬의 높은 뜻. 『莊子』,「齊物論」"有鳥焉, 其名爲鵬. …… 絶雲氣, 負靑天, 然後圖南, 且適南冥之間. 斥鷃笑之曰:「彼且奚適也. 我騰躍而上, 不過數仞而下, 翺翔蓬蒿之間, 此亦飛之至也. 而彼且奚適也」此小大之辯也."
61 誦言: 외우는 말. 『시경』, 大雅,「桑柔」"聽言則對, 誦言如醉."
62 韜光廡下: 지붕 아래 빛을 감춤. 학식이나 재능을 숨기고 남에게 나타내지 않음을 비유한 말.
63 壺中: 깊고 그윽한 곳을 이름. 壺中別有天地의 고사에서 나온 말. 『後漢書』권82下,「費長房傳」"費長房者, 汝南人也. 曾爲市掾, 市中有老翁賣藥, 懸一壺於肆頭, 及市罷, 輒跳入壺中. 市人莫之見, 唯長房於樓上覩之, 異焉, 因往再拜 奉酒脯. 翁知長房之意其神也, 謂之曰:「子明日可更來」長房旦日復詣翁. 翁乃與俱入壺中, 唯見玉堂嚴麗, 旨酒甘肴, 盈衍其中, 共飮畢而出."
64 北山□: 前句인 '東海東'과 對偶를 이루기 위해서는 '北山北'이 옳다. 北山北과 南山南은 隱遁處의 대명사다. 『後漢書』권83,「法眞傳」"眞曰, …… 以明府見待有禮, 故敢自同賓末. 若欲吏之, 眞將在北山之北, 南山之南矣."
65 無悶: 세상을 피해 살아도 근심이 없다(遯世無悶)는 말. 『周易』에서 乾卦를 비롯한 여러 곳에 보인다.
66 不悔: 세상에서 알아주지 않더라도 후회함이 없다는 말. 『中庸』, 제11장 "君子依乎中庸,

螘慕67)者彌山, 鴈化68)者出谷, 道不可廢, 時然行69).

及興德大王纂戎70), 宣康太子監撫71), 去邪毉國, 樂善肥家. 有洪陟大師, 亦西堂證心, 來南岳休足. 驚冕72)陳順風之請73), 龍樓74)慶開霧75)之期. 顯示密傳, 朝凡暮聖76); 變非蔚也, 興且勃焉77).

試覯較其宗趣, 則修乎修沒修, 證乎證沒證. 其靜也山立,

遯世不見知而不悔, 唯聖者能之."
67 螘慕: 개미가 누린내 膻나는 고기를 따라 모이는 것. 『莊子』, 「徐無鬼」 "羊肉不慕蟻, 蟻慕羊肉, 羊肉膻也. 舜有膻行, 百姓悅之."
68 鴈化: 鷹化爲鳩(『禮記』, 「月令」)를 지칭. 즉 사납던 것이 유순하게 변한다는 말이다. '鴈'은 '鷹'의 誤書.
69 時然行: '時然後行'의 잘못.
70 纂戎: 大權을 이어받음. 왕위의 계승을 이른다. 『爾雅』, 「釋詁」 "戎, 大也."
71 監撫: 監國撫軍의 준말.
72 鷩冕(별면): 옛날에 天子가 先公에게 제사를 지내거나 饗射를 베풀 때 입던 冕服. 여기서는 임금을 일컫는다. 『周禮』, 春官, 「司服」 "享先王則袞服, 享先公饗射則鷩冕."; 同注 "鷩, 禪衣也. 畫以雉, 謂華蟲也. 其衣三章, 裳四章, 凡七也."
73 順風之請: '順風'은 黃帝가 崆峒山에 있는 廣成子를 찾아가 至道를 물었다는 '順下風'의 故事에서 나온 말. 大朗慧和尙碑에 보이는 "繼體得崆峒之請"句를 참조할 것. 『莊子』, 「在宥」 "黃帝立爲天子十九年, 令行天下. 聞廣成子在於空同(崆峒)之上, 故往見之. 曰: 「我聞吾子, 達於至道, 敢問至道之精. 吾欲取天下之精, 以佐五穀, 以養民人」…… 黃帝退捐天下, 築特室, 席白茅, 閒居三月. 復往邀之. 廣成子南首而臥. 黃帝順下風, 膝行而進, 再拜稽首而問曰: 「聞吾子達於至道, 敢問治身奈何而可以長久?」"; 『文選』권36, 王融, 「永明九年策秀才文」 "崆峒有順風之請."
74 龍樓: 중국 漢나라 때의 太子宮을 이름. 轉하여 太子를 일컫는 말로도 쓰인다. 『漢書』권10, 「成帝紀」 "帝爲太子, 初居桂宮, 上嘗急召, 太子出龍樓門."; 同注 "張晏曰, 門樓上有銅龍, 故曰龍樓."
75 開霧: 雲霧가 걷혀야 出山하는 玄豹의 '豹隱' 故事. 곧 南岳에 은거하고 있는 洪陟의 出山을 비유한 말. 『列仙傳』권2, 「陶答子妻」 "妾聞南山有玄豹, 霧雨七日, 而不下食者, 何也? 欲以澤其貌, 而成文章."
76 朝凡暮聖: 아침에 凡夫이던 사람이 저녁에 聖者가 되었다는 말. 최치원, 「新羅壽昌郡護國城八角燈樓記」 "頓悟而朝凡暮聖, 漸修而小往大來."(『최문창후전집』, 85쪽)
77 興且勃焉: 일어남이 성함. 『춘추좌씨전』, 莊公 11년 "臧文仲曰, 宋其興乎! 禹湯罪己, 其興也勃焉, 桀紂罪人, 其亡也忽焉."

其動也谷應; 無爲之益[78], 不爭而勝. 於是乎, 東人方寸地[79]虛矣; 能以靜利[80]利海外, 不言其所利, 大矣哉!

爾後觴騫河[81], 筌融道[82], 無念爾祖[83], 寔繁有徒[84]. 或劍化延津[85], 或珠還合浦[86], 爲巨擘者, 可屈指焉. 西化[87]則靜衆無相, 常山慧覺; 禪譜益州金, 鎭州金者是. 東歸則前所叙北山義,

---

78　無爲之益: 無爲法이 가져다주는 이익. 『老子』, 제43장 "無爲之益, 天下希及之."
79　方寸地: 마음의 본바탕(心地).
80　靜利: 靜은 禪宗을 가리키는 것이니, 곧 선종이 주는 이익을 말한다.
81　觴騫河(상건하): 중국 晉나라 때의 고승 杯渡(度)和尙이 평소 神力이 탁월하여 나무잔[木杯]을 타고 물을 건넜다는 故事. 여기서는 신라의 승려들이 나뭇잎 배를 타고 중국에 유학했던 사실에 비유되었다. 『梁高僧傳』 권10, 「杯渡傳」"杯渡者, 不知姓名, 常乘木杯渡水, 因而爲目."
82　筌融道: 나타낸 바의 방편(筌)이 목적(妙道)에 융합했다는 말. '筌'은 물고기를 잡는 도구다. 여기서는 道(佛道)를 체득하기 위한 방편(수단)에 비유되었다. 『莊子』, 「外物」 "筌者, 所以在魚."
83　無念爾祖: '네 조상을 생각하지 않으랴'고 하는 말. 『시경』, 大雅, 「文王」"無念爾祖, 聿修厥德."
84　寔繁有徒: 무리가 많음을 이름. 『書經』, 商書, 「仲虺之誥」"簡賢附勢, 寔繁有徒."
85　劍化延津: 西晉 惠帝 때 雷煥과 張華가 두 개의 靈劍을 각기 하나씩 나누어 가지고 있었다. 張華가 伏誅된 뒤 그가 가지고 있던 劍 하나가 所在不明이 되었고, 이후 뇌환이 죽은 뒤 그의 아들이 다른 하나의 劍을 차고 延平津에 이르렀을 때 劍이 스스로 물 속으로 들어가 돌아오지 않았다고 한다. 여기서는 중국에 遊學한 스님들이 得道한 뒤 돌아오지 않은 것에 비유되었다. 『晉書』 권36, 「張華傳」"雷煥이 豊城得雙劍, 送一與華, 留一自佩, 曰: 「靈異之物, 終當化去, 不永爲人服也」 華誅, 失劍所在. 煥卒, 子持劍行經延平津, 劍忽于腰間躍出墮水, 使人沒水取之, 不見劍. 但見兩龍各長數丈."
86　珠還合浦: 중국 後漢 때 合浦太守로 淸名을 떨쳤던 孟嘗의 故事. 어느 욕심이 많은 합포태수가 귀중한 보물을 많이 착복한 탓으로 합포 領內의 海中寶珠가 모두 이웃 고을인 交阯郡으로 옮겨가버렸다. 이후 후임태수로 孟嘗이 부임하여 청렴하게 政事를 펴자, 교지군으로 옮겨갔던 海中寶珠가 다시 합포 해중으로 되돌아왔다고 한다. 이 故事는 후일 지방관의 理政이 淸明함을 칭송하는 데 곧잘 인용되었다. 여기서는 入唐하여 得道한 뒤 귀국했다는 의미로 사용되었다. 『後漢書』 권76, 「孟嘗傳」 "嘗遷合浦太守, 郡不産穀實, 而海出寶珠. …… 先時宰守, 並多貪穢, 詭人採求, 不知紀極. 珠遂漸徙于交阯郡界. …… 嘗到官, 革易前敝, 求民病利, 曾未踰歲, 去珠復還."
87　西化: 중국에서 세상을 떠남(遷化).

南岳陟, 而降太安徹⁸⁸國師, 慧目育⁸⁹, 智力聞⁹⁰; 雙溪照⁹¹, 新興彥⁹², 涌□體⁹³, 珍□休⁹⁴, 雙峯雲⁹⁵, 孤山日⁹⁶, 兩朝國師聖住染, 菩提宗⁹⁷. 德之厚爲父衆生, 道之尊爲師王者, 古所謂「逃名名我隨, 避聲聲我追」⁹⁸者. 故皆化被恒沙, 蹟傳豊石⁹⁹. 有令兄弟, 宜爾子孫; 俾定林標秀於雞林, 慧水安流於鰈水¹⁰⁰矣. 別有不戶不牖而見大道¹⁰¹, 不山不海而得上寶¹⁰²; 恬然息意, 澹乎忘味. 彼

88　太安徹: 谷城 太(泰)安寺의 惠哲(慧徹)國師를 이름. 桐裏山派의 開祖.
89　慧目育: 慧目山 高達寺의 玄昱(787~868)을 이름. 鳳林山派의 開祖로서 玄育이라고도 한다(金包光, 『朝鮮佛敎史』, 民俗苑 영인, 43쪽).
90　智力聞: 智力으로 알려짐. 종래 대부분의 寫本에서는 '智力寺의 □聞 스님(未詳)'이라고 註解하였으나, 잘못이라고 본다. 이 '智力聞'은 뒤에 오는 '菩提宗'(菩提의 宗師라는 뜻)과 對가 된다.
91　雙溪照: 雙溪寺의 眞鑑禪師 慧昭(774~850)를 이름.
92　新興彥: 미상. 『景德傳燈錄』 권9에서 大梅山 法常(馬祖의 門人)의 法嗣로 들고 있는 신라인 忠彥으로 추정된다. '新興'은 寺名.
93　涌□體: 미상. 『景德傳燈錄』 권9에서 章敬懷暉(馬祖의 門人)의 法嗣 가운데 신라인으로 玄昱과 覺體를 들고 있는데, 바로 그 覺體인 듯하다. '涌□'은 寺名으로, 대부분의 註解本에서는 涌巖寺라 하였다.
94　珍□休: 註解本에서는 珍丘寺의 覺休라 하였다.
95　雙峯雲: 雙峯寺(和順)의 道允(798~868)을 이름. 師子山派의 開祖로 道雲 또는 道均이라고도 한다(金包光, 『朝鮮佛敎史』, 40쪽).
96　孤山日: 崛山寺의 梵日(810~889)을 이름. 闍崛山派의 開祖로 品日이라고도 한다.
97　菩提宗: 菩提의 宗師.
98　逃名名我隨 ~: 세상의 명예를 구하지 않음. 『後漢書』 권83, 「法眞傳」에 나오는 말.
99　豊石: 大德의 浮圖와 碑를 이름.
100　鰈水: 鰈海之水의 준말. 鰈海 또는 鰈域이란 우리나라의 별칭이니, 대개 동해에서 가자미(比目魚)가 많이 산출되므로 그렇게 이른다. 일설에는 우리나라의 지형이 가자미처럼 생겼기 때문에 이르는 말이라고도 한다. 『爾雅』, 「釋地」 "東方有比目魚焉, 不比不行, 其名謂之鰈."
101　不戶不牖而見大道: 지게문을 나가거나 들창으로 내다보지 않고도 大道를 본다는 말. 곧 중국에 遊學하지 않고도 禪法을 깨쳤다는 뜻이다. 『老子』, 제47장 "不出戶知天下, 不窺牖見天道."
102　不山不海而得上寶: 산을 오르거나 바다에 들어가지 않고도 으뜸가는 보배를 얻었다는 말. '不戶不牖而見大道'와 같은 의미로 쓰였다. 『三國志』 권11, 「邴原傳, 注」 "原別傳曰, …… 人各有志, 所規不同. 故乃有登山而採玉者, 有入海而採珠者, 豈可謂登山者不知海之深, 入海者不知山之高哉."

岸也不行而至, 此土也不嚴而治[103]; 七賢[104]孰取譬? 十住難定位者, 賢鷄山智證大師其人也.

　始大成也, 發蒙于梵體大德, 禀具[105]于瓊儀律師. 終上達也, 探玄于慧隱嚴君, 乎[106]黙[107]于楊孚令子. 法胤, 唐四祖爲五世父, 東漸于海. 遡游數之, 雙峯子法朗, 孫愼行, 曾孫遵範, 玄孫慧隱, 來孫大師也. 朗大師從大毉[108]之大證, 按杜中書正倫纂銘, 叙云: 『遠方奇士, 異域高人, 無憚險途, 來至珍所』, 則掬寶歸止, 非師而誰? 第知者不言[109], 復藏于密; 能撑秘藏, 唯行大師. 然時不利兮, 道未亨也. 乃浮于海, 聞于天[110]; 肅宗皇帝寵貽天什[111], 曰:『龍兒渡海不憑筏, 鳳子冲虛無認月!』師以山鳥海龍二句爲對, 有深旨哉. 東還三傳至大師, 畢萬之後[112]斯諴矣.

　其世緣則王都人金姓子, 號道憲, 字智詵. 父贊瓌, 母伊氏. 長慶甲辰歲現乎世, 中和壬寅曆歸乎寂[113]; 恣坐[114]也四十三

103　不嚴而治: 엄하게 하지 않고도 잘 다스려짐.『孝經』,「聖治章」"聖人之敎, 不嚴而治."
104　七賢: 小乘에서 見道 이전의 賢位를 말한다. 見道 이후는 聖位라 한다.
105　禀具: 具足戒를 받음.
106　乎: '授'자의 誤書인 듯함.
107　黙: 靜默之道. 곧 禪法을 말한다. 黙照禪을 가리키는 것이라 보는 견해도 있다.
108　大毉: 唐四祖 道信(580~651)의 시호.
109　知者不言:『老子』제56장에 나오는 말. "知者不言, 言者不知."
110　聞于天: 天子에게 알려짐.『爾雅』,「釋詁」"天, 君也."
111　天什: 황제의 詩文을 이르는 말.
112　畢萬之後: 춘추시대 卜偃이 "畢萬의 후대에는 반드시 크게 될 것이다"고 예언한대로 魏의 宗業이 興旺케 된 것처럼, 지증대사에 이르러 선풍이 크게 昴揚되었다는 말.『춘추좌씨전』, 閔公元年 "卜偃曰: 畢萬之後必大, 萬盈數也, 魏大名也. 以是始賞, 天啓之矣."
113　歸乎寂: 眞寂한 本元으로 돌아감. 곧 승려의 죽음을 이른다. 歸元. 歸眞.
114　恣坐: 夏安居의 마지막 날에 행하는 '自恣'를 말함이니, 곧 夏臘(夏安居를 지낸 햇수대로 나이를 세는 것)을 말한다.

夏, 歸全[115]也五十九年. 其具體則身仞[116]餘, 面尺所[117]; 儀狀魁岸[118], 語言雄亮, 眞所謂威而不猛[119]者. 始孕洎滅, 奇蹤秘說, 神出鬼沒, 筆不可紀. 今撮探其感應聳人耳者六異, 操履驚人心者六是, 而分表之.

初母夢一巨人告曰: 『僕昔勝見佛[120]季世爲桑門[121], 以瞋恚[122]故, 久墮龍報[123], 報旣旣[124]矣, 當爲法孫. 故侂[125]妙緣, 願弘慈化』因有娠幾四百日, 灌佛之旦誕焉. 事驗蟒亭[126], 夢符像

---

115 歸全: 몸을 온전히 하여 삶을 마침. 『禮記』, 「祭義」 "父母全而生之, 子全而歸之, 可謂孝矣."
116 仞: 八尺. 七尺이라는 설도 있음.
117 所: ~쯤. ~가량.
118 魁岸: 체격이 장대하고 빼어남. 『漢書』 권45, 「江充傳」 "充爲人魁岸, 容貌甚壯."; 同注 "師古曰, 魁, 大也. 岸者, 有廉棱如崖岸之形."
119 威而不猛: 위엄이 있으면서도 사납지 않음. 『論語』, 「述而」 "子溫而厲, 威而不猛, 恭而安."
120 勝見佛: 過去七佛의 첫째인 '毘婆尸佛'을 이름.
121 桑門: 佛門 또는 승려를 이르는 말. 『文選』 권2, 張衡, 「西京賦」 "一顧傾城, 展季桑門."; 同注 "治心修靜, 行乞以自給, 謂之沙門. 或曰桑門, 總謂之僧."
122 瞋恚(진에): 노여움. 분노. 불교에서 말하는 貪·瞋·癡(三毒)의 하나로 자기 의사가 어그러진 데 대하여 성을 내는 것. '瞋'과 '瞋'은 통용된다. 『梁高僧傳』 권1, 「安淸傳」 "神告曰, …… 以瞋恚故, 墮此神報, ……"
123 龍報: 용이 되는 業報.
124 旣: 다함. 『廣雅』, 「釋詁(一)」 "旣, 盡也."
125 侂(탁): 부탁하다. '託'과 통용됨.
126 蟒亭(망정): 중국 후한 때의 고승인 安淸(자는 世高)의 發願으로 業報를 모두 마친 이무기가 소년으로 復生했다는 故事. 安淸이 어느 날 廬山의 䢷亭湖廟에 이르렀다. 이 사당은 옛날부터 靈驗이 있어 많은 사람이 이곳을 지날 때면 기도를 드리곤 했었다. 그런데 갑자기 廟神이 나타나 安淸에게 말하기를, "나는 옛날에 그대와 함께 出家하여 열심히 道를 배우고 布施를 좋아하였으나, 성瞋恚를 잘 내었으므로, 이무기의 몸을 받아 이 廟의 神이 되었습니다. 내가 죽게 되면 아마도 지옥에 떨어질 것입니다. 나에게 상당한 재물이 있으니, 그것으로 佛法을 일으키고 탑을 세워 내가 좋은 곳에 還生토록 빌어 주십시오"라고 하니, 淸이 이를 허락하고 그 이무기를 위해 念佛呪願하였다. 이에 豫章으로 가서 이미 받은 재물을 가지고 大安寺라는 절을 지었고, 안청이 떠난 뒤 신령은 바로 목숨이 다하였다. 그날 저녁 한 소년이 배 위에 나타나 여쭙기를 "業報의 형체와는 서쪽으로 갈리어 떨어지고 저는 좋은 곳에 다시 태어나게 되었습니다"고 하더니, 과연 얼마 뒤 潯陽 고을 蛇村 부근에서 길이가 몇 리나 되는 죽은 이무기가 발견되었다. 이로부터 공정묘의 신령은 없어졌으며, 䢷亭이 蟒亭이라 불려지게 되었다고 한다. 『梁高僧傳』 권1, 「安淸傳」 참조.

室¹²⁷. 使佩韋¹²⁸者益誠, 擁氎者¹²⁹精修, 降生之異一也.

生數夕不嚥乳, 穀¹³⁰之則號欲嗄¹³¹. 欻有道人過門, 誨曰: 『欲兒無聲, 忍絶煮腥』母從之, 竟無恙. 使乳育者加愼, 肉食者懷憼, 宿習之異二也.

九歲喪父, 殆毀滅; 有追福僧憐之, 諭曰: 『幻軀易滅, 壯志難成. 昔佛報恩, 有大方便, 子勉之!』因感悟輟哭, 白所生¹³²請歸道. 母慈其幼, 復念保家無主, 確不許. 耳踰城故事¹³³則亡去, 就學浮石山. 忽一日心驚坐屢遷¹³⁴, 俄聞倚閭¹³⁵成疾. 遽歸省而病隨愈, 時人方¹³⁶阮孝緖. 居無何, 染沈疴¹³⁷, 謁醫無效, 枚卜¹³⁸之, 僉曰: 『宜名隸大神!¹³⁹』母追惟曩夢, 誠覆以方袍, 而泣誓言: 『斯疾若起, 乞佛爲子』, 信宿¹⁴⁰果大瘳. 仰悟慈親, 終成素志. 使

---

127 像室: 석가모니의 어머니 摩耶夫人의 胎夢고사. '像'은 '象'의 잘못. 『釋氏源流』"佛母摩耶夫人, 夢見大聖乘六牙白象, 從天而下, 降神入胎."
128 佩韋: 중국 전국시대 魏나라의 西門豹가 급한 성질을 고치기 위해 항상 부드러운 가죽을 차고 반성했다는 고사. 自警함을 이른다. 『韓非子』, 「觀行」 "西門豹之性急, 故佩韋以緩己."
129 擁氎者(옹취자): 氎衣(袈裟)를 입은 사람. 즉 승려를 말한다.
130 穀: 젖먹임.『춘추좌씨전』, 莊公 30년 "鬪穀於菟.";『釋文』"楚人謂乳曰穀."
131 號欲嗄: 울어서 목이 쉬려고 함.『老子』, 제55장 "終日號而不嗄."
132 所生: 자기를 낳아 주신 어버이. 여기서는 홀어머니를 이름.『시경』, 小雅, 「小宛」"無忝爾所生."
133 踰城故事: 淨飯王의 太子이던 悉達多(Siddhartha)가 29세(혹은 19세)에 太子의 位를 버리고 王城을 나와 修行의 길을 떠났던 고사.
134 坐屢遷: 마음이 불안하여 자주 자리를 옮겨 다니는 것을 이름. 坐不安席.『시경』, 小雅, 「賓之初筵」"舍其坐遷, 屢舞僊僊."; 同注 "言遷徙屢數也."
135 倚閭: 어머니가 아들이 돌아오기를 기다림. 倚閭之望의 고사. 여기서는 '어머니'를 지칭한다.
136 方: 견주다比也].
137 沈疴(침아): 痼疾.
138 枚卜: 여러 사람에게 점을 침.『書經』, 虞書, 「大禹謨」"枚卜功臣, 惟吉之從."
139 大神: 부처를 달리 이르는 말.『梁高僧傳』권1,「康僧會傳」"采女云, 佛爲大神."
140 信宿: 이틀을 묵음. 二泊.『춘추좌씨전』, 莊公 3년 "凡師一宿爲舍, 再宿爲信, 過信爲次."

舐犢[141]者割愛, 飲蛇[142]者釋疑, 孝感之異三也.

至十七受具, 始就壇, 覺袖中光熠熠[143]然, 探之得一珠; 豈有心而求[144]? 乃無脛而至, 眞六度經所喩矣. 使飢嘷者自飽, 醉偃者能醒, 勵心之異四也.

坐雨[145]竟, 將它適[146], 夜夢遍吉菩薩[147], 撫頂提耳[148], 曰:『苦行難行, 行之必成』形開[149]痒然[150], 黙篆肌骨[151]. 自是, 不復服繒絮[152]焉, 修綫[153]之須, 所[154]必麻楮, 不穿達屣[155], 矧羽翣[156]毛

---

141 舐犢: 늙은 어미소가 새끼 송아지를 핥아서 사랑한다는 뜻으로, 제 자식 사랑하는 것을 비유한 말. 『後漢書』 권54,「楊彪傳」"彪子脩, 爲曹操所殺. 操見彪問曰:「公何瘦之甚?」對曰:「愧無日磾先見之明, 猶懷老牛舐犢之愛」操爲之改容."; 同注「前書曰, 金日磾子二人, 武帝所愛, 以爲弄兒. 其後弄兒壯大, 不謹, 自殿下與宮人戲, 日磾適見之, 遂殺弄兒."
142 飲蛇: 晉나라 때 樂廣과 친한 사람이 술잔 속에 비친 활그림자를 뱀으로 誤認한 나머지, 술을 마신 뒤 병이 났다는 故事. 『晉書』 권43,「樂廣傳」"樂廣有親客, 客曰:「飮酒忽見杯中有蛇, 意甚惡之, 旣飲而疾.」于時壁上有角弓, 廣意杯中蛇卽角弓也. 復置酒請飲, 杯中果有其影, 因客豁然疑解, 沈痾頓愈."
143 熠熠: 불빛이 鮮明한 모양.
144 豈有心而求: 黃帝의 '赤水遺珠 象罔得之'의 故事와 연관된 말. 곧 말없는 가운데의 말은 無心으로밖에 찾을 수 없다는 의미다. 『莊子』,「天地」"黃帝遊乎赤水之北, 登乎崑崙之丘, 而南望還歸, 遺其玄珠, 使知索之而不得, 使離朱索之而不得, 使喫詬索之而不得也. 乃使象, 象罔得之. 黃帝曰:「異哉! 象罔乃可以得之乎」"
145 坐雨: 夏安居 또는 雨安居를 달리 이르는 말.
146 它適: 다른 곳으로 감. '它'는 '他'의 古字.
147 遍吉菩薩: 普賢菩薩을 이름.
148 提耳: 귀를 잡아당겨 말함. 곧 지혜를 깨우쳐 줌을 이른다. 『시경』, 大雅,「抑」"匪面命之, 言提其耳."
149 形開: 잠에서 깨어남을 말함. 잠을 잘 때에는 혼이 交合하고 깨었을 적에는 五官이 열린다고 한 데서 나왔다. 『莊子』,「齊物論」"其寐也魂交, 其覺也形開."
150 痒然(심연): 惡寒이 난 듯함.
151 黙篆肌骨: 잠자코 살과 뼈대에 새김. 곧 銘心함을 이른다.
152 繒絮(증서): 명주옷과 솜옷.
153 修線(수선): 긴 실(絲).
154 所: 탑본에는 분명 '取'자와 비슷한 '所'의 異體字로 되어 있으나, 전후 문맥으로 보아 '所'자는 文不成이다. 아마도 '取'자를 잘못 쓴 것 같다.
155 達屣(달시): 어린 양의 가죽으로 만든 신. 達은 '牽'과 같은 글자다. 『시경』, 大雅,「生民」"先生如達."; 同注"達, 羊子也."
156 羽翣(우삽): 새의 깃털로 만든 부채.

茵[157]餘用矣? 使縕麢[158]者開眼, 衣蟲[159]者厚顏[160], 律身之異五也.

自綺年, 飽老成之德, 加瑩戒珠, 可畏者[162]競相從求益. 大師拒之曰:『人大患好爲師[162]. 强欲慧不惠[163], 其如模不模[164]邪? 況浮芥海鄉[165], 自濟未暇, 無影逐爲必笑之態』後山行, 有樵叟礙前路, 曰:『先覺覺後覺[166], 何須恾空殼?』就之則無見焉. 爰媿且悟, 不阻來求; 森竹葦[167]于鷄籃山水石寺. 俄卜築他所, 曰:『不繫爲懷, 能遷是貴』使佔畢[168]者三省, 營巢者九思, 垂訓之異六也.

贈大師景文大王, 心融鼎敎[169], 面渴輪工[170]. 遙深爾思, 覬

---

157 毛茵: 털로 만든 깔개.
158 縕麢(온분): 굵은 삼베(옷).『列子』,「楊朱」"昔者宋國有田夫, 常衣縕麢, 僅以過冬."
159 衣蟲: 솜옷. 따뜻하여 벌레가 서식하기 때문에 그렇게 이른다.
160 厚顏: 부끄러워 함. '顏厚有忸怩'의 준말.『書經』, 夏書,「五子之歌」"鬱陶乎予心! 顏厚有忸怩. 弗愼厥德, 雖悔可追.";同注"顏厚, 愧之見於色也."
161 可畏者: 後生.『論語』,「子罕」"後生可畏."
162 人大患好爲師: 사람의 큰 걱정은 남의 스승이 되기를 좋아하는 것이라는 말.『孟子』,「離婁(上)」"人之患, 在好爲人師."
163 慧不惠: 지혜롭지 않은 사람을 지혜롭게 함. '惠'는 '慧'와 통용된다.
    ※참고:『書經』, 周書,「康誥」에서는 "我聞曰, 怨不在大, 亦不在小, 惠不惠, 懋不懋"라 하고, 同注에서 "使不順者順, 不勉者勉"이라고 하여, '惠不惠'를 不順한 자를 順하게 하는 것이라 하였다. 여기서는 '慧'자로 바꾸어 사용하였다.
164 模不模: 남의 본보기가 되지 못하는 사람들을 본보기가 되게 함.『法言』권1,「學行」"務學不如務求師, 師者人之模範也. 模不模, 範不範, 爲不少矣."
165 海鄕: 큰 바다. 광대한 세계를 비유한 말.
166 先覺覺後覺: 先覺이 後覺을 깨닫게 함.『孟子』,「萬章(下)」에 나오는 말.
167 竹葦: 대밭의 대나무, 풀밭의 갈대와 같이 그 수가 많음을 이르는 말. 稻麻竹葦의 준말.『維摩經』,「法供養品」"甘蔗竹葦, 稻麻叢林."
168 佔畢: 책의 글자만 봄. 畢은 '簡冊'을 말한다.『禮記』,「學記」"今之敎者, 呻其佔畢."
169 鼎敎: 솥의 발처럼 竝立하는 三敎. 곧 儒·佛·道(老)를 이름.
170 輪工: 法輪을 굴리는 사람. 곧 지증대사를 지칭.

俾我卽¹⁷¹, 乃寓書曰:『伊尹大通, 宋纖小見¹⁷². 以儒辟¹⁷³釋, 自邇陟遠¹⁷⁴. 甸邑¹⁷⁵巖居, 頗有佳所, 木可擇¹⁷⁶矣, 無惜鳳儀¹⁷⁷』妙選近侍中可人¹⁷⁸, 鵠陵¹⁷⁹昆孫立言爲使. 旣傳敎已, 因攝齊¹⁸⁰焉. 答曰:『修身化人, 捨靜奚趣¹⁸¹? 鳥能之命¹⁸², 善爲我辭, 幸許安塗中¹⁸³, 無令在汶上¹⁸⁴』上聞之, 益珍重. 自是譽四飛於無翼, 衆一變於不言.

171 我卽: 나에게 나오다. 『시경』, 鄭風, 「風雨」 "豈不爾思, 子不我卽"; 集傳 "卽, 就也."
172 小見: 大通과 반대되는 말. 사물에 구애되어 細瑣한 것까지도 떨쳐버리지 못하고 살피는 것. 小察. 『淮南子』, 「泰族訓」 "小義破道, 小見不達."
173 辟: '譬'와 통용.
174 自邇陟遠: 먼 곳에 이르는 것은 가까운 데서부터 비롯된다는 말. 『書經』, 「太甲(下)」 "若升高必自下, 若陟遐必自邇."
175 甸邑: 王都 주위 5백리 이내의 지역. '畿甸'이라고도 한다.
176 木可擇: 새가 앉을 나무를 선택할 수 있는 것처럼, 경치 좋은 곳을 마음대로 고를 수 있다는 뜻. 새는 지증대사, 나무는 所居處를 비유한 것이다. 『춘추좌씨전』, 哀公 11년 "孔文子之將攻大叔也, 訪於仲尼. 仲尼曰:「胡簋之事, 則嘗學之矣, 甲兵之事, 未之聞也」退命駕而行, 曰:「鳥則擇木, 木豈能擇鳥?」"
177 鳳儀: 貴人의 훌륭한 來儀를 이름. 『서경』, 虞書, 「益稷」 "簫韶九成, 鳳凰來儀."
178 可人: 착한 사람, 또는 쓸모 있는 사람을 말함.
179 鵠陵: 원성왕을 이름. 大崇福寺碑文 참조.
180 攝齋: 弟子禮를 말함. 攝齊라고도 쓴다. 걷거나 계단을 올라 갈 때 옷자락을 밟고 땅에 넘어저 체면을 손상하지 않도록 하기 위해 옷자락을 걷어올리는 것이니, 轉하여 '제자가 스승 앞에서 조심스럽게 행동하는 것'을 말한다. 『論語』, 「鄕黨」 "攝齊升堂, 鞠躬如也."
181 趣: 나아감.
182 鳥能之命: 앞에 나온 '鳥能擇木'을 가리킴.
183 安塗中: 초나라 임금이 莊子를 초빙하자, 장자가 "죽어서 廟堂에 잘 모셔진 神龜보다 차라리 진흙 속에서 꼬내를 흔드는 거북의 상태를 원한다"고 했다는 故事. 현재의 상태에 安住함을 뜻한다. 『莊子』, 「秋水」 "莊子釣於濮水, 楚王使大夫二人往先焉, 曰:「願以竟內累矣」莊子持竿不顧, 曰:「吾聞楚有神龜, 死已三千歲矣. 王巾笥而藏之廟堂之上. 此龜者, 寧其死爲留骨而貴乎, 寧其生而曳尾於塗中乎?」二大夫曰:「寧生而曳尾塗中」莊子曰:「往矣! 吾將曳尾於塗中」"
184 在汶上: 공자의 제자인 閔子騫이 季氏의 부름을 사양하고, 만약 다시 부르면 汶水를 건너 齊나라 땅으로 가겠다고 했던 故事. 왕의 거듭되는 부름을 피해 다른 곳으로 가겠다는 말이다. 『論語』, 「雍也」 "季氏使閔子騫爲費宰, 閔子騫曰:「善爲我辭焉. 如有復我者, 則吾必在汶上矣」"; 同集註 "閔子騫, 孔子弟子, 名損. 費季氏邑, 汶水名, 在齊南, 魯北境上. 閔子騫不欲臣季氏, 令使者善爲己辭. 言若再來召我, 則當去之齊."

咸通五年冬, 端儀長翁主[185], 未亡人爲稱, 當來佛是歸. 敬謂下生, 厚資上供. 以邑司所領賢溪山安樂寺, 富有泉石之美, 請爲猿鶴主人[186]. (大師)乃告其徒曰: 『山號賢溪, 地殊愚谷[187]; 寺名安樂, 僧盍住持?』從之徙焉, 居則化矣. 使樂山者益靜, 擇地者愼思; 行藏[188]之是一焉.

他日告門人曰: 『故韓粲金公嶷勳, 度[189]我爲僧, 報公以佛.』乃鑄丈六玄金[190]像, 傅[191]之以銑[192]. 爰用鎭仁宇[193], 導冥路. 使行恩者日篤, 重義者風從[194], 知報之是二焉.

至八年丁亥, 檀越翁主, 使茹金等, 持伽藍南畝[195]曁臧獲[196]

---

185 長公主: 임금의 姉妹를 지칭하는 말. 『漢書』 권7, 「昭帝紀」 "帝姉鄂邑公主, 益湯沐邑, 爲長公主."; 同注 "師古曰, 帝之姉妹稱長公主, 帝姑稱大長公主."
186 猿鶴主人: 원숭이와 학을 기르며 얽매임 없이 한가하게 사는 사람. 『宋史』 권299, 「石揚休傳」 "揚休喜閑放, 平居養猿鶴, 玩圖書, 吟咏自適, 與家人言, 未嘗及朝廷事."
187 愚谷: 愚公이 은거하는 곳. 隱者가 사는 곳(또는 隱者)을 이르는 말로 전용되었다. 愚公谷. 『說苑』 권7, 「政理」 "齊桓公出獵, 逐鹿而走入山谷之中, 見一老公而問之, 曰: 是爲何谷. 對曰: 爲愚公之谷. 桓公曰: 何故? 對曰: 以臣名之. 桓公曰: 「今視公之儀狀, 非愚人也. 何爲以公名?」對曰: 臣請陳之. 臣故畜牸牛, 生子而大, 賣之而買駒, 少年曰: 「牛不能生馬」遂持駒去, 傍隣聞之, 以臣爲愚, 故名此谷爲愚公之谷."
188 行藏: 조정에 나아가 道를 행함과 野에 물러나 은거하는 것. 『論語』, 「述而」 "子謂顔淵曰, 用之則行, 舍之則藏, 惟我與爾是夫."
189 度: 속인이 僧籍에 들어감. 승려가 됨.
190 玄金: 쇠[鐵]를 달리 이르는 말.
191 傅(부): 바르다[塗].
192 銑: 황금 중에서도 가장 광채가 나는 것.
193 仁宇: '能仁을 모신 집'이라는 뜻으로, 절을 달리 이르는 말.
194 風從: 아래 사람이 윗사람의 德化에 순종함을 비유한 말. 『文選』 권36, 任昉, 「天監三年策秀才文」 "上之化下, 草偃風從."; 『論語』, 「顔淵」 "草上之風必偃."
195 南畝: 양지바른 남쪽 밭. 轉하여 좋은 田地를 이른다. 『詩經』, 豳風, 「七月」 "同我婦子, 饁彼南畝, 田畯至喜."
196 臧獲: 노비를 낮추어 이르는 말. 揚雄, 『方言』 권3 "荊淮海岱雜齊之間, 罵奴曰臧, 罵婢曰獲."

本籍授之, 爲壞袍¹⁹⁷傳舍¹⁹⁸, 俾永永不易. 大師因念言¹⁹⁹: 『王
女資法喜, 尙如是矣; 佛孫味禪悅, 豈徒然乎? 我家匪貧, 親黨
皆歿; 與落路行人之手, 寧充門弟子之腸』遂於乾符六年, 捨莊
十二區田五百結隷寺焉. 飫孰譏囊²⁰⁰, 粥能銘鼎²⁰¹, 民天²⁰²是賴,
佛土可期. 雖曰我田, 且居王土²⁰³; 始資疑於王孫韓粲繼宗, 執事
侍郎金八元·金咸熙, 及正法大統釋玄亮, 聲九皐²⁰⁴, 應千里²⁰⁵;
贈太傅獻康大王, 恕而允之. 其年九月, 敎南川郡統僧訓弼, 擇
別墅, 劃正場. 斯盖外佐君臣益地, 內資父母生天. 使續命者²⁰⁶

197 壞袍: 袈裟를 말함이니, 곧 승려를 뜻한다.
198 傳舍: 客舍. 누구든지 오가다 들린다는 뜻에서 이르는 말이다. 『史記』 권97, 「酈生傳」 "沛公至高陽傳舍, 使人召酈生.";『漢書』 권43, 「酈食其傳」 "沛公至高陽傳舍, 使人召食其.";同注 "師古曰, 傳舍者, 人所止息, 前人已去, 後人復來, 轉相傳也."
199 念言: 깊이 생각해 온 바를 말로 나타냄.
200 飫孰譏囊: 밥(식량)처럼 중요한 것이 없음에도 누가 '밥주머니(飯囊)'라는 조롱의 말을 만들어 냈느냐는 뜻. 무능하여 아무 쓸모가 없이 無爲徒食하는 사람을 '밥주머니' 또는 '술독'이라고 조롱하는 '飯囊酒甕'의 故事가 있다. 『顔氏家訓』, 「誡兵」 "今世士大夫, 但不讀書, 卽稱武夫兒, 乃飯囊酒甕也."
201 粥能銘鼎: 죽에 대한 사실이 솥에 새겨짐. '銘鼎'은 후세에 이름이 남겨지는 것을 이르는 상징적인 말이다. 춘추시대 宋나라의 재상이었던 正考父(정고보)가 솥에 自銘하기를, "이 솥에다 饘(된죽)을 끓이고 죽을 끓여서 내 입에 풀칠을 했다"고 하는 故事가 있다. 『禮記』, 「祭統」 "夫鼎有銘, 銘者自名也.";『춘추좌씨전』, 昭公 7년 "正考父佐戴·武·宣, 三命玆益共. 故其鼎銘云: 「一命而僂, 再命而傴, 三命而俯, 循墻而走, 亦莫余敢侮. 饘於是, 鬻於是, 以餬余口」其其也如是."
202 民天: 양식을 이름. 임금은 백성을 하늘로 여기고, 백성은 양식을 하늘로 여긴다는 데서 나온 말.『史記』 권97, 「酈生傳」 "王者以民爲天, 而民以食爲天."
203 王土: 모든 땅이 임금의 領土라는 관념적인 말. 『시경』, 小雅, 「北山」 "溥天之下, 莫非王土, 率土之濱, 莫非王臣."
204 聲九皐: 九皐에서 소리가 울려 퍼진다는 말. 九皐는 으슥한 沼澤을 말한다. 여기서는 지증대사가 거처하고 있는 深遠한 곳에 비유되었다.『시경』, 小雅, 「鶴鳴」 "鶴鳴于九皐, 聲聞于野."
205 應千里: 천 리 밖에서 메아리 침. 멀리까지 알려졌다는 뜻이다.『周易』, 「繫辭(上)」 "君子居其室, 出其言, 善則千里之外應之, 況其邇者乎?"
206 續命者: 목숨을 이은 사람. 곧 百姓을 이름. 중국 南齊 때의 사람인 劉善明이 靑川 지방의 가난한 백성들이 飢荒에 허덕이자 창고를 열어 그들을 구제하였다. 뒷날 목숨을 이은 백성들이 유선명의 집을 '續命田'이라고 불렀다 한다.『南史』 권49, 「劉善明傳」 "靑

與仁, 賞歌者悛過²⁰⁷, 檀捨²⁰⁸之是三焉.

有居乾慧地者, 曰沈忠. 聞大師刃餘定慧²⁰⁹, 鑑透乾坤, 志確曇蘭, 術精安廩; 禮足²¹⁰已, 白言:『弟子有剩地, 在曦陽山腹. 鳳巖龍谷, 境駭橫目²¹¹, 幸構禪宮』徐答曰:『吾未能分身, 惡用是?』忠請膠固, 加山靈有甲騎爲前驅之異, 乃錫挺樵蹊而歷相焉. 且見山屛四迾²¹², 則獄鳥²¹³翅掀雲²¹⁴; 水帶百圍, 則虯腰偃石. 旣愕且唔曰:『獲是地也, 庸非天乎? 不爲靑衲²¹⁵之居, 其作黃巾²¹⁶之窟』遂率先於衆, 防後爲基, 起瓦簷四注²¹⁷

川飢荒, 善明開倉, 以救鄕里, 多獲全濟, 百姓呼其家爲續命田."
207 賞歌者悛過: 중국 戰國時代 趙나라 烈侯가 음악을 좋아하여, 자신이 좋아하는 歌人에게 田地를 각각 萬畝씩 내리도록 했다가 나중에 뉘우쳤던 故事.『史記』권43,「趙世家」"烈侯好音, 謂相國公仲連曰:「寡人有愛, 夫鄭歌者槍·石二人, 吾賜之田, 人萬畝」公仲曰諾, 不與. 烈侯屢問歌者田, 公仲終不與, 乃稱疾不朝. 番吾君謂公仲曰:「君實好善, 而未知所持. 今公仲相趙, 於今四年, 亦有進士乎?」公仲曰未也. 番吾君曰:「牛畜·荀欣·徐越皆可」公仲乃進三人. 牛畜侍烈侯以仁義, 約以王道, 烈侯逌然. 明日荀欣侍, 以選練擧賢, 任官使能, 明日徐越侍, 以節財儉用, 察度功德. 所與無不充, 君說. 烈侯使使謂相國曰:「歌者之田且止」官牛畜爲師, 荀欣爲中尉, 徐越爲內史, 賜相國衣二襲."
208 檀捨: 檀越(施主)의 喜捨.
209 刃餘定慧: 이치를 분별하는 칼날이 禪定과 智慧에 넉넉함.『莊子』,「養生主」"庖丁解牛, 游刃有餘地."
210 禮足: 불가 경례법의 하나. 부처의 발에 자신의 이마를 대는 것으로서, 자신의 가장 귀한 것을 상대방의 가장 천한 곳에 대는 인사법이다. 頂禮·接足禮·頭面禮라고도 한다.『法華經』,「化城喩品」, "頭面禮足.";『圓覺經疏』"以已最勝之頂, 禮佛最卑之足, 敬之至也."
211 橫目: 사람의 눈. 가로로 놓였기 때문에 '橫目'이라고 한다. '사람'을 의미하기도 한다.『莊子』,「天地」"苑風問:「子將奚之?」曰:「將之大壑」曰:「奚爲焉?」曰:「夫大壑之爲物也, 注焉而不滿, 酌焉而不竭, 吾將遊焉」苑風曰:「夫子無意於橫目之民乎? 願聞聖治」"
212 四迾: 사방으로 막힘.
213 獄鳥: 鷟(붉은 봉황)字의 誤書. 鷟은 '鳳之小者'를 지칭.
214 掀雲: 구름 속에 높이 솟음.
215 靑衲: 빛이 푸른 중의 옷. 轉하여 '승려'를 지칭.
216 黃巾: 중국 후한 말에 張角을 頭領으로 일어났던 流賊. 여기서는 '盜賊' 또는 '反政府 무장세력'을 지칭한다.『後漢書』권8,「孝靈帝記」"中平元年春二月, 鉅鹿人張角自稱黃天, 其部帥有三十六万, 皆著黃巾, 同日反叛. 安平·甘陵人各執其王以應之."
217 四注: 사방으로 물을 대듯이 빙둘러 이어짐.『文選』권8, 司馬相如,「上林賦」"高廊四注, 重坐曲閣.";同注 "注猶帀也, 謂行帀於四邊也."

以厭²¹⁸之, 鑄鐵像二軀以衛之. 至中和辛丑年, 教遣前安輪寺僧統俊恭, 肅正史裵聿文, 標定疆域, 芳賜牓爲鳳巖焉. 及大師化往²¹⁹數年, 有山甿爲野冠²²⁰者, 始敢拒輪²²¹, 終能食葚²²²; 得非深斛²²³定水, 預沃魔山之巨力歟? 使折臂者²²⁴標義, 掘尾者²²⁵制狂, 開發之是四焉.

太傅大王, 以花風²²⁶掃弊, 慧海濡枯. 素欽靈育之名, 渴聽法深之論, 乃注心鷄足, 灑翰鶴頭²²⁷以徵之, 曰: 『外護小緣, 念²²⁸踰三際²²⁹. 內修大惠, 幸許一來』大師感動琅函言及"勝因通世, 同塵²³⁰率土²³¹", 懷玉²³²出山. 轡織²³³迎途, 至憩足于禪院寺,

218 厭: 누르다. '壓'과 통용됨.
219 化往: '化住'의 잘못. '化往'(스님의 죽음)이라 했을 때 앞 뒤 문맥이 잘 통하지 않는다.
220 野冠: 들도적. '冠'은 '寇'의 誤書임.
221 拒輪: 螳螂拒轍과 같이 구르는 法輪(부처의 敎法을 비유한 말)에 마구 덤벼드는 것을 이름.
222 食葚(식심): 솔개가 오디를 먹고 목소리가 좋아졌다는 말. 곧 有德者에게 감화된 것을 비유.『시경』, 魯頌, 「泮水」"翩彼飛鴞, 集于泮林, 食我桑葚, 懷我好音."
223 深斛(심구): 깊숙이 (물을) 뜨다(把).
224 折臂者: 중국 禪宗의 第二祖 慧可의 '斷臂求法' 故事 참조.
225 掘尾者: 龍尾道를 파헤치러 했던 安祿山을 지칭한 말. 여기서는 안록산과 같이 無道한 도적을 가리킨다. 方勺,『泊宅編』"唐含元殿前, 道途詰曲宛轉, 狀如龍尾. 安祿山逆謀日熾, 每至殿前, 欲掘龍尾. 而恐渠異時, 反入長安, 又有如渠者掘之, 故睥睨久之, 終不掘."
226 花風: 중국풍. '華風'과 같은 말. 大崇福寺碑文에서 "獻康大王, 德峻妙齡, 神淸遠體, …… 矧復性襲華風" 운운하는 대목이 있다.
227 鶴頭: 鶴頭書를 말함. 조정에서 부르는 문서의 첫머리에 썼던 글씨가 학의 머리와 彷彿하였던 데서 생겨난 말이다. 漢나라 때는 '尺一簡'이라고도 하였다. 약칭 鶴書.『文選』권43, 孔稚珪, 「北山移文」"務光及其鳴驥入谷, 鶴書赴隴."; 同注 "蕭子良古今篆隸文體曰, 鶴頭書與偃波書, 俱詔板所用, 在漢則謂之尺一簡, 彷彿鵠頭, 故有其稱."
228 念: 一念. 불교에서 극히 짧은 시간을 이르는 말.『仁王經』, 「觀如來品」"一念中, 有九十刹那."
229 三際: 한 해를 熱期·雨期·寒期의 세 계절로 나누는 인도의 습속에서 나온 말로, 1년을 이른다.
230 同塵: 佛菩薩이 중생을 제도하기 위하여 자기의 본색을 감추고 인간계에 섞여 몸을 나타내는 일.『老子』, 제56장 "知者不言, 言者不知. 塞其兌, 閉其門, 挫其銳, 解其紛, 和其光, 同其塵, 是謂玄門."

錫安信宿[234], 引問心于月池宮. 時屬纖蘿不風, 溫樹[235]方夜; 適覩金波[236]之影, 端臨玉沼之心. 大師俯而覬, 仰而告曰:『是卽是, 餘無言』上洗然忻契曰:『金仙[237]花目[238], 所傳風流, 固協於此』遂拜爲忘言師. 及出, 俾藎臣[239]譬旨[240], 幸宜小停. 答曰:『謂牛戴牛[241], 所直[242]無幾. 以鳥養鳥[243], 爲惠不貲[244]. 請從此辭, 枉之則折』上聞之喟然, 以韻語歎曰:『施旣不留, 空門鄧侯[245]. 師

231 率土: 나라 안의 모든 백성. 率土之民의 준말.
232 懷玉: 성인은 굵은 베옷을 입고 품속에 보배를 품었다는 말. 『老子』, 제70장 "聖人被褐懷玉."
233 轡織: 말고삐가 종횡으로 얽혀서 베를 짜는 듯하다는 말. 곧 處處에서 車馬가 다투어 맞이한다는 말이다. 『시경』, 邶風, 「簡兮」 "執轡如組."
234 信宿: 二泊.
235 溫樹: 溫室殿의 樹木. 온실전은 前漢 武帝 때 長樂宮 안에 세운 殿閣이다. 여기서는 至密之所를 이른다. 『漢書』, 권81, 「孔光傳」 "…… 兄弟妻子燕語, 終不及朝省政事. 或問光, 溫室省中樹皆何木也? 光嘿不應, 更答以它語, 其不泄如是."
236 金波: 고요한 달빛을 비유한 말. 또는 달빛에 비쳐 일어나는 황금 물결을 일컫기도 한다. 『漢書』, 권22, 「禮樂志」 "月穆穆以金波, 日華燿以宣明."; 同注 "師古曰, 言月光穆穆, 若金之波流."
237 金仙: 大覺金仙의 준말로 석가모니를 이름. 당나라 武宗이 佛號를 도교식으로 고쳐 불렀던 데서 비롯되었다.
238 花目: 青蓮華目의 준말. 佛家에서는 부처의 目相을 푸른 연꽃에 비유한다. 이것이 부처님의 三十二相 가운데 스물아홉 번째의 相이다. 『維摩經』, 「佛國品」 "目淨修廣如青蓮"; 同注 "肇曰, 天竺有青蓮華, 其葉修而廣, 青白分明, 有大人目相, 故以爲喻也."
239 藎臣(신신): 忠君愛國하는 마음이 두터운 신하. 『시경』, 大雅, 「文王」 "王之藎臣, 無念爾祖."
240 譬旨: 임금의 뜻을 깨닫게 함. '譬'는 '깨우치다[曉]'의 뜻.
241 牛戴牛: 길고 흠이 없는 쇠뿔. 三色을 갖추었으며, 활을 만드는 재료로 쓰인다. 소가 소 한 마리 값을 따로 머리에 이었다는 의미이니, 곧 값어치 있는 물건이나 사람에 비유된다. 『周禮』, 考工記, 「弓人」 "角長二尺有五寸, 三色不失理, 謂之牛戴牛."; 同注 "三色本白中青末豐. 鄭司農云, 牛戴牛, 角直一牛."
242 所直(소치): 값나가는 바. 直는 '値'와 통용됨.
243 以鳥養鳥: 새의 특성에 맞게 새를 기름. 『莊子』, 「至樂」 "昔者, 海鳥止於魯郊, 魯侯御而觴之於廟, 奏九韶以爲樂, 具太牢以爲膳. 鳥乃眩視憂悲, 不敢食一臠, 不敢飲一杯, 三日而死. 此以己養養鳥也, 非以鳥養養鳥也. 夫以鳥養養鳥者, 宜栖之深林, 遊之壇陸, 浮之江湖, …"
244 不貲(부자): 셀 수 없이 많음.
245 鄧侯: 중국 晉나라 때 청렴한 관리로 유명했던 鄧攸를 이름.

是支鶴²⁴⁶, 吾非趙鷗²⁴⁷』乃命十戒弟子宣教省副使馮恕行, 援送歸山. 使待兔者離株²⁴⁸, 羨魚者學網²⁴⁹, 出處之是五焉.

在世行, 無遠近夷險; 未嘗代勞以蹄角²⁵⁰. 及還山, 氷霓²⁵¹梗跋涉, 乃以栟櫚步輿寵行; 謝使者曰: 『是豈井大春□所云人車耶? 顧英君²⁵²所不須, 矧形毀²⁵³者乎? 然命旣至, 受之爲濟苦具』及移疾²⁵⁴于安樂練居²⁵⁵, 杖不能起, 始乘之. 使病病者了空²⁵⁶,

246 支鶴: 東晉 때의 高僧인 支遁이 鶴을 놓아준 故事. 『梁高僧傳』권4,「支道林傳」"…… 有餉鶴者, 遁謂鶴曰: 爾沖天之物, 寧爲耳目之翫乎?"; 『世說新語』권1,「言語」"支公好鶴, 住剡東岇山. 有人遺其雙鶴, …… 林曰:「旣有凌霄之姿, 何肯爲人作耳目近玩」養令翮成, 置使飛去."

247 趙鷗: 탑본에는 '超鷗'(속세를 초월한 갈매기)로 되어 있는데, 前句인 '支鶴'과 對偶를 이루려면 '趙鷗'(조나라의 갈매기)가 더 적절하다. 물론 의미가 달라지는 것은 아니다. 이 故事는 본디 『列子』에서 비롯되었다. 뒷날 중국 五胡十六國時代에 後趙의 임금이었던 石虎가 '海鷗鳥'라는 별명을 얻었던 데서 '趙鷗'라는 표현도 나오게 되었다. 『列子』,「黃帝」"海上之人, 有好漚(鷗)鳥者, 每旦之海上, 從漚鳥游, 漚鳥之至者, 百住而不止. 其父曰:「吾聞漚鳥, 皆從汝游, 汝取來! 吾玩之」明日之海上, 漚鳥舞而不下也.";『世說新語』권1,「言語」"佛圖澄與諸石(石勒·石虎)遊, 林公曰, 澄以石虎爲海鷗鳥."

248 待兔者離株: 『韓非子』「五蠹」편의 '守株待兔' 故事에서 나왔다.

249 羨魚者學網: 물고기를 탐내는 사람에게 그물 맺는 법을 배우게 함. 『漢書』권56,「董仲舒傳」"古人有言曰, 臨淵羨魚, 不如退而結網."; 同注「師古曰, 言當求之."

250 蹄角: 마소(馬牛)를 이름. 馬蹄牛角의 준말.

251 氷霓(빙예): 氷雪의 잘못인 듯.

252 英君: 俗人 가운데 英俊한 인물을 이르는 말.

253 形毀: 본래의 형체가 훼상됨. 즉 머리털을 깎아버린 승려의 모습을 이른다. 『梁高僧傳』권5,「釋道安傳」"僕射權翼諫曰, 臣聞天子法駕, 侍中陪乘, 道安毀形, 寧可參厠?"

254 移疾: 질병으로 인해 거처를 옮기는 일. 방위에 따라 厄이 온다는 俗信에서 비롯되었다. '避病' 또는 '避接'과 같은 말.

255 練居: 練若(阿練若)의 誤書인 듯. 蘭若(阿蘭若)라고도 한다. '遠離處' 또는 '蘭靜處'라고 번역되며, 시끄러움이 없는 한적한 곳을 말한다. 여기서는 절을 가리킨다.

256 使病病者了空: 병을 병으로 여기는 사람에게 공함을 깨닫도록 함. 즉, 대사의 병을 근심하는 임금에게 병이 본래 공한 것임을 깨닫게 한다는 말이다. 모든 중생은 四相(生·老·病·死)의 고통에서 초탈할 수 없는 존재임에도 이를 자연스럽게 받아들이지 않고 병을 근심하는 것은 부질없는 일이라는 뜻이 담겨 있다.

※참고: 여기서 '病病'은 '자기의 병통(결점 또는 잘못)을 병되게 여긴다'는 뜻이 아니다. 『老子』제71장에서 "夫唯病病, 是以不病"이라 한 것이라든지, 『桂苑筆耕集』권15,「上元齋詞」에서 "…… 是以早詳病病之言, 每勵賢賢之行"이라 할 때의 '病病'의 의미와는 다르다.

賢賢者離執; 用捨²⁵⁷之是六焉. 至冬抄²⁵⁸旣望之二日, 趺坐晤言²⁵⁹之際, 泊然無常. 嗚呼! 星廻上天, 月落大海. 終風吼谷, 則聲咽虎溪²⁶⁰; 積雪摧松, 則色俾鵠樹²⁶¹. 物感斯極, 人悲可量. 信²⁶²而假殯于賢溪, 其日²⁶³而遂窆于曦²⁶⁴野.

太傅王馳醫問疾, 降駛營齊²⁶⁵. 不暇無偏無頗²⁶⁶, 能諧有始有卒. 特敎菩薩戒弟子建功鄕令金立言, 慰勉諸孤²⁶⁷, 賜諡智證禪師, 塔號寂照. 仍許勒石, 俾錄狀聞; 門人性蠋·敏休·楊孚·繼徽等, 咸得鳳毛²⁶⁸者, 斂陳迹以獻. 至乙巳歲, 有國民媒儒道, 嫁帝鄕, 而名掛輪中²⁶⁹, 職攀柱下²⁷⁰者, 曰崔

---

257 用捨: 취할 것은 취하고 버릴 것은 버림. '取捨'와 같은 말이다. '用捨行藏' 즉 進退 또는 出處의 뜻과 다르다.
258 冬抄: 冬杪. 겨울의 끝달. 곧 12월을 이른다.
259 晤言: 마주 대하고 이야기함.『시경』, 陳風,「東門之楊」"彼美淑姬, 可與晤言."
260 虎溪: 중국 廬山에 있는 시내 이름.『蓮社高賢傳』,「陸修靜」"遠法師居東林, 其處流泉匝寺下入虎溪. 昔慧遠法師, 每送客過此, 輒有虎號鳴, 因名虎溪. 后送客未嘗過, 獨陶淵明與修靜, 至語道契合, 不覺過溪, 因相與大笑. 世傳爲三笑圖."
261 鵠樹: 석가가 入滅할 때 흰색으로 변했다는 沙羅雙樹를 말함. 鶴樹 또는 鶴林, 雙林이라고도 한다.
262 信: 信宿(二泊)의 준말.
263 其日: 전후 對偶로 보아 '朞'라야 한다. 朞는 1년 뒤의 바로 그 날이니 곧 1周忌라는 말이다.
264 曦: 탑본에는 '羲'로 되어 있다. 曦陽山을 가리키는 것이므로 '曦'자가 옳다. 획수를 줄여 새기고자 '羲'자를 쓴 것 같다.
265 營齊: 齊를 지냄. 齊는 '齋'와 통용됨.
266 無偏無頗: 공평하지 않음이 없고 바르지 않음이 없음.『서경』, 周書,「洪範」"無偏無陂, 遵王之義."; 同注 "偏不平, 陂不正. 陂音秘, 舊本作頗."
267 諸孤: 父喪을 당한 여러 아들(孤子). 지증대사의 여러 제자들을 비유한 말이다.
268 鳳毛: 文才가 있는 사람을 비유한 말.『南齊書』권36,「謝超宗傳」"王母殷淑儀卒, 超宗作誄奏之, 帝大嗟賞曰: '超宗殊有鳳毛, 恐靈運復生'."
269 輪中: 桂輪(달)의 준말. 科擧에 급제한 사람의 名簿를 '桂籍'이라 한다.
270 柱下: 周代의 벼슬 이름인 柱下史. 秦代 이후 侍御史로 개칭되었다. 여기서는 撰者 최치원이 侍御史에 오른 것을 이른다.

致遠. 捧漢后²⁷¹龍緘²⁷², 齎淮王²⁷³鵠幣²⁷⁴; 雖慙鳳舉²⁷⁵,
頗類鶴歸²⁷⁶. 上命信臣清信者陶竹陽授門人狀, 賜手敎
曰: 『縷褐東師, 始悲遷化²⁷⁷, 繡衣西使, 深喜東還. 不朽之爲, 有
緣而至; 無愧外孫之作²⁷⁸, 將酬大士²⁷⁹之慈!』臣也雖東箭²⁸⁰非
材, 而南冠²⁸¹多幸. 方思運斧²⁸², 遽値號弓²⁸³. 況復國重佛□²⁸⁴,

271 漢后: 당나라 황제(僖宗)를 지칭.
272 龍緘: 천자의 詔書를 이름.
273 淮王: 神仙術을 몹시 좋아했던 淮南王 劉安을 말함(『史記』 권118, 「淮南王傳」). 여기서는 역시 仙道에 심취하였고 淮南節度使를 지냈던 高騈에 비유되었다.
274 鵠幣: 高騈이 최치원에게 禮物로 준 衣緞을 말함. 『계원필경집』 권20, 「行次山陽, 續蒙太尉寄賜衣緞, 令充歸覲, 續壽信物, 謹以詩謝」 참조.
275 鳳擧: 봉새의 擧止. 봉새는 東方 君子國에서 나와 四海之外를 飛翔한다고 한다. 『說文解字』 "鳳出於東方君子之國, 翶翔四海之外過崑崙, 飮砥柱濯羽溺水, 莫宿風穴, 見則天下大安寧."
276 鶴歸: 중국 漢나라 때 遼東 사람인 丁令威가 靈虛山에서 仙術을 배우고 鶴으로 化하여 다시 遼東으로 돌아왔다는 '丁令威化鶴' 또는 '鶴歸遼海'의 故事. 陶潛, 『搜神後記』, 권1 "丁令威, 本遼東人. 學道于靈虛山, 後化鶴歸遼集城門華表柱. 時有少年, 擧弓欲射之, 鶴乃飛, 徘徊空中而言曰: 「有鳥有鳥丁令威, 去家千年今始歸, 城郭如故人民非, 何不學仙冢纍纍」遂高上沖天."
277 遷化: 高僧의 죽음을 이름. 곧 이 세상의 교화를 마치고 다른 세상의 衆生을 교화하러 간다는 뜻이다.
   ※참고: '遷化'가 앞의 '東還'과 완벽한 對偶를 이루려면 '西化'로 되어야 할 듯하다.
278 外孫之作: 좋은 작품을 이르는 말. 外孫은 女의 子이니 두 글자를 합치면 곧 '好'의 뜻이다. 大崇福寺碑의 '八字之襃'에 대한 풀이 참조.
279 大士: 범어 'Mahasattva'를 번역한 것. 開士라고도 하며, 音譯으로는 摩訶薩이라고 쓴다. 佛菩薩의 통칭 또는 大菩薩의 의미로 사용된다.
280 東箭: 중국 동부의 會稽 지방에서 생산되는 竹箭. 본디 훌륭한 武人을 비유하는 말이다. 여기서는 東人의 의미로 사용되었다. 『晉書』 권76, 「虞潭顧衆傳, 贊」 "顧實南金, 虞惟東箭."
281 南冠: 중국 남방 초나라 사람이 쓰는 冠. '南冠而縶者'의 故事에서 나온 말. 晉나라 景公이 楚나라 관을 쓴 죄수를 보고 그가 衣冠을 바꾸지 않음을 가상히 여겨 풀어 주면서 家業에 대해 물었다. 이에 그는 "선조 때부터 음악가로 내려왔으며 다른 일은 결코 하지 않았습니다"고 했으며, 거문고를 주자 南國의 음악을 연주했다. 또 초나라 임금에 대해서 묻자 "소인이 알 바 아닙니다"고 하였으며, 억지로 캐묻자 태자 시절의 일만 말하였다. 이를 들은 景公은 "초나라 포로는 훌륭한 인물이로다. 선조의 유업을 물리치지 않았으니 이는 仁이요, 모국의 풍습을 잊지 않았으니 이는 信이며, 임금을 위해 현재의 일을 말하지 않고 제 몸의 이익을 돌보지 않았으니 이는 忠이라"고 칭찬하면서, 그를 후히 대접하고 초나라로 돌려보내 양국의 和平을 도모하도록 했다 한다.

家藏僧史; 法碣相望, 禪碑最多. 遍覽色絲[285], 試搜殘錦[286], 則見無去無來之說, 競把斗量; 不生不滅之譚, 動論車載[287]; 曾無魯史新意[288], 或用同公[289]舊章[290]. 是知石不能言[291], 益驗道之云遠.

『춘추좌씨전』, 成公 9년 "晉侯觀于軍府, 見鍾儀, 問之曰:「南冠而縶者, 誰也?」 有司對曰:「鄭人所獻楚囚也」 使稅之, 召而弔之. ……"

282 運斤: '運斤成風'의 故事에서 나온 말. 마음껏 재주를 부리는 것을 이른다. 『莊子』,「徐無鬼」 "郢人堊漫其鼻端, 若蠅翼. 使匠石斲之, 匠石運斤成風, 聽而斲之, 盡堊而鼻不傷."

283 號弓: 黃帝의 昇天故事에서 나온 말로 임금의 승하를 이름. 옛날 黃帝가 荊山에서 용을 타고 승천할 때 群臣과 後宮 등 70여 명이 同乘하였으며, 그 밖의 小臣들도 黃帝를 따르고자 용의 수염을 붙들었다가, 그만 수염이 뽑혀져 버렸고 황제의 활도 떨어졌다. 이에 여러 백성들이 황제가 하늘에 올라가는 것을 보고는 그의 활과 용의 수염을 끌어안고 대성통곡하였다 한다. 『史記』 권12, 「孝武本紀」 "黃帝采首山銅, 鑄鼎於荊山下, 鼎旣成, 有龍垂胡髥, 下迎黃帝. 黃帝上騎, 群臣後宮從上龍七十餘人, 龍乃上去. 餘小臣不得上, 乃悉持龍髥, 龍髥拔, 墮黃帝之弓. 百姓仰望, 黃帝旣上天, 乃抱其弓與龍胡髥號. 故後世因名其處曰鼎湖, 其弓曰烏號."

284 □: 탑본에는 없으나, 뒤에 오는 '家藏僧史'와 대구임을 감안할 때 한 자가 빠졌음을 알 수 있다. 대부분의 사본에서는 '國重佛書'로 되어 있어 본서에서도 이에 따랐다.

285 色絲: 색실. 아름다운 문장을 비유한 말.

286 殘錦: 낡은 비단(殘繡). 진부한 문장을 비유한 말.

287 車載: 수레에 실을 정도로 많다는 뜻. 수가 많은 것을 비유한 말로서 '車載斗量'의 故事에서 나왔다. 『三國志』 권47, 吳書,「吳主權傳, 注」 "趙咨使魏, 文帝曰:「吳如大夫者幾人?」 咨曰:「聰明特達者七八十人, 如臣輩車載斗量, 不可勝數」"

288 魯史新意: 春秋의 史外傳心의 要를 이르는 말. 『文選』 권45, 杜預,「春秋左氏傳序」 "…… 有史所不書, 卽以爲義者, 此蓋春秋新意."

289 同公: '周公'의 誤書.

290 周公舊章: 공자가 『春秋』를 纂修할 때, 魯나라 史官이 策에 기록한 것을 토대로 하여, 그 書法의 眞僞를 고찰하고 전통적인 방법이나 典禮에 입각하여 다시 고쳐 썼으며, 또 위로는 周公의 遺制를 따르고 아래로는 앞으로 지켜야 할 법을 분명히 제시하였다는 데서 온 말. 杜預,「春秋左氏傳序」 "仲尼因策書成文, 考其眞僞, 而志其典禮. 上以遵周公之遺制, 下以明將來之法."

291 石不能言: 돌(비석)은 말을 하지 못한다는 뜻. 『춘추좌씨전』, 昭公 8년 "石言于晉魏楡. 晉侯問於師曠曰:「石何故言?」 對曰:「石不能言, 或馮焉. 不然, 民聽濫也. 抑臣又聞之, 曰:「作事不時, 怨讟動于民, 則有非言之物而言」 今宮室崇侈, 民力彫盡, 怨讟竝作, 莫保其性, 石言不亦宜乎?"

唯懊師化去早, 臣歸來遲. 虋虉字²⁹² 誰告前因²⁹³, 逍遙義²⁹⁴不
聞眞決²⁹⁵. 每憂傷手²⁹⁶, 莫悟伸拳²⁹⁷. 欻時則露往霜來, 遽涸愁
鬢; 談道則天高地厚, 廑腐頑毫. 將諧汗漫之遊²⁹⁸, 始述崆峒之
美²⁹⁹.

292 虋虉字:『法華靈驗傳』에 나오는 故事. 옛날에 어떤 沙彌가『법화경』「藥草喩品」에 나오
 는 '虋虉'라는 두 글자를 늘 잊으므로, 그 스승이 책망하였는 바, 스승의 꿈에 한 스
 님이 나타나 말하기를, "沙彌가 전생에 가졌던『법화경』에 그 두 글자가 좀이 먹었기
 때문에 항상 잊는 것이다"고 하였다는 故事.『法華靈驗傳』卷下,「難通二字」"釋某失其
 名, 住秦郡東寺. 有沙彌誦法華經, 甚通利, 惟到藥草喩品虋虉二字, 隨教隨忘, 如是至千. 師
 苦嘖(謫)之曰:「汝法華一部, 熟利如此, 豈不能作意憶此二字耶?」師夜夢見一僧謂之曰:「汝
 不應嘖! 此沙彌前生寺側東村, 受優婆夷身, 本誦法華一部. 但其家法華當時藥草喩品, 白魚
 食去虋虉二字. 于時經本無此二字, 爲其今生新受習未成耳"」
293 前因: 탑본에는 '前日'로 되어 있으나, 文義上으로 '前因'이 더 적절할 듯하다. 여러 註
 解本에는 모두 '前因'으로 되어 있다.
294 逍遙義: 逍遙園에서의 說法. 지증대사가 月池宮에서 임금에게 설법한 것을 비유한 말
 이다. 逍遙園은 중국 陝西省(섬서성)에 있는 禪院이다. 일찍이 서역의 스님 鳩摩羅什이
 長安에 왔을 때 後秦의 임금 姚興이 여러 沙門들과 함께 이곳에서 什의 설법을 들었다
 고 한다.『梁高僧傳』권2,「鳩摩羅什傳」"後秦姚興時, 鳩摩羅什至長安. 姚興如逍遙園, 引
 諸沙門, 聽什說佛經."
295 眞決: '眞訣'의 誤書.
296 傷手: 도편수를 대신하여 목수일을 하는 사람치고 손을 다치지 않은 이가 드무니, 이
 는 솜씨가 서투르기 때문이라는 말.『老子』, 제74장 "夫代大匠斲者, 希有不傷其手矣.";
『全唐文』권527, 柳冕,「謝杜相公論方杜二相書」"愧無運斤之妙, 徒有傷手之責."
297 莫悟伸拳: 주먹을 펴고 쥐었던 구슬을 전해 주었던 것과 같은 '宿世의 인연'을 깨닫지
 못했다는 말. 禪宗의 인도 二十八祖 중 제25조인 婆舍斯多 尊者가 태어나면서부터 왼
 쪽 주먹을 꽉 쥐고 펴지 않자, 어느 날 그의 아버지가 師子尊者(印度禪宗 제24조)에
 게 아들을 데리고 가서 주먹을 펴게 해 달라고 청하였다. 이에 師子 尊者가 婆舍斯多
 의 손을 잡고 "내 구슬을 돌려줄 수 있겠느냐?"고 하자, 이내 주먹을 펴고 구슬을 건
 네주었다. 뒷날 師子 尊者는 婆舍斯多에게 傳燈하였다. 이 故事는 곧 禪宗에서의 '傳燈'
 과 관련하여 '宿世의 인연'을 강조한 좋은 예라 하겠다.『景德傳燈錄』권2,「第二十四祖
 師子比丘傳」"第二十五祖婆舍斯多, 母夢得神珠, 因而有孕. 旣誕拳左手, 其父引其子, 問師子
 曰:「此子當生, 便拳左手. 今旣長矣, 而終未能舒, 願示其宿因」師子卽以手接曰:「可還我珠?」
 童子遽開手奉珠, 衆皆驚異."
298 汗漫之遊: 얽매임이 없는 자유로운 놀음.『淮南子』,「道應訓」"盧敖游乎北海, 見一士焉.
 ······ 士曰:「吾與汗漫, 期于九垓之外」"; 同注 "汗漫, 不可知之也. 九垓, 九天之外."
299 崆峒之美: 崆峒山의 아름다움. 지증대사의 景行을 비유한 말이다.

有門人英爽, 來趣³⁰⁰受辛³⁰¹; 金口³⁰²是資, 石心彌固. 忍踰刮骨³⁰³, 求甚刻身; 影伴八冬, 言資三復³⁰⁴. 抑六異六是之屬辭無愧, 賈勇有餘³⁰⁵者; 實乃大師內蕩六魔³⁰⁶, 外除六蔽, 行苞六度³⁰⁷, 坐證六通³⁰⁸故也. 事譬採花³⁰⁹, 文難削藁³¹⁰; 遂同榛楛勿翦³¹¹, 有慼糠粃在前³¹². 跡追蘭殿³¹³之遊, 誰不仰月池佳對. 偈

300 趣(촉): 재촉함. '促'과 통용됨.
301 受辛: '辭'의 破字.
302 金口: 말을 삼가야 한다는 '金人三緘'의 고사. 『孔子家語』, 「觀周」 "孔子觀周, 遂入太祖后稷之廟, 右階之前, 有金人焉; 參緘其口, 而銘其背曰: 古之愼言人也, 戒之哉! 戒之哉!"
303 刮骨: 뼈를 긁어내는 것. 일찍이 關羽가 毒矢를 맞고 醫員에게 수술을 받을 때, 독을 제거하기 위해 뼈를 긁어내는데도 諸將들과 飮食相對하면서 조금도 고통스러운 기색을 나타내지 않았다는 고사에서 나왔다. 『三國志』 권36, 「關羽傳」 "羽嘗爲流矢所中, 貫其左臂, 後創雖愈, 骨常疼痛, 醫曰: 「矢鏃有毒, 毒入于骨, 當破臂作創, 刮骨去毒, 然後此患乃除耳」 羽便伸臂令醫劈之. 時羽適請諸將飮食相對, 臂血流離, 盈於盤器, 而羽割炙引酒, 言笑自若."
304 三復: 南容이 하루에 세 번씩 '白圭之玷'의 시를 읊었다는 '三復白圭'의 고사. 『論語』, 「先進」 "南容三復白圭, 孔子以其兄之子妻之."
305 賈勇有餘(고용유여): 용기가 넘쳐 남에게 팔만함. 餘勇可賈. 『춘추좌씨전』, 成公 2년 "齊高固曰, 欲勇者, 賈余餘勇."; 同注 "賈, 賣也. 己勇有餘, 欲賣之."
306 六魔: 六塵.
307 六度: 六婆羅蜜.
308 六通: 六神通.
309 事譬採花: 事跡을 형용하는 것은, 마치 벌이 꽃에서 꿀을 캐 가되, 꽃의 色과 香을 손상시키지 않고 그 단맛만을 취해 가듯이 해야 한다는 말. 『四分律比丘戒本末』 「第三毘葉羅如來 戒經頌」 "譬如蜂採花, 不壞色與香, 但取其味去."
310 削藁(삭고): 초고를 없애는 것. 옛 사람들은 章奏文 또는 書簡文이 완성되면, 이를 임금에게 올리거나 상대방에게 보낸 뒤 초고를 없애버렸다. 이는 누설을 막기 위함이었다고 한다. 『漢書』 권81, 「孔光傳」 "時有所言, 輒削草藁."; 同注 "服虔曰, 言已繕書, 輒削壞其草."; 『文選』 권36, 任昉, 「宣德皇后令一首」 "文擅雕龍, 而成輒削藁."
311 榛楛勿翦(진호물전): 가시나무를 처내지 않음. 『文選』 권17, 陸機, 「文賦」 "亦蒙榮於集翠, 彼榛楛之勿翦."
312 糠粃在前: 곡식 등을 키[箕]에다 담고 까불면, 겨와 쭉정이가 앞에 남는다는 뜻. 비문에 알맹이가 없음을 이른다. 『世說新語』 권6, 「排調」 "王文度·范榮期, 俱爲簡文所要. 范年大而位小, 王年小而位大. 旣移久, 王遂在范後, 王因謂曰: 簸之揚之, 糠粃在前. 范曰: 沙之汰之, 砂礫在後."
313 蘭殿: 椒香이 薰薰한 宮殿, 또는 산초나무 열매를 섞어 벽을 바른[椒壁] 宮殿. 원래는 后妃가 거처하는 宮殿을 가리키는 말이었으나, 여기서는 궁궐의 汎稱으로 사용되었다. 『文選』 권58, 顔延之, 「宋文皇帝元皇后哀策文」 "蘭殿長陰, 椒塗弛衛."; 同注 "向曰, 蘭

效柏梁³¹⁴之作, 庶幾騰日域³¹⁵高譚. 其詞曰:

麟聖³¹⁶依仁仍據德³¹⁷	鹿仙³¹⁸知白能守黑³¹⁹
二教徒稱天下式	螺髻眞人³²⁰難³²¹确力
十萬里外鏡西域	一千年後燭東國
雞林地在鰲山³²²側	仙儒自古多奇特
可憐羲仲³²³不曠職	更迎佛日辨空色
教門從此分階域	言路因之理溝洫³²⁴

殿椒塗, 后妃所居也. 言蘭殿, 取其香也. 椒塗以椒塗室也."

314 柏梁: 漢武帝가 柏梁臺에서 七言聯句를 짓도록 했던 故事. 이 七言聯句가 이른바 '柏梁體'로, 칠언시의 기원이다.『三輔黃圖』권5,「臺榭」"帝(附註: 漢武帝)嘗置酒其上(附註: 柏梁臺), 詔群臣和詩, 能七言詩者乃得上."
315 日域: 해뜨는 곳. 여기서는 신라를 지칭.
316 麟聖: 孔子를 말함. 공자가 태어나기 전에 기린이 玉書를 토하였다는 전설(麟吐玉書)에서 비롯된다. 王嘉,『拾遺記』"夫子未生時, 有麟吐玉書于闕里人家. 文云: 水精之子, 繼衰周而素王. …… 徵在賢明, 知爲神異, 乃以繡紋繫麟角, 信宿而麟居."
317 依仁據德:『논어』,「述而」"子曰, 志於道, 據於德, 依於仁, 游於藝"에서 인용한 말.
318 鹿仙: 老子를 가리킴. 노자의 아버지가 사슴을 탄 仙人이 집에 들어오는 꿈을 꾼 뒤 노자를 孕胎하였다는 故事에서 나왔다. 王嘉,『拾遺記』"老子父姓名韓乾, 夜夢日精敷野, 而仙人駕鹿入室, 與上洋朱氏特猪婢子, 合孕而生, 故曰鹿仙."
319 知白守黑:『老子』제28장 "知其白, 守其黑, 爲天下式"에서 인용한 말.
320 螺髻眞人: 부처를 이르는 말. 佛頭가 소라껍데기 모양인 데서 비롯되었다. '螺髻仙人'이라고도 한다.
321 難: 근심하다(나무라다).
322 鰲山: 큰 자라 열 다섯 마리가 머리로 떠받치고 있다고 하는 바다 속의 산. 渤海의 동쪽에 있으며 神仙이 산다고 한다. 여기서는 위 전설상의 산 이름과 같은 金鰲山, 즉 경주 南山을 가리킨다.『列子』,「湯問」"渤海之東, 有大壑焉. 其中有五山, 而五山之根, 無所連著, 常隨波上下往遠. 帝恐流于西極, 使巨鰲十五擧首戴之, 五山始峙."
323 羲仲: 堯임금의 신하. 東方을 맡아 다스리는 관직에 임명되었다. 여기서는 우리나라 임금을 가리킨다.『書經』, 虞書,「堯典」"分命羲仲, 宅嵎夷."
324 溝洫(구혁): 田畓 가운데의 봇도랑(水路). 轉하여 널리 뻗은 것을 뜻한다.『文選』권4, 左思,「蜀都賦」"溝洫脉散, 疆里綺錯."

身依兔窟³²⁵心難息　　足躡羊岐³²⁶眼還惑
法海安流眞叵測　　　心得眼訣芭眞極
得之得類罔象³²⁷得　　默之默異寒蟬³²⁸默
北山義與南岳陟　　　垂鵠翅與展鵬翼
海外時來道難抑　　　遠流禪河無雍塞³²⁹
蓬托麻中能自直³³⁰　　珠探衣內休傍貸³³¹
湛若賢溪善知識　　　十二因緣匪虛飾
何用攀緄兼拊杙³³²　　何用舐筆及含墨³³³

325 兎窟: 토끼가 사는 굴. 隱者가 거처하는 곳을 비유한 말. 본래는 교활한 토끼가 三窟을 두어 外禍를 피한다는 故事에서 나왔다. 『戰國策』, 「齊策」"馮諼曰, 狡兔有三窟, 僅得免其死耳. 今君有一窟, 未得高枕而臥也. 請爲君復鑿二窟."

326 羊岐: 楊子의 이웃 사람이 양을 잃어버렸는데, 갈림길 속에 또 갈림길이 있어 찾지 못했다는 故事. 敎宗의 言說이 많아 진리를 얻기 어렵다는 뜻으로 사용한 것이다. 『列子』, 「說符」"楊子之隣人亡羊, 旣率其黨, 又請楊子之豎追之. 楊子曰:「嘻! 亡一羊, 何追者衆?」隣人曰:「多岐路」旣反, 問:「獲羊乎?」曰:「亡之矣」曰:「奚亡之?」曰:「岐路之中, 又有岐焉. 吾不知所之, 所以反也."

327 罔象: 형상이 없다는 말. 곧 無心의 뜻. 『莊子』, 「天地」"黃帝遊乎赤水之北, 登乎崑崙之丘, 而南望還歸, 遺其玄珠, 使知索之而不得, 使離朱索之而不得, 使喫詬索之而不得也. 乃使象罔, 象罔得之. 黃帝曰:「異哉! 象罔乃可以得之乎」"

328 寒蟬: 울지 않는 숫매미. 寂黙하게 사는 것을 비유한다. 『後漢書』권67, 「杜蜜傳」"劉勝位爲大夫, 見禮上賓, 而知善不薦, 聞惡無言, 隱情惜己, 自同寒蟬, 此罪人也."; 同注 "寒蟬, 謂寂黙也."

329 雍塞: 막혀서 통하지 않음. '雍'은 '壅'과 소字.

330 蓬托麻中能自直: 다북쑥도 삼대 속에서는 절로 곧게 자란다는 말. 지증대사가 중국에 유학하고 돌아온 여러 禪師들의 영향을 받아 스스로 禪道를 펼칠 수 있었다는 뜻이다. 『荀子』, 「勸學」"蓬生麻中, 不扶而直."

331 休傍貸: 옆(中國)에서 빌리는 것을 그만둠. '貸(특)'은 '貣'과 통용됨.

332 拊杙(부익): 말뚝을 박음.

333 舐筆及含墨: 종이에게 붓을 핥고 먹물을 머금게 함. 즉 文字를 빌어서 得道하는 것을 이른다.

彼或遠學來匍匐³³⁴　　我能靜坐降魔賊³³⁵
莫把意樹³³⁶誤栽植　　莫把情田³³⁷枉稼穡
莫把恒沙論萬億　　　莫把孤雲定南北
德馨四遠聞詹蔔³³⁸　　惠化一方³³⁹安社稷
面奉天花³⁴⁰飄縷裓³⁴¹　心憑水月呈禪拭³⁴²
家副³⁴³佳錦³⁴⁴誰入棘　腐儒玄杖³⁴⁵憃摘埴³⁴⁶

334 匍匐: 힘을 다함. 『시경』, 邶風, 「谷風」 "凡民有喪, 匍匐救之."
 최치원은 同 碑銘에서, "다북쑥이 삼대에 의지하여 스스로 곧을 수 있었고, 구슬을 내 몸에서 찾음에 이웃에서 빌리는 것을 그만두었다(蓬托麻中能自直, 珠探衣內休傍貸)"고 하였다. 이 구절에서 다북쑥은 지증대사에, 삼대는 도의·홍척 등 禪門形成의 선구자들에게 비유되었다. 지증대사는 이미 前輩가 이루어 놓은 여건의 성숙에 힘입어 중국에 유학을 가지 않고서도 마음의 본체를 바르게 할 수 있게 되었다는 것이다.
335 魔賊: 欲界第六天의 魔軍을 가리킴. 佛道를 방해하는 일체의 惡事를 비유하여 일컫는 말이다. 부처가 成道할 때 欲界第六天의 魔王이 모든 眷屬을 거느리고 와서 그를 방해하니, 부처가 神力으로써 모조리 항복시켰다고 한다. 『法華經』, 「化城喩品」 "其佛坐道場, 破魔軍已."
336 意樹: 意念의 나무. 사람의 意念이 과실나무와 같다는 비유다. 意念의 如何에 따라 善果나 惡果가 열린다는 말이다.
337 情田: 인간의 情欲을 田地에 비유한 것. 『禮記』, 「禮運」 "人情以爲田."
338 詹蔔(담복): 舊蔔의 잘못. 빛이 희고 향내가 좋은 치자나무의 꽃.
339 一方: 海東一方을 말함(『桂苑遺香』).
340 天花: 『法華經』, 「分別功德品」에 나오는 전설적인 靈迹. 부처가 佛法을 講할 때 玄妙精微한 대목에 이르러서 하늘에서 曼陀羅花의 꽃비를 내렸다는 故事이다. 이후 佛門의 靈迹을 말할 때 자주 인용되었다. 여기서는 임금께서 내린 御札(天賜華翰)에 비유되었다.
341 縷裓(누극): 누더기(修道僧의 옷차림).
342 禪拭: 禪門에서 이른바 마음을 씻어내는 '拭心說法'을 말한다.
343 家副: 『海雲碑銘註』 등에서는 '霍副'라 판독하고 "아마도 옛날 貧者의 이름일 것"이라고 추정하였다. 文理에 맞지 않는 판독이요 해석이다. '家副' 아니면 '家嗣'로 판독된다. '副'와 '嗣'는 字體가 서로 비슷하여 단정하기는 어렵지만, 의미는 둘 다 같다. 家副나 家嗣 둘 다 '집안의 代를 이을 사람'이라는 뜻이기 때문이다. 이는 지증대사가 獨子였기 때문에 그의 어머니가 집안을 보존할 주인이 없음을 생각하여 出家를 허락하지 않았던 사실과도 합치한다.
344 佳綿: 좋은 비단. 轉하여 부유한 집안을 이른다.
345 玄杖: 현묘한 지팡이. '玄杖'과 같은 말이다. 맹인이 길을 가는 데 지팡이가 길잡이를 하듯이 사람이 살아가는 데 道가 길잡이가 된다는 말로서, 道를 비유하였다(여기서는 儒敎를 지칭). 『淮南子』, 「原道訓」 "履危行險, 無忘玄杖."
346 摘埴(적식): 들추어냄. 밝힘. '摘埴'과 같다. 『法言』 권2, 「修身」 "三年不目日, 視必盲, 三年

跡耀寶幢名可勒　　　才輸³⁴⁷錦頌文難織

囂腹³⁴⁸欲飫禪悅食　　　來向山中看篆刻

　芬皇寺釋慧江書幷刻字, 歲八十三. 院主大德能善通俊, 都唯那等, 玄逸長解鳴善旦越成碣, 西□大將軍, 著紫金魚袋蘇判阿叱彌, 加恩縣將軍熙弼, 當縣□刃洋治□□□于德明. 龍德四年歲次甲申六月 日竟建.

不目月, 精必矇, 熒魂曠枯, 糟莩曠沈, 擿埴索塗冥行而已矣."
347 輸: 뒤집[負]. 『正字通』 "輸, 俗謂負爲輸, 戰敗亦曰輸."
348 囂腹(효복): 꼬르륵 소리가 나도록 주린 배.

번 역

新羅國 故 鳳巖山寺 敎諡 智證大師 寂照의 塔碑銘 및 序

하정사(賀正使)로 당나라에 입조(入朝)[349]하였고, 겸하여 천자의 사신[皇華] 등을 맞아 받들었으며, 조청대부(朝請大夫)로서 전에 수병부시랑(守兵部侍郎)[350] 서서원(瑞書院)[351] 학사(學士)였고 자금어대(紫金魚袋)를 하사 받은 신(臣) 최치원(崔致遠)이 왕명을 받들어 찬술하다.

서(序)에 말한다.

I

오상(五常)[352]을 다섯 방위로 나눔에 동방(動方)[353]에 짝지어진 것을 '인(仁)'이라 한다. 삼교(三敎)가 명호(名號)를 세움에 정역(淨域:

---

349 賀正使로서 ~ : 『삼국사기』 권46, 「崔致遠傳」에 의하면, 唐昭宗 景福 2년(893)에 告奏使인 金處誨가 渡唐中 익사하자, 이어 富城郡太守로 있던 최치원을 賀正使로 임명하였는데, 흉년으로 도둑이 횡행하여 가지 못했다. 그 뒤에 역시 사신으로 入唐하였으나 그 시기가 언제였는지 알지 못한다고 한다.
350 兵部侍郎 : 兵部의 次官. 본래 '大監'이라고 하던 것을 경덕왕이 '侍中'으로 고쳤다가 혜공왕이 다시 大監으로 복구하였다. 그 뒤는 대개 侍中으로 통용된 것 같다. 『삼국사기』 권38, 「職官(上)」 참조.
351 瑞書院 : 통일신라 때 文翰機構의 하나. 翰林臺의 후신으로, 880년 무렵에 개칭, 격상되었다. 여기에서 崔致遠·朴仁範·崔彦撝 등 중국 유학생 출신들이 學士로서 활약했다고 한다.
352 五常 : 儒家에서 仁·義·禮·智·信을 이르는 말.
353 動方 : 東方을 말함. '東'은 만물이 처음으로 생겨나는 방위에 해당하므로 '動方'이라 한다. 『白虎通』, 「五行」 "東方者, 動方也, 萬物始動生也."

淨土)을 나타낸 이가 '불(佛)'이다. 인심(仁心)이 곧 부처다. 부처를 '능인(能仁)'이라고 일컬음은 (이를) 본받은 것이다. 동이(東夷: 郁夷)의 유순(柔順)한 성원(性源)을 인도하여, 가비라위(迦毘羅衛)의 자비로운 교해(敎海)에 이르도록 하니, 이는 돌을 물에 던지는 것 같고, 빗물이 모래를 모으듯 하였다. 더구나, 동방(東方)의 제후가 외방(外方)을 다스리는 것으로 우리처럼 위대함이 없으며, 산천이 영수(靈秀)하여 이미 '호생(好生)'으로 근본을 삼고[354] '호양(互讓)'으로 주를 삼았음에라.[355] 화락(和樂)한 태평국(太平國)[356]의 봄이요, 은은(隱隱)한 상고(上古)의 교화라. 게다가 성(姓)마다 석가의 종족에 참여하여,[357] 매금(寐錦: 임금) 같은 존귀한 분이 삭발하기도 하였으며, 언어가 범어(梵語)를 답습하여 혀를 굴리면 다라(多羅)의 글자가 많았다.[358] 이는 곧 하늘이 환하게 서국(西國)을 돌아보고,[359] 바다가 이끌어 동방으로 흐르게 한 것이다. 군자들이 사는 곳에 법왕(法王: 부처)의 도가 나날이 깊어지고 날로 깊어짐이 당연하다고 하겠다.

대저 노(魯) 나라에서는 하늘에서 별이 떨어진 것을 기록하고,[360]

---

354 好生으로 근본을 삼고: 東方은 動方으로서 만물이 처음 생겨나는 곳이므로, 『書經』에서 말하는 好生之德을 지녔다는 말. 『書經』, 虞書, 「大禹謨」 "好生之德, 洽于民心, 玆以不犯于有司."
355 互讓으로 주를 ~: 우리나라 사람들의 성품이 好讓不爭함은 중국의 古史書에 보인다. 『山海經』, 「海外東經」 "君子國, …… 其人好讓不爭."
356 상고대 우리나라를 달리 이르던 말. 태평국. 『爾雅』, 「釋地」 "東至日所出爲太平, 太平之人仁."
357 姓마다 석가의 종족에 참여하여: 신분과 계층에 구애됨이 없이 많은 백성이 불교에 귀의하였다는 말.
358 언어가 범어를 답습하여 ~: 온 백성이 불교에 젖어들어, 불가에서 말하는 용어 또는 佛經의 문자를 많이 사용하게 되었다는 말.
359 하늘이 환하게 서국을 돌아보고: 불교가 중국에 전래된 것은 하늘이 돌보았기 때문이라는 말.
360 魯나라에서 하늘로부터 별이 ~: 西方에서 석가가 탄생할 前兆를 『春秋』에 기록하였

한(漢) 나라에서는 금인(金人)이 목덜미에 일륜(日輪)을 두르고 있음을 징험[361]하였다. 이로부터 불상(佛像)의 자취는 모든 시내가 달을 머금은 듯하고, 설법의 말씀은 온갖 소리가 바람에 우는 것 같았다. 혹 아름다운 일의 자취를 서적[縑緗]에 모우기도 하고, 혹 빛나는 사실들을 비석[琬琰]에 수놓기도 하였다. 그러므로, 낙양(洛陽)을 범람케 하고[362] 진궁(秦宮)을 비추었던 사적(事蹟)[363]이 환히 밝아, 마치 해와 달[合璧]을 걸어 놓은 듯하니, 진실로 말과 글에 썩 능하거나 글재주가 있지 않으면, 어찌 그 사이에 문사(文辭)를 얽어 맞추어 후세에 전하게 할 수 있겠는가.

II

한 나라의 경우에 비추어 다른 나라의 사정을 파악하는 데 나아가, 한 지방으로부터 다른 지방에 이른 것을 상고해보니, 불법(佛法)의

다는 말.『春秋』莊公 7년조 經文을 보면, "夏四月 辛卯日 밤에 恒星이 보이지 않았으며, 밤중에 별이 비처럼 떨어졌다"고 하였다. 이는 비록 밤이기는 하지만 밝았음을 뜻한다. 道宣의『集古今佛道論衡』등 불교측 史書에서는 이를 인용하여, "항성이 나타나지 않고 밤이 낮처럼 밝았으니, 이는 곧 文殊菩薩이 雪山에서 5백의 仙人으로 化身하여 큰 光明을 放射한 때이다"고 하였다. 이 뿐만 아니라『列子』「仲尼」편에 나오는 "西方之人有聖者焉, 不治而不亂, 不言而自信, 不化而自行, 蕩蕩乎民無能名焉" 운운한 대목에서의 聖者도 석가모니를 가리키는 것이라고 하기도 한다. 이는 석가의 탄생을 신비화하고 그 권위를 부여하기 위해 附會한 것이다.

361 漢나라에서 金人이 목덜미에 ~ : 後漢 明帝 永平 3년(A.D. 60)에 황제가 꿈속에서 목덜미에 日輪을 걸고 있는 金人을 보고 난 뒤, 여러 신하들에게 꿈에 대해서 묻고, 天竺國에 사신을 보내 佛法을 구해 오도록 하였다는 故事.

362 洛陽을 범람케 하고 : 周昭王 때 洛陽의 江河와 우물이 넘쳐흘렀던 故事. 太史 蘇由가 아뢴 바에 의하면 西方에서 大聖人(석가모니를 지칭)이 탄생하였기 때문이라고 한다.

363 秦宮을 비추었던 事跡: 秦始皇 때 서역의 沙門 室利防 등이 와서 始皇을 교화하였으나, 시황이 따르지 않고 이들을 궁중에 가두자, 거울을 달아맨 것처럼 밝은 얼굴을 한 丈六金身이 한밤중에 나타나 그들을 달아날 수 있도록 도와주었다는 故事. 곧 佛力이 두드러진 것을 의미한다.

바람이 유사(流沙: 고비사막)와 총령(葱嶺: 파미르고원)을 지나서 전해 오고, 그 물결이 바다 건너 한 모퉁이(海東)에 비로소 미쳤다.

옛날 우리나라가 셋으로 나뉘어 솥발처럼 서로 대치하였을 때, 백제에 '소도(蘇塗)'³⁶⁴라는 의식이 있었다. 이는 감천궁(甘泉宮)에서 금인(金人)에게 예배를 드리던 것³⁶⁵과 같았다. 그 뒤 섬서(陝西)의 담시(曇始)³⁶⁶가 맥(貊)³⁶⁷ 땅에 들어온 것은, 섭마등(攝摩騰)³⁶⁸이 동쪽으로 옮겨가 후한(後漢)에 들어온 것과 같았으며, 고구려의 아도(阿度)³⁷⁰가 우리 신라에 건너온 것은, 강승회(康僧會)³⁷¹가 남쪽으로 오(吳) 나라에 간 것과 같았다.

364 蘇塗: 고대 三韓 사회에서 天祭를 지내던 장소, 또는 儀式. 그 명칭은 祭壇 앞에 세우는 큰 나무, 즉 '솟대'[立木]의 音譯이라는 설과, 높은 터[高墟]의 音譯인 '솟터'에서 유래하였다는 설 등이 있다. 여기서 '백제에 蘇塗之儀가 있었다'고 한 것은, 백제가 馬韓의 후신으로 蘇塗의 遺風을 傳受하였기 때문일 것이다. 또 이를 강조한 것은 중국 문헌에서 이른바 '蘇塗之義, 有似浮屠'라 함에 유의하여, 불교가 전래하기 이전의 우리나라에도 불교와 유사한 의식이 있었음을 나타내려는 의도로 보인다.
365 甘泉宮에서 ~: 원래 匈奴族이 咸陽의 북서쪽에 있는 甘泉山에 金人(이른바 浮屠金人, 金佛像)을 안치하고, 하늘에 제사지낼 때 祭位로 삼았다. 秦始皇이 그곳을 侵奪하므로 休屠王의 右地로 옮겼다가, 그 뒤 한무제 元狩年間(B.C. 122~117)에 霍去病이 西域에 들어가 金人 一軀를 얻어 가지고 돌아오자, 武帝가 大神으로 삼아 감천궁(진시황이 세우고 한무제가 B.C. 138년에 확장함)에 모시고 燒香禮拜했다고 한다.
366 曇始: 중국 東晉 때의 高僧. 출가한 뒤 이상한 행적을 많이 남겼다. 발이 얼굴보다 희고 물에 젖지 않았으므로, '白足和尙'이라 불렸다. 고구려 광개토왕 5년(395)에 經律 수십 部를 가지고 遼東에 와서 교화하였는데, 『梁高僧傳』 권10, 「曇始傳」에 의하면 이것이 고구려에서 佛法을 받아들인 시초라고 한다. 현재 학계에서는 이보다 23년 전인 소수림왕 2년(372)에 前秦의 임금 符堅이 보낸 順道에 의해 이미 전래된 것으로 본다.
367 貊: 驪貊의 준말. 고구려를 낮추어 일컫는 말. 眞鑑禪師碑 "隋師征遼, 多沒驪貊" 참조.
368 攝摩騰: 중국 後漢 때의 高僧. 迦葉摩騰이라고도 한다. 본래 中天竺國 출신으로서, 후한의 明帝가 天竺國에 사신을 보내 佛法을 구할 당시 竺法蘭과 함께 迎入되어 처음으로 중국에 불교를 전파하였다고 한다. 『四十二章經』을 번역했다. 『高僧傳』 권1, 「攝摩騰傳」 참조.
369 阿度: 신라에 불교를 처음으로 전한 승려. 일명 阿道 또는 阿頭라고도 한다. 『삼국유사』 권3, '阿道基羅'條에 의하면, 그는 曹魏의 사신으로 고구려에 왔던 我崛摩와 고구려 여인 高道寧 사이에서 태어난 혼혈아로서, 5세에 출가했다. 신라 味鄒王 2년(263)에 모친의 명을 받고 신라 왕실에 불교를 전파하려 했으나 실패하고, 그 뒤 3년 동안 一善縣(善山) 毛禮의 집에 은거하던 중, 成國公主의 병을 고쳐준 공으로 그때부터 傳敎를

때는 곧 양(梁) 나라의 보살제(菩薩帝: 武帝)가 동태사(同泰寺)에서 돌아온 지 1년만이요,[371] 우리 법흥왕께서 율령(律令)을 마련하신 지 8년만이다.[372] 역시 이미 바닷가 계림(鷄林)에 즐거움을 주는 근본을 심었으니, 해뜨는 곳 신라에서 늘어나고 자라나는 보배[373]가 빛났으며, 하늘이 착한 소원을 들어주시고[374] 땅에서 특별히 뛰어난 선인(善因)[375]이 솟았다. 이에 귀현(貴顯)한 근신(近臣)이 제 몸을 바치고,[376] 임금(上仙)이 삭발을 하였으며,[377] 비구승(比丘僧)이 서쪽으로 유학(遊學)을 가고 아라한(阿羅漢)[378]이 동국(東國)으로 원유(遠遊)

허가 받았으며, 興輪寺를 창건하였다.
※참고: 신라에 불교를 처음 전한 사람에 대하여, 『삼국유사』에서는 阿道가 미추왕 때(재위: 262~284) 때 전했다고 하였으며, 『삼국사기』에서는 墨胡子가 눌지왕 때(재위: 417~458) 전하였다고 했다. 아도와 묵호자의 행적이 거의 같기 때문에 동일인으로 보는 것이 거의 定說로 되어 왔다. 다만 전래 시기에 현격한 차이가 있는 것이 문제된다.

370 康僧會: 康居國 계통의 승려. 吳나라 大帝 赤烏 연간(238~251)에 중국 江南의 建康 지방에 와서 처음으로 불교를 전하였다.
371 양나라의 보살제가 ~: 梁武帝가 大通元年(527) 3월 同泰寺에 가서 捨身하고 돌아온 그 이듬해이니, 곧 528년이다.
372 律令을 마련하신 지 ~: 신라에서 율령을 제정, 반포한 때가 법흥왕 7년(520)이니, 이로부터 8년 뒤라면 동왕 15년(528)에 해당한다. 撰者가 율령의 제정과 불교의 공인에 주목하고 있는 것은, 율령의 반포를 전후한 법흥왕 시대의 정치적 변혁과 불교의 세력이 점차 일어나는 것을 결부시켜 하나의 시기로 파악하고자 하는 의도인 듯하다.
373 늘어나고 자라나는 보배: 信心을 비유한 말.
374 하늘이 착한 소원을 ~: 하늘이 佛法을 널리 펴고자 하는 소원을 들어주었다는 말. 당시 신라의 속담(俚語)에, "사람에게 착한 소원이 있으면 하늘이 반드시 이를 따른다" 고 하는 말이 있었다고 한다. 최치원, 「新羅壽昌郡護國城八角燈樓記」 "人有善願, 天必從之."(『최문창후전집』, 83~83쪽)
375 특별히 뛰어난 善因: 신라에서 불교를 公認하는 데 결정적인 계기가 되었던 異次頓의 殉敎 등을 지칭함.
376 貴顯한 近臣 ~: 異次頓의 殉敎를 말함. 이차돈은 법흥왕 때 사람으로 姓은 朴, 字는 厭觸이며, 習寶葛文王의 아들이다. 일명 異次 또는 伊處라고도 한다. 성품이 竹柏처럼 강직하고 心志가 水鏡같이 淸淨하였으며 22세 때 舍人의 관직에 올랐다. 법흥왕 14년(527) 순교할 때 그가 예언했던대로 異變이 일어났으므로, 모두 놀라고 감동하여 마침내 국가에서 불교를 공인하게 되었다. 『삼국유사』 권3, 「原宗興法 厭觸滅身」 참조.
377 임금이 삭발을 하였으며: 진흥왕이 祝髮하고 출가하여 법호를 法雲이라 했던 것을 이름. 『삼국사기』 「眞興王紀」 참조.
378 阿羅漢: 원어 'Arhat'의 音譯. 應供이라 번역하며, 존경해야 할 사람이란 뜻을 가진다.

하게 되었다. 이로 인하여 혼돈(混沌)의 상태가 제대로 개벽하였으며, 사바세계(娑婆世界)가 두루 교화되었으므로, 산천의 좋은 경개(景槪)를 가려 토목(土木)의 기이한 공력(功力)을 다하지 않음이 없었다. 수도(修道)할 집을 화려하게 꾸미고 서행(徐行)할 길을 밝히니, 신심(信心)이 샘물같이 솟아나고 혜력(慧力)이 바람처럼 드날렸다. 과연 고구려·백제를 크게 무찔러서[漂杵] 재앙을 제거토록 하며, 무기를 거두고 복을 들어올리게 하니,[379] 옛날엔 조그마했던[蕞爾] 세 나라가 지금에는 장하게도 한 집안이 되었다. 안탑(雁塔)이 구름처럼 벌려져서 문득 빈 땅이 없고, 고래를 새긴 북[鯨枹]이 우레같이 진동하여 제천(諸天)에서 멀지 않았으니, 점차 번지어 물듦에 여유가 있었고,[380] 조용히 탐구함에 게으름이 없었다.

그 교(敎)가 일어남에, 비바사(毘婆娑: 小乘敎)[381]가 먼저 이르자, 우리나라[四郡]에 사제(四諦)[382]의 법륜(法輪)이 달렸고, 마하연(摩訶衍: 大乘敎)이 뒤에 오니 전국에 일승(一乘)[383]의 거울이 빛났다. 의

원래 四向 또는 四果의 最高位로, 세상 사람들의 공양을 받을 만한 사람이라는 의미였다. 후세에는 소승 불교의 수행자 가운데 가장 높은 지위를 말하며, 그 의미로 사용되어 왔다.

379 무기를 거두고 ~: 평화를 이룩하고 이어 民福을 도모함을 이름.
380 점차 번지어 물듦에 ~: 단계적으로 점차 감화되고 교화되면서도 여유가 있었다는 말.
381 毘婆娑: 이능화는 이를 俱舍宗이라고 하였다. 『조선불교통사』中編, 61쪽, 「印度淵源羅麗流派-俱舍宗」 "我海東則新羅時傳此宗, 以文昌侯崔致遠所撰智證國師碑文爲據. 其文有云, 毘婆娑先至云云."
※참고: 俱舍宗은 小乘 20部 중에서 가장 왕성했던 部派이다. 「俱舍論」은 주로 說一切有部의 교리를 밝힌 것으로서, 설일체유부의 방대한 阿毘達磨哲學을 체계 있고 간결하게 서술한 것이다. 오늘날까지 有部의 교학을 연구하는 데 중요한 문헌으로 인정받고 있다.
382 四諦: 소승의 교리인 苦·集·滅·道의 四聖諦를 말한다.
383 一乘: 모든 중생이 成佛할 수 있다는 最上乘의 法門. 大·小乘 또는 종파에 따라 주장하는 바가 다르지만, 여기서는 대승법을 일컫는 것으로 보아야 할 것 같다. 우리나라에 여러 敎法이 전래하였지만, 대승법이 뿌리를 내려 거의 一色을 이루다시피 했기 때

룡(義龍)이 구름처럼 뛰고,³⁸⁴ 율호(律虎)가 바람같이 오르며,³⁸⁵ 교학의 바다[學海]에 파도가 용솟음치고, 계율의 숲[戒林]에 가지와 잎이 무성하였다. 도인(道人)은 모두 끝없는 데까지 융회(融會)하고, 유정인(有情人: 俗人)도 간혹 (眞道에) 적중(的中)함이 있는 데까지 통하였으니, 문득 고요한 물이 잔물결을 잠재우고,³⁸⁶ 높은 산이 떠오르는 아침해를 둘러 찬 듯한³⁸⁷ 사람이 대개 있었을 것이다. 그러나 세상에서는 미처 알지 못하였다.

장경(長慶)³⁸⁸ 초에 이르러, 도의(道義)³⁸⁹라는 스님이 서쪽으로 바다를 건너 중국에 가서 서당(西堂) 지장(智藏)³⁹⁰ 선사의 오지(奧旨)를 보았다. 지혜의 광명이 지장 선사와 비등해져서 돌아왔으니, 현묘(玄妙)한 계합(契合)³⁹¹을 처음으로 말한 사람이다. 그러나, 원숭이의 마음³⁹²에 사로잡힌 무리들은 남쪽을 향해 북쪽으로 달리는 잘못을 감싸고, 메추라기의 날개를 자랑하는 무리들은 남해(南海)를

문이다.
384 義龍이 구름처럼 뛰고: 經義學에 능통함을 비유한 말.
385 律虎가 바람같이 오르며: 戒律學에 통달함을 비유한 말.
386 고요한 물이 잔물결을 잠재우고: 禪定으로 妄想을 잠재우는 것을 이름.
387 높은 산이 떠오르는 아침해를 ~: 높은 산이 떠오르는 아침해를 맨 먼저 맞이한다는 말. 根基가 殊勝한 學人이 佛陀의 心印인 正法眼藏을 먼저 깨침에 비유하였다.
388 長慶: 당나라 穆宗의 연호(821~824).
389 道義: 『祖堂集』 권17, 〈元寂禪師道義〉 참조. 「寂照塔碑」 洪居士註(李能和 所引)에 의하면, "長慶五年乙巳(825), 道義行化楓岳雪岳, 至文德二年己酉(?)"라 하였다.
390 智藏: 馬祖 道一의 제자(735~814). 속성은 寥. 법호는 西堂, 시호는 大覺禪師. 不空三藏이라고도 한다. 마조 문하의 三大師 가운데 한 사람으로, 마조의 옛 도량인 龔公山(南康 虔州에 위치)을 지키면서 禪을 전했으며, 뒤에 洪州 開元寺의 주지를 지냈다. 그의 문하에서 신라의 禪僧 道義·洪陟·慧哲 등이 배출되었다. 『宋高僧傳』 권10, 「馬祖道一傳附」; 『祖堂集』 권15, 〈西堂智藏〉; 『傳燈錄』 권7, 「西堂傳」 참조.
391 玄妙한 契合: '直指人心', '見性成佛'의 禪理를 이름. 곧 馬祖가 一喝함에 百丈이 大機를 얻고 黃檗이 大用을 얻었던 것 등을 말한다.
392 원숭이의 마음: 인간의 奔走한 妄想을 비유적으로 표현한 말. 여기서는 '敎學僧'을 비유했다. '메추라기의 날개를 자랑하는 무리들' 역시 敎學僧을 비유한 말이다.

횡단하려는 대붕(大鵬)의 높은 소망을 꾸짖었다. (저들은) 이미 외우는 말393에만 마음이 쏠려 다투어 비웃으며 '마구니 소리[魔語]'라고 했다.394 이 때문에 빛을 지붕 아래 숨기고, 종적을 그윽한 곳[壺中]에 감추었다. 동해(東海)의 동쪽395에 갈 생각을 그만두고 북산(北山)의 북쪽396에 은둔하였다. 어찌 『주역』에서 말한 "세상을 피해 살아도 근심이 없다"는 것이겠으며,397 『중용』에서 말한 "세상에서 알아주지 않더라도 뉘우침이 없다"는 것이겠는가. 꽃이 겨울 산봉우리에서 빼어나 선정(禪定)의 숲에서 향기를 풍기게 됨에398, 덕을 사모하는[蟻慕] 자가 산에 가득하였고, (개과천선하여) 착하게 된[雁化] 사람들이 골짜기를 나섰다. 도는 폐해질 수 없으며 제 때가 된 뒤에 행해지는 법이다.

흥덕대왕(興德大王)께서 왕위를 계승하시고 선강태자(宣康太子)400께서 감무(監撫)401를 하시게 되자, (金憲昌과 같은) 사악한 무리들을 제거하여 나라를 바르게 다스리고, 선(善)을 즐겨하여 왕가

---

393 외우는 말: 經敎를 가리킴.
394 외우는 말에만 마음이 쏠려 ~ 마구니 소리라고 했다: 선종 第二祖 慧可(487~593)의 行道 과정과 흡사한 면이다. 혜가는 東魏 天平初(534)에 鄴都에서 講席을 열고 禪理를 說하였다. 이 때 講經學徒로부터 시비와 비난이 빈번했다. 특히 道恒禪師라는 이는 혜가의 禪法을 '魔語'라고 비방하면서 해치려고 하기도 했다. 『續高僧傳』 권16, 「釋僧(慧)可傳」 "…… 後以天平之初, 北就新鄴, 盛開秘苑, 滯文之徒, 是非紛擧. 時有道恒禪師, 先有定學, 匡宗鄴下, 徒侶千計. 承可說法, 情事無寄, 謂是魔語."
395 東海의 동쪽: 신라의 서울 金城(慶州)을 가리키는 말.
396 北山의 북쪽: 강원도 襄陽의 설악산 陳田寺를 가리킴. 『祖堂集』 권17, 〈元寂禪師道義〉 참조.
397 어찌 『주역』에서 ~: 자기의 뜻에 따라 은둔하면서 自適하는 것과, 세상에서 용납해 주지 않아 부득이 은거해야 하는 것에는 차이가 있다는 말.
398 禪定의 숲에서 ~: 외롭게 禪風을 지켜 나가는 것을 비유한 말.

(王家)의 생활을 기름지게 하였다. 이 때 홍척(洪陟)⁴⁰¹ 대사라고 하는 이가 있었다. 그 역시 서당(智藏)에게서 심인(心印)을 증득(證得)하였다. 남악(南岳: 지리산)에 와서 발을 멈추니, 임금[鷲冕]께서는 하풍(下風)을 따라 나아가 지도(至道)를 가르쳐 주도록 청했던 것과 생각이 같음⁴⁰²을 밝히셨다. 태자[龍樓]께서는 안개가 걷힐 것⁴⁰³이라는 약속을 경하하였다. 드러내 보이고 은밀히 전하여 아침에 범부(凡夫)이던 사람이 저녁에 성인(聖人)이 되었다. 변함이 널리 행해진[蔚然] 것은 아니지만, 일어남이 성하였다.

시험삼아 그 종취(宗趣)를 엿보아 비교하건대, 닦은[修] 데다 닦은 듯하나 닦음이 없고[沒修] 증득(證得)한 데다 증득한 듯하나 증득함이 없는 것이다.⁴⁰⁴ 고요히 있을 때는 산이 서 있는 것 같고, 움직일 때는 골짜기에 메아리가 울리는 듯 하였으니,⁴⁰⁵ 무위법(無爲法:

399 宣康太子: 성은 金. 이름은 忠恭. 흥덕왕의 同母弟요 憨哀王(金明)의 부친이다. 흥덕왕이 즉위한 뒤 후사가 없어 太子가 되었으나, 왕위를 계승하지 못한 채 죽었으므로(史書에는 이 사실이 보이지 않음), 흥덕왕의 사후에 왕의 從弟인 均貞과 從姪인 悌隆 사이에 왕위쟁탈전이 벌어지는 사태가 발생하였다. 葛文王에 追封되었다가, 민애왕 즉위년(838)에 다시 宣康大王으로 추존되었다.
400 監撫: 監國撫軍의 줄임말. '監國'이란 임금이 도성을 비웠을 때 태자가 임시로 國事를 감독하는 것이고, '撫軍'이란 임금이 出征하거나 外地로 나갈 때 태자가 그를 따르는 것이다. 태자를 일컫는 말로도 사용된다.
401 洪陟: 實相山門의 開祖. 일명 直. 南漢祖師라고도 한다. 헌덕왕 때 당나라에 유학하여 西堂智藏의 禪法을 이어받고 돌아와, 지리산에 實相寺를 창건하고 禪風을 앙양하였다. 이를 實相山門이라고 한다. 구산선문 가운데 가장 먼저 세워졌다.
402 下風을 따라 ~: 일찍이 黃帝가 崆峒山에 나아가 廣成子에게 至道를 가르쳐 달라고 청했던 故事를 따라, 임금이 下風(洪陟)에게 歸依하겠다는 뜻이다. 『景德傳燈錄』권11에서 洪陟의 法嗣로 興德王과 宣康太子를 들고 있다.
403 안개가 걷힐 것: 南岳에 은거하는 洪陟의 出山을 비유한 말.
404 닦음이 없고 ~ 증득함이 없는: 祖師禪의 선구자인 馬祖道一이 주장한 禪法 가운데 하나. 마조의 "평상심이 바로 도이다(平常心是道)", "도는 수행을 필요로 하지 않는다(道不用修)" 등의 禪法이 "닦을 것도 없고 증득할 것도 없다(無修無證)"는 修證論으로 정리되었다.
405 움직일 때는 골짜기가 ~: 많은 사람들이 禪道에 귀의했음을 비유한 말.

禪宗)의 유익(有益)이란 다투지 않고도 이기는 것이다.[406] 이에 우리
나라 사람의 마음 바탕[方寸地]이 허령(虛靈)하게 되었다. 능히 정리
(靜利)[407]로써 해외(海外: 신라)를 이롭게 했으면서도, 그 이롭게 한
바를 말하지 않으니 위대하다고 하겠다.

그 뒤 구도승(求道僧)의 뱃길 왕래가 이어지고, 드러낸 방편이 도
(禪道)에 융합하였으니,[408] 그 선배 고승들을 생각하지 않으랴. 진실
로 그런 이들이 많았다. 어떤 이는 쌍검(雙劍)이 연평진(延平津)에
떨어지듯 중원(中原)에서 득도(得道)하고는 돌아오지 않거나, 어떤
이는 보주(寶珠)가 합포(合浦)에 다시 돌아오듯 득법(得法)한 뒤 돌
아왔는데, 거벽(巨擘)이 된 사람을 손꼽아 셀 만하다. 중국에서 세상
을 떠난 사람으로는 정중사(靜衆寺)의 무상(無相)[409]과 상산(常山)의

---

406 다투지 않고도 이겼던 ~: 기존의 敎宗과 직접 부딪치지 않고도 선종이 우위를 차지
할 수 있게 되었다는 뜻.
407 靜利: '靜'(禪定)이 주는 이익.
408 드러낸 방편이 ~: 敎說(言詮)로써 眞理를 밝힌 것이 禪道에 융합하였다는 말.
409 無相: 신라 출신의 당나라 高僧(680~756). 그의 자세한 행적은 『宋高僧傳』 권19, 「唐
成都淨衆寺無相傳」에 보인다. 그는 聖德王의 셋째왕자로 호는 松溪이다. 일찍이 群南
寺에서 중이 된 뒤, 성덕왕 27년(728) 入唐하여 玄宗의 知遇를 받고 禪定寺에서 修道
했다. 뒤에 四川省의 益州, 즉 成都(『海東繹史』에서는 四川省의 資中이라 함)에서 北禪
의 神秀, 南禪의 慧能과 더불어 다른 一派를 이루고 있던 智詵(609~702)의 제자 處寂
(648~734)에게 禪風을 이어받아 '無相'이라는 이름을 얻고 淨(靜)衆寺의 住持가 되었
으며, 坐禪과 頭陀行을 했다. 또한 成都縣令 楊翌의 귀의를 받아 정중사 이외에도 大
慈寺·菩提寺·寧國寺 등을 건립하였다. '益州金'이라는 별칭으로도 불렸으며, 保唐無
住·馬祖道一·西堂智藏과 함께 당시의 '四證'으로 꼽혔다(李商隱撰, 「梓州慧義精舍南禪
院四證堂碑銘」). 保唐寺의 無住는 그의 高弟이며, 馬祖道一 또한 그를 師事한 적이 있었
다. 이와 같은 그의 명성이 신라에까지 알려져 상당한 영향을 끼치게 되자, 實弟인 경
덕왕이 그의 귀국을 두려워 한 나머지 암살하려고도 하였다.
※참고: 無相이 입적한 뒤 많은 신라인 留學僧들이 그의 影堂에 參訪하여 발길이 끊이
지 않았다고 한다. 「奉化太子寺朗空大師白月栖雲塔碑」에 "行寂, 乾符三年, 至成都俯(府?)
巡謁, 到靜衆精舍, 禮無相大師影堂. 大師新羅人也. 因謁寫眞, 具聞遺美. 爲唐帝導師, 玄
宗之師, 同鄕唯恨異其時, 後代所求追其跡."이라는 대목이 보인다.

혜각(慧覺)⁴¹⁰이니, 곧 『선보(禪譜)』⁴¹¹에서 '익주김(益州金)', '진주김(鎭州金)'이라 한 사람이다. 고국에 돌아온 사람으로 앞에서 말한 북산(北山)의 도의와 남악(南岳)의 홍척, 그리고 (시대를) 조금 더 내려와서 태안사(大安寺)의 혜철국사(慧徹國師),⁴¹² 혜목산(慧目山)의 현욱(玄昱)⁴¹³은 지력(智力)으로 알려졌다. 쌍계사(雙溪寺)의 혜조(慧照: 慧昭), 신흥사(新興寺)의 충언(忠彦),⁴¹⁴ 용암사(涌巖寺)의 각체(覺體)⁴¹⁵, 진구사(珍丘寺)의 □휴(□休),⁴¹⁶ 쌍봉사(雙峯寺)의 도윤(道允),⁴¹⁷ 굴산사(崛山寺)의 범일(梵日),⁴¹⁸ 양조국사(兩朝國師)인 성

---

410 慧覺: 신라 스님(?~774). 荷澤寺에서 神會 선사에게 배워 혜능에서 신회로 이어지는 정통 남종선의 법맥을 계승했다. 입적하기 전 7~8년간 邢州 漆泉寺에서 주지를 지내며 남종선법을 대중들에게 설했다. 2009년 7월, 그의 비문大唐□□□□寺故覺禪師碑銘幷序」 일부가 발견되었다(『법보신문』 제1138호, 2012. 03. 16).
411 禪譜: 禪家에서 편찬된 『傳燈錄』 등의 類를 달리 이르는 말.
412 慧徹國師: 桐裏山門의 開山祖(785~868). 慶州人으로 속성은 박씨, 자는 體空, 시호는 寂忍, 탑호는 照輪淸淨. 16세에 출가하여 浮石寺에서 華嚴을 배우고 22세에 具足戒를 받았다. 헌덕왕 6년(814)에 入唐하여 西堂智藏으로부터 心印을 받고 西州에서 3년 동안 大藏經을 연구하다가 문성왕 1년(839)에 귀국하여 九山禪門의 하나인 '동리산문'의 개조가 되었다. 崔賀가 撰한 「谷城桐裏山大安寺寂忍禪師照輪淸淨塔碑文」이 있다. 『祖堂集』 권17, 「桐裏和尙慧徹」 참조.
413 玄昱: 鳳林山門의 開山祖(787~868). 속성은 金氏, 호는 圓鑑. 20세에 출가한 뒤 헌덕왕 16년(824)에 入唐하여 章敬懷暉(馬祖의 法嗣)로부터 心印을 받았다. 희강왕 2년(837)에 귀국하여 지리산 實相寺에 있다가 나중에 驪州의 慧目山 高達寺에서 교화를 폈으며, 昌原의 鳳林寺에서 九山禪門의 하나인 鳳林山門을 개창하였다. 『祖堂集』 권17, 「慧目山和尙玄昱」 참조.
414 新興寺의 忠彦: 미상. 다만 『景德傳燈錄』(권9)에 明州 大梅山 法常(馬祖의 門人)의 法嗣로 신라의 迦智와 忠彦이 보인다. 이 忠彦으로 추정된다.
415 涌巖寺의 覺體: 미상. 다만 『景德傳燈錄』(권9)에 章敬懷暉(馬祖의 門人)의 法嗣로 玄昱과 覺體 등의 이름이 보인다. 이 覺體인 듯하다.
416 珍丘寺의 □休: 未詳. 『海雲碑銘註』 등에서는 '□休'를 '覺休'라 하였다.
417 雙峯寺의 道允: 師子山門의 開山祖(798~868). 속성은 朴氏이며, 호는 雙峯, 시호는 澈鑑禪師, 탑호는 澄昭이다. 황해도 鳳山 태생으로, 18세에 출가하여 華嚴을 탐구했으며, 헌덕왕 17년(825)에 入唐하여 南泉普願에게 印可를 받고 문성왕 9년(847)에 귀국하여 南泉의 禪風을 전했다. 그의 문인 折中(澄曉大師, 826~900)이 師子山派(寧越 興寧寺)를 발전시킴으로써 九山禪門의 하나가 되었다. 『祖堂集』 권17, 〈雙峯和尙道允〉 참조.
418 崛山寺의 梵日: 闍崛山門의 開山祖(810~889). 속성은 金氏이며, 品日이라고도 한다. 15세에 출가한 뒤 흥덕왕 6년(831)에 入唐하여 馬祖道一의 法嗣인 鹽官齊安의 心印을 받

주사(聖住寺)의 무염(無染) 등은 보리(菩提)의 종사(宗師)였다. 덕이 두터워 중생의 아버지가 되고, 도가 높아 왕자(王者)의 스승이 되었으니, 옛날에 이른바 "세상의 명예를 구하지 않아도 명예가 나를 따르며, 명성을 피해 달아나도 명성이 나를 좇는다"는 것이었다. 그러므로, 모두들 교화가 중생세계에 미쳤고, 행적이 부도(浮屠)와 비석에 전하였으며, 좋은 형제에 많은 자손이 있어, 선정(禪定)의 숲으로 하여금 계림(鷄林)에서 빼어나도록 하고, 지혜(智慧)의 물로 하여금 접해(鰈海: 海東)에서 순탄하게 흐르도록 하였다. 따로 지게문[戶]을 나가거나 들창[牖]으로 내다보지 않고도 대도(大道)를 보며, 산에 오르거나 바다에 나가지 않고도 상보(上寶)를 얻어, 안정된 마음으로 의념(意念)을 잠재우고 담담하게 세간(世間)의 맛을 잊게 되었다. 피안(彼岸: 중국이나 서역)에 가지 않고도 도(道)에 이르고, 이 땅을 엄하게 하지 않아도 잘 다스려졌으니, 칠현(七賢)[419]을 누가 비유로 취하겠는가.[420] 십주(十住)[421]에 그 계위(階位)를 정하기 어려운[422] 사람

    고 문성왕 9년(847)에 귀국하였다. 처음 충청도 大德의 白達寺에 머물렀으나, 곧 溟洲都督 金某의 청을 받아 江陵의 굴산사에 駐錫하고 거의 40년 동안 지내면서 禪風을 진작시켰으며, 사굴산문을 개창하여 九山禪門의 하나로 발전시켰다. 시호는 通曉大師. 『祖堂集』권17, 〈通曉大師梵日〉참조.
419 七賢: 소승에서 이른바 見道 이전의 賢位. 七加行位 또는 七方便이라고도 한다(見道 이후를 聖位라 함). 소승에서는 五停心觀·別相念住·總相念住의 三賢位와 煖·頂·忍·世第一法의 四善根을 합쳐 칠현이라 하고, 대승에서는 初發心人·有相行人·無相行人·方便行人·習種性人·性種性人·道種性人을 가리킨다.
420 비유로 취하겠는가: 지증대사의 修行階位는 聖位에 해당하기 때문에 결코 賢位에 비유할 수 없다는 말.
421 十住: 보살이 수행하는 階位인 52位 가운데 제11위에서 제20위까지를 말함. 곧 發心住·治地住·修行住·生貴住·具足方便住·正心住·不退住·童眞住·法王子住·灌頂住를 이른다. 十信의 位를 지나서 마음이 眞諦의 이치에 安住하는 위치에 이르렀다는 의미로 '住'라 한다.
422 階位를 정하기 어려운: 지증대사가 階位를 거치지 않고 大道를 證得하였기 때문임.

이 현계산(賢溪山)⁴²³ 지증대사 그 분이다.

처음 크게 이룰 적에 범체(梵體)⁴²⁴ 대덕(大德)에게서 몽매(蒙昧)함을 깨우쳤고, 경의(瓊儀) 율사에게서 구족계를 받았다. 마침내 높이 도달할 적엔 혜은(慧隱)⁴²⁵ 엄군(嚴君)에게서 현리(玄理)를 탐구하였고, 양부(楊孚)⁴²⁶ 영자(令子)에게 묵계(默契)를 주었다. 법윤(法胤: 法의 계보)을 보면, 당(唐)의 사조(四祖) 도신(道信)을 오세부(五世父)로 하여 동쪽으로 점차 이 땅에 전하여 왔다. 흐름을 거슬러서 이를 헤아리면, 쌍봉(雙峯)⁴²⁷의 제자는 법랑(法朗)⁴²⁸이요, 손제자는 신행(愼行)⁴²⁹이요, 증손제자는 준범(遵範)⁴³¹이요, 현손제자는 혜은(慧

---

423 현계산: 강원도 원주시 富論面 鼎山里에 위치한 산. 居頓寺를 품고 있다. 『신증동국여지승람』 권46, 原州牧 佛宇條에는 '玄溪山'으로 되어 있다.
424 梵體: 9세기 전반 경에 활동했던 신라 華嚴僧. 『宋高僧傳』 권4, 「唐新羅國義湘傳」에서는 "湘講樹開花談叢結果, 登堂覩奧者, 則智通·表訓·梵體·道身等數人"이라고 하여, 義湘의 제자인 것처럼 기술하고 있으나, 사실은 의상의 문하생인 法融에게서 배운 것으로 보인다. 문인으로 潤玄이 있으며, 均如가 주석을 단 『十句章』은 그의 저술로 추정된다.
425 慧隱: 唐四祖 道信의 弟子인 法朗의 孫弟子요, 남종과 북종의 禪風을 함께 傳受한 愼行(神行 ?)의 제자. 구체적인 행적은 알 수 없다.
426 楊孚: 靜眞大師 兢讓의 스승(?~917). 沙木谷 사람으로 일명 陽孚라고도 한다. 진감선사 慧昭와 지증대사 智詵의 禪風을 아울러 傳受하였다. 오랫동안 지리산의 남쪽 西穴院(土窟)에서 默坐禪으로 수도하였으며, 康州 草八縣(草溪) 伯嚴寺의 주지를 지냈다. 『삼국유사』 권3, 興法篇, 「伯嚴寺石塔舍利」 참조.
 ※참고: 李夢遊가 撰한 「鳳巖寺靜眞大師圓悟塔碑文」에서는 楊孚와 兢讓의 法系를 眞鑑禪師 慧昭로부터 이끌어 냈다.
427 雙峯: 唐四祖 道信의 별호. 湖北省 黃梅縣에 있는 산 이름이다.
428 法朗: 우리나라 최초로 禪法을 전한 승려. 唐四祖 도신의 문인이라고 하나, 그와의 師資關係를 더욱 분명히 밝혀 주는 문헌이 없다.
 ※참고: 「斷俗寺神行禪師碑」에서는, "更聞法朗禪師, 在虎踞山, 傳智慧燈, 則詣其所, 頓受奧旨. 未經七日, 試問之曲直, 微言冥應, 以卽心無心. 和上歎曰: 「善哉! 心燈之法, 盡在於汝矣」勤求三藏, 禪伯登眞, 慟哭粉身, 戀慕那極."이라고 하였다.
429 愼行: 神行 또는 信行이라고도 쓴다. 寂照塔碑 洪居士註(李能和 所引)에 의하면, "憲德王十三年, 北宗神行先導, 南宗道義繼至."라고 하였다.
 ※참고: 信行은 四祖 道信의 法을 받은 法朗과, 神秀의 孫弟子 志空에게 각각 법을 받아 南禪과 北禪을 겸한 것으로 알려져 있다. 그런데 神行이 법랑에게서 법을 받았다는 것은 연대상으로 문제가 있다. 그러므로 信行과 神行을 다른 두 사람으로 보아 信行은 法朗의 법을 받은 사람이고, 神行은 志空의 법을 받은, 전혀 다른 인물이라고 볼

隱)이요, 내손(來孫)⁴³² 제자가 대사이다.

법랑대사는 대의사조(大醫四祖)⁴³²의 대중(大證)을 좇았다. 중서령(中書令) 두정륜(杜正倫)⁴³³이 찬한 (道信大師) 비명(碑銘)에 이르기를 "원방(遠方)의 기사(奇士)와 이역(異域)의 고인(高人)이 험난한 길을 꺼리지 않고 진소(珍所)에 이르렀다"고 하였으니, 보물을 움켜쥐고 돌아간 사람이 법랑대사가 아니고 누구이겠는가? 다만 아는 사람은 말하지 않으므로 다시 은밀한 곳에 감추어 두었는데, 비장(秘藏)한 것을 능히 찾아낸 이는 오직 신행(愼行) 대사 뿐이었다. 그러나 시운(時運)이 불리하여 도가 형통하지 못한지라 이에 바다를 건너갔다.⁴³⁴ 천자에게까지 알려졌다. 숙종황제⁴³⁵께서 총애하여 시구(詩句)를 내리시되 "용아(龍兒)가 바다를 건너면서 뗏목에 힘입지

    수도 있다. 信行과 神行은 같은 사람이 아닌지, 또는 神行이 법랑에게서 受法했다는 것은 잘못된 것인지, 혹은 信行의 행적과 혼동이 되어 神行과 같은 사람으로 보고 법랑에게 受法한 사실을 후세인이 神行의 행적에 가져다 잘못 붙인 것인지, 또는 법랑이 架空人物이 아니라면 그의 師僧이 道信이 아닌 다른 사람이었는지, 여러 가능성을 열어놓고 생각해 볼 필요가 있다. 禹貞相·金煐泰 공저, 『한국불교사』(進修堂, 1969), 73~74쪽 참조.
430 遵範: 미상. 神行禪師碑文에 보이는 三輪禪師로 추정된다.
    ※참고: 神行禪師碑文에서는 神行과 三輪의 관계에 대해 "同修道業, 互作師資"라 하고, 또 "悲夫! 慈父懷玉而歸, 窮子得寶幾日"이라고 하는 등, 三輪이 傳法弟子임을 분명히 하였다.
431 來孫: 玄孫의 아들. 곧 5대손.
432 大醫四祖: 唐代의 高僧인 道信(580~651)을 말함. 속성은 司馬. 14세에 僧璨을 만나 그로부터 法統을 물려받고 禪宗의 第四祖가 되었다. 廬山의 大林寺와 破頭山 등에서 많은 제자들을 가르쳤으며 弘忍에게 法을 전하였다. 太宗의 부름에도 불응하고 일생을 수도에 전념하였다. 代宗 때 大醫禪師라는 시호가 내려졌다.
433 杜正倫: 중국 당나라 초기의 문신. 洹水 사람. 수나라 말엽, 秀才(과거의 과목 이름)에 급제한 이후, 당태종 貞觀年間에 中書侍郞이 되고, 고종 顯慶初에 中書令으로 襄陽縣公에 봉해졌다. 『舊唐書』 권70 ; 『唐書』 권106 참조.
434 時運이 불리하여 ~: 신행이 法朗을 만나 본 뒤 禪法이 아직 행해지지 않음을 개탄하여 入唐求法하였다는 말.
435 숙종황제: 당나라 제7대 황제(재위: 756~762). 玄宗의 아들로 이름은 亨이다.

않고, 봉자(鳳子)가 하늘을 날면서 달을 인정함이 없구나!"⁴³⁶라고 하였다. 이에 신행대사가 '산과 새' '바다와 용'의 두 구(句)⁴³⁷로써 대답하니 깊은 뜻이 담겼다. (이후) 우리나라에 돌아와 3대를 전하여 지증대사에게 이르렀다. 필만(畢萬)의 후대⁴³⁸가 이에 증험된 것이다.

III

대사의 세속 인연을 상고해 보면, 왕도(王都) 사람으로 김씨 성을 가진 사람의 아들이다. 호는 도헌(道憲)이요 자는 지선(智詵)이다. 아버지는 찬괴(贊瓌)이며 어머니는 이씨(伊氏)이다. 장경(長慶) 갑진년(헌덕왕 16년, 824)에 세상에 태어나 중화(中和) 임인년(헌강왕 8년, 882)에 세상을 떠났다. 자자(自恣)⁴³⁹한 지 43년이요 누린 나이가

---

436 龍兒가 바다를 ~ 인정함이 없구나: 龍兒 내지 鳳子는 愼行을 비유한 것이요, 뗏목과 달은 方便의 비유이다. 龍兒요 鳳子가 바다를 건너고 하늘을 날면서 방편을 쓰지 않았다고 하는 것은, 신행의 氣像이 뛰어났을 뿐 아니라, 權道에 의지하지 않고 直觀眞諦했음을 이르는 말이다.

437 두 句: 여러 註解本에 의하면, 愼行이 답한 글귀의 내용은 다음과 같다(근거는 불확실). "산은 새를 선택하지 않지만 새는 산을 고를 수 있고, 바다는 용을 선택할 수 없지만, 용은 바다를 고를 수 있다(山不擇鳥, 鳥能擇山; 海不擇龍, 龍能擇海)." 이는 『춘추좌씨전』 哀公 11년조의 "鳥則擇木, 木豈擇鳥"라고 한 것을 인용하여 부연한 말로 보인다. 즉 사람은 살 곳을 선택할 수 있지만, 땅은 사람을 선택하지 못한다는 뜻이다.

438 畢萬의 후대 ~: 畢萬은 중국 춘추시대 晉나라 사람으로 周 文王의 아들인 畢公(高)의 자손이다. 晉의 獻公에 벼슬하여 軍功을 세우고 B.C. 661년 魏(山西省 茹城縣)에 봉해졌다. 이 때 卜偃이 말하기를 "필만의 후대는 반드시 크게 될 것이다. 萬은 盈數이고 魏는 大名이니, 魏지방을 賞으로 받은 것은 하늘이 길을 열어 준 것이다"고 하였다. 뒷날 복언의 말대로 세력이 강성해졌다. B.C. 453년에 魏의 桓子는 韓·趙와 더불어 쿠데타를 일으켜 晉의 영토를 三分하였다. 그의 아들 文侯는 B.C. 403년 周의 威烈王으로부터 제후로 봉해졌다. 특히 文侯는 유학을 숭상하고, 西門豹·李悝·吳起 등을 重用하여 국정을 개혁함으로써, 이른바 戰國七雄 가운데 가장 강성한 나라로 만들었다.

439 自恣: 夏安居의 마지막 날에 모인 스님들이 서로 자기의 죄과를 참회, 고백하여 다른 스님들로부터 훈계를 받는 일. 이 의식의 횟수가 곧 夏臘(승려의 나이)이다.

59세였다. 그가 갖춘 체상(體相)을 보면, 키가 여덟 자 남짓했고 얼굴이 한 자 쯤이었다. 의상(儀狀)이 뛰어나며 말소리가 웅장하고 맑았다. 참으로 이른바 '위엄이 있으면서도 사납지 않은' 사람이었다. 잉태할 당시부터 세상을 떠날 때까지의 기이한 행적과 숨겨진 이야기는, 귀신이 나타났다 사라졌다 하는 것 같아 붓으로는 기록할 수 없겠지만, 이제 사람들의 귀를 치켜세우도록 한 여섯 가지의 이상한 감응과, 사람들의 마음을 놀라게 하였던 여섯 가지의 옳은 조행(操行)을 간추리고 나누어 나타낸다.

처음 어머니의 꿈에 한 거인(巨人)이 나타나 고하기를,

나는 과거 비바시불(毘婆尸佛)⁴⁴⁰의 말세(末世)에 중[桑門]이 되었습니다. 성을 낸[瞋恚] 까닭에 오랫동안 용보(龍報)⁴⁴¹에 떨어졌으나, 업보가 이미 다 끝났으니, 법손(法孫)이 되어야 할 것입니다. 그러므로 묘연(妙緣)에 의탁하여 자비로운 교화를 널리 펴기를 원합니다.

고 하였다. 이내 임신하여 거의 4백일을 지나 관불회(灌佛會)⁴⁴² 날

---

440 毘婆尸佛: 석가모니가 출현하기 이전의 過去七佛 가운데 第一佛.
　　※참고: 대승불교에서는 종래의 원시불교나 部派佛敎에서 오직 석가모니불 한 분만을 부처님으로 신봉하던 것과는 달리, 무수히 많은 부처님[多佛]이 출현하고 있는 것이 특징이다. 석가모니불이 출현하기 이전인 過去世에도 毘婆尸佛·尸棄佛·毘舍浮佛·拘留孫佛·拘那含牟尼佛·迦葉佛 등 過去七佛이 출현하였다고 믿었다. 이와 함께 대승경전에서는 미래불인 彌勒佛, 西方淨土의 阿彌陀佛, 東方의 阿閦佛(아축불), 南方의 寶生佛, 北方의 微妙音佛 등 三世十方의 무수히 많은 부처님이 등장하고 있다.
441 龍報: 용이 되는 업보.
442 灌佛會: 부처가 탄생한 날을 기념하기 위한 의식이 있는 모임. 음력 4월 8일 佛像에 향수 물을 끼얹어 뿌리는 의식이다. 浴佛이라고도 한다. 부처가 세상에 태어났을 때 龍

아침에 탄생하였다. 일이 이무기의 부생고사(復生故事: 蟒亭)⁴⁴³에 징험되고, 꿈이 불모(佛母)의 태몽고사(胎夢故事: 象室)⁴⁴⁴에 부합되었다. 스스로 경계하는 사람으로 하여금 더욱 조심하고 삼가게 하며, 가사(袈裟: 毳衣)를 두른 자로 하여금 정밀하게 불도를 닦도록 하였으니, 탄생의 기이한 것이 첫째이다.

태어난 지 여러 날이 되도록 젖을 빨지 않고, 짜서 먹이면 울면서 목이 쉬려고 하였다. 문득 어떤 도인(道人)이 문 앞을 지나다가 깨우쳐 말하기를 "아이가 울지 않도록 하려면, 훈채(葷菜)⁴⁴⁵나 (누린내 나는) 육류(肉類)를 참고 끊으시오."라고 하였다. 어머니가 그 말을 따르자 마침내 아무런 탈이 없게 되었다. 젖으로 기르는 이에게 더욱 삼가도록 하고 고기[肉]를 먹는 자에게 부끄러운 마음을 지니게 하였으니, 오랜 풍습의 기이한 것이 둘째이다.

아홉 살에 아버지를 여의고 몹시 슬퍼한 나머지 거의 목숨을 잃을 지경에 이르렀다. 추복승(追福僧)⁴⁴⁶이 이를 가련히 여기고 깨우쳐 말하기를 "덧없는 몸은 사라지기 쉬우나 장한 뜻⁴⁴⁷은 이루기 어렵다. 옛날에 부처님께서 은혜를 갚으심에 큰 방편이 있었다.⁴⁴⁸ 그

이 향수의 비를 뿜어 부처의 몸을 씻었던 데서 비롯되었다.
443 이무기의 復生故事: 중국 後漢 때의 고승인 安淸의 발원으로 業報를 마친 이무기가 소년으로 다시 태어났다는 故事. 지중대사가 前生에 용이었던 점과 결부시킨 것이다.
444 佛母의 胎夢故事: 석가모니의 어머니인 摩耶夫人이 꿈에서 護明菩薩이 六牙白象을 타고 하늘로부터 내려와 胎內로 들어가는 것을 보고, 석가모니를 잉태하였다는 故事.
445 葷菜: 佛家에서 禁食하는 五辛(五葷)菜. 곧 마늘[大蒜]·파[慈葱]·부추[茖葱]·달래[蘭葱]·興渠를 말한다. 淫慾과 憤怒가 유발된다고 하여 禁食한다.
446 追福僧: 죽은 사람을 위하여 복을 빌어 주는 중.
447 장한 뜻: 출가하여 衆生을 濟度하려는 의지를 말함.
448 부처님께서 은혜를 ~: 석가모니가 出家하여 生·老·病·死를 초월한 경지에 이르고자 한 것은, 곧 부모님께 報恩하려 한 方便이기도 하다는 말.

대는 이를 힘쓰라!"고 하였다. 그로 인해 느끼고 깨달아 울음을 거두고는, 어머니께 불도(佛道)에 돌아갈 것을 청하였다. 어머니는 그가 어린 점을 가엾게 여기고, 다시금 집안을 보전할 주인이 없음을 염려하여 굳게 허락하지 않았다. 그러나 대사는 부처님께서 출가하신 고사(故事)[449]를 듣고, 곧 도망해 가서 부석산(浮石山)에 나아가 배웠다.[450] 문득 하루는 마음이 놀라 자리를 여러 번 옮겼다.[451] 조금 뒤에 어머니가 그를 기다리다가 병이 났다는 말을 듣게 되었다. 급히 고향으로 돌아가 뵙자 병도 뒤따라 나았으므로, 당시 사람들이 그를 완효서(阮孝緖)[452]에 견주었다.

얼마 있지 않아서 대사에게 고질병[沈痾]이 전염되었다. 의원(醫員)에게 보여도 효험이 없었다. 여러 사람에게 점을 쳤더니 모두 말하기를 "마땅히 부처[大神]에게 이름을 예속시켜야 할 것이다"고 하였다. 어머니가 그 전날의 꿈[453]을 돌이켜 생각해 보고는, 조심스럽게 네모진 가사(袈裟: 方袍)를 몸에 덮고 울면서 맹세하여 말하기를 "이 병에서 만약 일어나게 된다면 부처님께 아들로 삼아 달라고 빌

---

[449] 부처님께서 출가하신 故事: 석가모니 부처님이 19세(29세라는 설도 있음) 시달타 太子 시절, 태자의 자리를 버리고 王城을 나와 수행의 길로 떠났던 일을 말함.
[450] 부석산에 나아가 ~: 지증대사 역시 불교 공부를 華嚴으로부터 시작하였다는 말.
[451] 마음이 놀라 ~: 坐不安席을 말함.
[452] 阮孝緖: 중국 梁나라 武帝 때의 孝子(?~535). 자는 士宗. 일찍이 鍾山에서 修學하고 있을 때, 모친 王氏가 병을 얻어 형제들이 그를 부르려고 하였다. 모친이 말하기를 "효서의 성질이 지극히 善하여 神明에 感通될 것이니, 반드시 저절로 오리라"고 하였다. 과연 그대로 들어맞자 이웃에서 이상하게 여겼다 한다. 또 모친의 약을 調劑함에 生人蔘이 필요했는데, 산속 깊고 험한 곳을 며칠 동안 누볐어도 발견하지 못하였다. 홀연히 사슴 한 마리가 길을 인도하여 약초를 발견하게 되었다. 이를 복용한 모친이 씻은 듯 나아 당시 사람들이 모두 감탄하였다고 한다.
[453] 전날의 꿈: 어머니의 태몽에 한 巨人이 "나는 옛날 勝見佛의 말세에 沙門이었다"고 한 것을 이른다.

겠습니다"고 하였다. 이틀 밤을 자고 난 뒤에 과연 말끔히 나왔다. 우러러 어머니의 염려하심을 깨닫고, 마침내 평소에 품었던 뜻을 이루어, 제 자식을 사랑하는 사람[舐犢者]으로 하여금 사랑을 끊게 하고,⁴⁵⁴ 불도를 미덥게 여기지 않는 사람[飮蛇者]에게 의심을 풀도록 하였으니, 효성으로 신인(神人)을 감동시킨 것의 이상함이 셋째이다.

열 일곱 살에 이르러 구족계를 받고 비로소 강단(講壇)에 나갔다. 소매 속에 신광(神光)이 선명한 것을 깨닫고 이를 더듬어 한 구슬[衣珠]을 얻었다. 어찌 의식적으로 구한 것이겠는가. 곧 발이 없이도 이른 것이니, 참으로 『육도경(六度經)』⁴⁵⁵에서 비유한 바이다. 굶주려 부르짖는 사람⁴⁵⁶에게 제 스스로 배부르도록 하고, 취해서 쓰러진 사람⁴⁵⁷에게 잘 깨어나도록 하였으니, 마음을 면려(勉勵)한 것의 기이함이 넷째이다.

하안거(夏安居: 坐雨)를 마치고 장차 다른 곳으로 (行脚을) 떠나려 하였다. 밤에 꿈속에서 보현보살(普賢菩薩)⁴⁵⁸이 이마를 어루만지고 귀를 끌어당기면서 말하기를 "고행을 실행하기는 어렵지만 이를 행하면 반드시 이룰 것이다"고 하였다. 꿈에서 깬 뒤 놀란 나머지 오한(惡寒)이 든 것 같았다. 잠자코 살과 뼈대에 새겨 이로부터 다시는 명주옷과 솜옷을 입지 않았고, 긴 실이 필요할 때는 반드시 삼[麻]이나 닥나무에서 나온 것을 사용하였으며, 어린 양가죽으로 만

---

454 사랑을 끊게 하고: 어머니로 하여금 자식을 부처님께 선뜻 내주도록 했다는 말.
455 六度經: 六度集經. 六度(六婆羅蜜)의 차례에 따라 보살행에 관한 인연을 類聚한 경전으로, 康僧會가 번역하였다. 모두 8권이다.
456 굶주려 부르짖는 사람: 禪悅의 供養에 굶주린 사람. 곧 禪宗人을 말한다.
457 취해서 쓰러진 사람: 번잡한 지식에 취해서 헤아나지 못하는 사람. 곧 敎宗人을 말한다.
458 普賢菩薩: 如來가 중생을 濟度하는 일을 언제나 돕는다는 보살. 普賢은 三曼多跋捺羅를 번역한 말이다.

든 신[鞾履]도 신지 않았다. 하물며 새깃으로 만든 부채[羽翣]나 털로 만든 깔개[毛茵]를 사용하겠는가. 삼베옷[緼黂]을 입는 자에게 수행에 눈을 뜨도록 하고 솜옷[衣蟲]을 입는 사람에게 부끄럽게 여기도록 하였으니, 자신을 단속함의 이상함이 다섯째이다.

어렸을 때부터 노성(老成)한 덕이 풍부하였다. 게다가 계율의 구슬[戒珠]을 밝혔는지라, 후생[可畏者]들이 다투어 상종하면서 배우기를 청하였다. 그러나 대사는 이를 거절하면서

사람의 큰 걱정은 남의 스승이 되기를 좋아하는 것이다. 지혜롭지 못한 사람을 억지로 지혜롭게 만들려한들, 모범이 되어야 할 사람이 모범이 되지 못하는 데야 어떻게 하겠는가.[459] 하물며 큰 바다에 뜬 티끌처럼 제 자신도 건너갈 겨를이 없음에랴. (나의) 그림자를 좇아서 필시 남에게 비웃음을 사는 일이 없도록 하라!

고 말하였다. 뒤에 산길을 가는데 어떤 늙은 나무꾼이 앞길을 막으면서 말하기를 "선각(先覺)이 후각(後覺)을 깨닫게 하는 데 어찌 덧없는 몸[空殼]을 아낄 필요가 있겠습니까?"라고 하였다. 그를 향해 앞으로 나아가는데 문득 사라졌다. 이에 부끄러워하면서도 깨닫고는, 와서 배우고자 하는 사람들을 막지 않으니, 계람산(鷄籃山)[460] 수

---

459 지혜롭지 못한 사람을 ~ 하겠는가: 스승은 모든 사람의 모범이 되어야 하지만, 대사 자신은 남의 모범이 되지 못한다는 말.
460 계람산: 鷄龍山의 다른 이름.
※참고: 당나라 張楚金이 撰한 『翰苑』 百濟條에서는 『括地志』를 인용하여 "國東有鷄籃山"이라 하고 또 "鷄龍東峙"라 하였다. 최치원이 찬한 『法藏和尙傳』 夾注에서도 "海東華嚴之所, 有十山焉. …… 鷄龍山岬寺, 括地志所云, 鷄籃山是"라 하였다.

석사(水石寺: 미상)에 대나무와 갈대처럼 빽빽하게 몰려들었다. 얼마 뒤에 다른 곳에 땅을 골라 집을 짓고는 말하기를 "얽매이지 않는 것이 평소의 생각이니, 잘 실천하는 것이 귀한 일이다"고 하였다. 책의 글자만 보는 이[461]로 하여금 세 가지[462]를 반성하게 하고, 보금자리를 꾸미는 자[463]로 하여금 아홉 가지를 생각[464]하도록 하였으니, 훈계를 내린 것의 이상함이 여섯째이다.

태사(太師)에 추증된 경문대왕께서는 마음으로 유교·불교·도교의 삼교[鼎敎]에 융회(融會)한 분으로, 직접 대사[輪]를 만나 뵙고자 하였다. 멀리서 대사의 생각을 깊이하고, 자기 곁에 가까이 있으면서 도와주기를 희망하였다. 이에 서한을 부쳐 말씀하시기를

이윤(伊尹)[465]은 사물에 얽매이지 않은 사람이고, 송섬(宋纖)[466]

---

461 책의 글자만 보는 이: 책을 보되 그 문자만 읽고 심오한 내용을 깨닫지 못하는 사람. 敎宗人을 비유한 말이다.
462 세 가지: 『論語』「學而」에 나오는 "吾一日三省吾身, 爲人謀而不忠乎, 與朋友交而不信乎, 傳不習乎"를 말한다. 모두 남과의 對人關係를 논한 것이다. 따라서 여기에 나오는 '傳不習'은 '不習을 남에게 전한다'는 의미로 보아야 한다.
463 보금자리를 꾸미는 자: 禪客이 禪室을 운영하는 것의 비유.
464 아홉 가지를 생각: 군자가 항상 염두에 두고 반성하며, 그 행실을 삼가야 하는 덕목. 즉 視思明·聽思聰·色思溫·貌思恭·言思忠·事思敬·疑思問·忿思難·見得思義(『論語』, 「季氏」)를 말한다. 비록 유교 경전에서 비롯된 덕목이긴 하지만, 禪僧의 수행도 이 덕목에서 크게 벗어나지 않기 때문에 원용한 것으로 보인다.
465 伊尹: 중국 殷나라 때의 賢人. 이름은 摯. 처음에는 莘野에서 밭을 가는 농부였으나, 湯王에게 불리어 阿衡(總理)이 되었다. 세상에 대해 自任함이 강렬하였다. 『孟子』에 이르기를 "누구를 섬긴들 임금이 아니며, 누구를 다스린들 백성이 아니랴"하고는 다스려져도 나갔으며, 혼란해져도 나갔다고 한다. 또 말하기를 "하늘이 이 백성을 낼 적에 先知者로 하여금 後知者를 일깨워 주도록 하고, 先覺者로 하여금 後覺者를 일깨워 주게 하였다. 나는 하늘이 낸 백성 중에서 先覺者이다. 나는 이 道를 가지고 이 백성을 일깨워 주려 한다"고 하였다 한다. 『孟子』, 「萬章(下)」참조.
466 宋纖(송섬): 중국 晉나라 때 사람. 자는 令艾(一作令文), 시호는 玄虛先生. 젊어서부터 遠志가 있어 세상과 어울리지 않고, 酒泉의 南山에 은거하며 修學하였다. 그를 찾아와 배운 사람이 3천 명이나 되었다. 州郡에서 누차 불렀지만 끝내 不應하므로, 이에 酒泉

은 작은 것까지 살핀⁴⁶⁷ 사람입니다. 유교의 입장을 불교에 비유하면, 가까운 곳에서 먼 곳으로 가는 것과 같습니다. 왕도(王都) 주위[甸邑]의 암거(巖居)에도 자못 아름다운 곳이 있습니다. 새가 앉을 나무를 가릴 수 있는 것처럼 할 수 있을 것입니다. 봉황의 내의(來儀)를 아끼지 마십시오.

라고 하였다. 근시(近侍) 가운데 쓸 만한 사람을 잘 골라 뽑아, 원성왕(鵠陵)의 6대손인 입언(立言)을 사자(使者)로 삼았다. 교지(敎旨) 전하는 것을 끝내 뒤, 거듭 제자로서의 예[攝齊]를 갖추었다. 대사가 대답하기를,

자신을 닦고 남을 교화시킴에 고요한 곳을 버리고 어디로 나아가겠습니까. '새가 나무를 가려 앉을 수 있다'는 분부는 저를 위하여 잘 말씀하신 것입니다. 바라건대 그냥 이대로 있게 해주시어, 제가 거듭되는 부름을 피해 다른 곳으로 가지 않게 해주십시오.

라고 하였다. 임금께서 이 말을 들으시고 더욱 진중히 여겼다. 이로부터 그의 명예는 날개 없이도 사방에 전해졌으며, 대중은 말하지 않는 가운데 아주 달라졌다.

太守 楊宣은 누각에 그의 화상을 그려 놓고 頌을 지어 "爲枕何石, 爲漱何流. 身不可見, 名不可求"라고 했다 한다. 또 그 뒤 太守 馬岌 역시 "盛名은 들을 수 있지만 몸은 볼 수 없고, 盛德은 우러를 수 있으나 모습은 볼 수가 없다"면서 아쉬워했다고 한다. 『晉書』 권94, 「宋纖傳」 참조.

467 작은 것까지 살핀: 權道가 없음을 이르는 말.

함통(咸通)[468] 5년(경문왕 4년, 864) 겨울, 단의장옹주(端儀長翁主)[469]가 '미망인(未亡人)'이라 자칭하고 당래불(當來佛)[470]에 귀의하였다. 대사를 공경하여 '하생(下生)'[471]이라 말하고 상공(上供)을 두텁게 하였다. 읍사(邑司)[472]의 영유(領有)인 현계산 안락사(安樂寺)가 산수(山水)의 아름다움을 많이 가지고 있다는 이유로, 원학(猿鶴)의 주인이 되어 달라고 청하였다. 대사가 이에 그의 문도(門徒)에게 말하기를 "산의 이름이 현계(賢溪)이고 땅이 우곡(愚谷)과 다르며, 절의 이름이 '안락'이거늘, 중의 처지에서 어찌 주지(住持)하지 않으리요"라고 하고는 그 말을 따라 옮겼는데, 거(居)한 즉 교화되었다. 산을 좋아하는 사람으로 하여금 산과 같이 더욱 고요하게 하고, 땅을 고르는 사람으로 하여금 신중히 생각토록 하였으니, 진퇴(進退: 行藏)의 옳음이 그 첫째다.

어느 날 문인(門人)에게 일러 말하기를 "고(故) 한찬(韓粲: 대아찬) 김공 억훈(金公嶷勳)이 나를 승적(僧籍)에 넣어 중이 되게 하였다. 공에게 불상(佛像)을 가지고 보답하겠노라"하였다. 곧 1장(丈) 6척(尺)의 철불상(鐵佛像)[473]을 주조(鑄造)하여 선(銑)[474]을 발라, 이에 절을 수호하고 저승[冥路]으로 인도하는 데 썼다. 은혜를 베푸는 자로 하여금 날로 돈독하게 하고, 의리를 중히 여기는 사람으로 하여금

---

468 함통: 당나라 懿宗의 연호(860~873).
469 단의장옹주: 경문왕의 누이. 지증대사 및 秀澈和尙의 충실한 檀越이었다. 深源寺秀澈和尙碑文에도 보인다.
470 당래불: 來世에 부처가 될 분. 지증대사를 지칭한 말.
471 하생: 당래불이 이 세상에 나타났다는 말. 彌勒下生.
472 읍사: 翁主의 封邑을 말함.
473 1장 6척의 철불상: 석가의 身長이 1丈 6尺이었다는 전설에서 유래되었다.
474 銑: 황금 중에서도 가장 광채가 나는 것.

바람처럼 따르도록 하였으니, 보답을 아는 것의 옳음이 그 둘째다.

함통 8년(경문왕 7년, 867) 정해년(丁亥年)에 이르러, 단월(檀越: 施主)인 옹주가 여금(茹金) 등으로 하여금 절에다 좋은 땅과 노비의 문서를 주어, 어느 승려[壞袍]라도 여관처럼 알고 찾을 수 있게 하고, 언제까지라도 (소유권을) 바꿀 수 없도록 하였다. 대사가 이 일을 계기로 깊이 생각해 온 바를 말하되,

왕녀(王女)께서 법희(法喜)에 의뢰하심이 오히려 이와 같거늘, 불손(佛孫)인 제가 선열(禪悅)을 맛보고서도 어찌 가만히 있는단 말인가. 우리 집안은 가난하지 않은데 친척족당(親戚族黨)이 다 죽고 없다. 내 재산을 길가는 사람의 손에 떨어지도록 놔두는 것보다, 차라리 문제자(門弟子)들의 배를 채워 주는 것이 낫겠다.

고 하였다. 드디어 건부(乾符) 6년(헌강왕 5년, 879)에 장(莊) 12구(區)와 전(田) 5백 결(結)[475]을 희사하여 절에 예속시켰다. 밥을 두고 누가 '밥주머니'라고 조롱했던가.[476] 죽 먹는 일도 능히 솥에 새겨졌도다.[477] 양식[民天]에 힘입어 정토(淨土)를 기약할 수 있게

---

[475] 莊 12區와 田 5百結: 왕실이나 귀족의 발원으로 세워진 寺院 소유의 대규모 토지와 그 경영에 필요한 부속건물을 田莊이라고 한다. 여기서의 莊은 田莊과 같은 말이다. 薛聰이 撰한 「甘山寺阿彌陀像造像記」에도 "又爲妻阿好里等, 捨其甘山莊田, 建此伽藍"운운한 대목이 보인다.
※참고: 이우성은 "莊 12區에 分屬된 田地의 합이 모두 5백결이라는 말"이라 하였다. 李佑成, 「新羅時代의 王土思想과 公田」, 『曉城趙明基博士華甲紀念佛敎史學論叢』, 1965, 223쪽 참조.
[476] 밥을 두고 누가 ~: 밥(식량)처럼 중요한 것이 없음에도 무능한 사람을 비유할 때 '밥주머니'라고 했느냐는 뜻.
[477] 죽 먹는 일도 ~: 단의장옹주의 喜捨와 지증대사의 寄進이 金石에 새겨져 후세에 이름

되었다. 그런데 비록 내 땅이라 하더라도 임금의 영토 안에 있는지라, 비로소 왕손인 한찬(韓粲) 계종(繼宗),⁴⁷⁸ 집사시랑(執事侍郎)인 김팔원(金八元),⁴⁷⁹ 김함희(金咸熙)⁴⁸⁰ 및 정법사(正法司)⁴⁸¹의 대통(大統)인 석(釋) 현량(玄亮)에게 질의하였다. 심원(深遠)한 곳[九皐]에서 소리가 나⁴⁸² 천 리 밖에서 메아리치니,⁴⁸³ 태부(太傅)에 추증된 헌강대왕께서 본보기로 여겨 그를 허락⁴⁸⁴하시었다. 그해 9월, 남천군(南川郡)⁴⁸⁵의 통승(統僧)⁴⁸⁶인 훈필(訓弼)⁴⁸⁷에게 별서(別墅)를 선택한 뒤 정장(正場)⁴⁸⁸을 구획하도록 하였다. 이 모두가 밖으로는 군신(君臣)이 땅을 늘리게 도와주고, 안으로는 부모가 천계(天界)에 태

을 남기게 되었다는 말.
478 繼宗: 문성왕의 從叔. 金立之所撰,「國王慶膺(文聖王)造無垢淨塔願記」에 의하면 "監修造使 從叔 行武州長史 金繼宗"이라고 되어 있다.
479 金八元: 阿干으로 執事侍郎을 지낸 인물. 慶州「皇龍寺九層石塔刹柱本記」의 제2板 外面에 '執事侍郎阿干金八元'이라는 附記가 있다(黃壽永,『韓國金石遺文』, 163쪽). 또『고려사』卷首,「高麗世系」에 "時新羅監干八元, 善風水, 到扶蘇郡"이라는 대목이 보인다. 이기동은 여기서의 八元을 金八元으로 추정한 바 있다.
480 金咸熙: 沙干으로 內省卿을 지낸 인물. 慶州「皇龍寺九層石塔刹柱本記」의 제1板 外面에 '內省卿沙干金咸熙'라는 附記가 있다. 黃壽永,『韓國金石遺文』, 164쪽.
481 正法司: 통일신라 때 설치된 僧政機構.『삼국사기』권40,「職官(下)」에 나오는 '政官(政法典)'으로 추정된다. 처음에 大舍 1인, 史 2인으로써 한 官司를 삼았는데, 원성왕 1년(785)에 이르러 처음으로 僧官을 두고, 승려 가운데 재주와 행실이 있는 자를 뽑아 충원하였다. 특별한 일이 있을 때에나 교체하였으며, 일정한 연한이 없었다.
482 深遠한 곳에서 ~: 지증대사가 거처하고 있는 심원한 곳의 비유.
483 천 리 밖에서 메아리치니: 사방 멀리까지 지증대사의 소문이 퍼졌다는 말.
484 허락: 지증대사가 현계산 안락사에 寄進하는 것을 허락하였다는 말.『삼국사기』신라본기를 보면, 문무왕 4년(664)에 "禁王擅以財貨田地施寺"라 하여, 田地를 마음대로 佛寺에 寄進하지 못하도록 했다는 기록이 있다. 이에 따라 왕의 允可가 필요했던 것이다.
485 南川郡: 지금의 경기도 利川郡의 옛 이름.『삼국사기』권35,「地理(二)」〈漢州〉참조.
486 統僧: 郡統을 말함.『삼국사기』권40,「職官(下)」에 의하면 國統 1인, 州統 9인, 郡統 18인을 두었다고 했다. 金石文 자료를 보면, 통일신라기에는 당나라와 마찬가지로 僧統이라는 北朝 계통의 명칭과 僧正이라는 南朝 계통의 명칭이 혼용되었던 듯하다.
487 訓弼:「皇龍寺九層木塔舍利函記」에 나오는 '維那僧 勛筆'과 같은 인물로 추정됨. 李泳鎬,「신라 중대 王室寺院의 官寺的 기능」,『한국사연구』제43집, 1983 참조.
488 正場: 여러 農莊 가운데 主가 될 만한 농장. 농장이 각지에 분산되어 있음을 짐작케 하는 말이다.

어나도록 하는 데 이바지한 것이다. 목숨을 이은 사람으로 하여금 인(仁)과 더불게 하고, 가인(歌人)에게 후히 상을 주려는 사람으로 하여금 잘못을 뉘우치도록 하였으니,[489] (대사가) 시주(施主)로서 희사(喜捨)한 것의 옳음이 그 셋째다.

간혜지(乾慧地)[490]에 있는 사람이 있었다. 심충(沈忠)이라고 하였다. 그는 (대사의) 이치를 분별하는 칼날이 선정(禪定)과 지혜(智慧)에 넉넉하고, 감식안(鑑識眼)은 천문(天文)과 지리(地理)를 환히 들여다보며, 의지(意志)가 담란(曇蘭)[491]처럼 확고하고 학술이 안름(安廩)[492] 같이 정밀하다는 말을 듣고, 찾아가 만나뵙는 예의를 표한 뒤 아뢰기를 "이 제자(弟子) 소유의 남아도는 땅이 있는데, 희양산(曦

---

[489] 歌人에게 ~ 뉘우치도록 하였으니: 중국 전국시대에 趙나라 烈侯가 음악을 좋아하여 鄭나라 歌手 槍과 石이라는 사람을 매우 아꼈다. 어느 날 열후가 재상인 公仲連에게 지시하여 두 가수에게 田地 萬畝를 각각 하사하도록 했다. 공중련은 이 터무니없는 지시를 실행하지 않고 여러 가지 핑계를 대며 피해 나갔다. 이 때 番吾君(파오군)이라는 사람이 공중련에게 일러 임금을 善政으로 잘 誘導하도록 하면서, 牛畜·荀欣·徐越이라는 유능한 세 인재를 烈侯에게 추천하도록 권하였다. 공중련이 이 세 사람을 추천하자, 이에 우축·순흔·서월이 열후를 가까이에서 모시면서 王道政治, 仁政을 펴도록 이끌어 나갔다. 이에 조열후는 가수에게 막대한 田地를 하사하도록 한 잘못을 뉘우치고 이를 중단하도록 하였으며, 이들 세 사람에게 각각 師와 中尉·內史의 벼슬을 내렸다고 한다. 여기서는 王女인 단의장옹주가 절에다 良田과 노비를 喜捨한 것을 본 지증대사가 크게 뉘우치고는, 莊 12區와 5백여 結에 달하는 田地를 寄進했던 사실을 趙烈侯의 賞歌故事에 비유한 것이다.

[490] 乾慧地: 마른 지혜의 자리. 初發心한 信者를 일컫는다. 깨쳐서 지혜가 생겼다 하더라도 禪定의 힘이 충실하지 못한 상태를 말한다. '마른 지혜'는 生死의 이치를 알았더라도 실지 生死에는 自由自在하지 못하므로 진정한 지혜가 못된다. 成佛의 단계를 말하는 55위 가운데 첫 단계다.

[491] 曇蘭: 중국 東晋 때의 高僧. 道泓과 함께 慧持法師의 兩大高足이었다. 『蓮社高賢傳』, 「慧持傳」 "慧持法師, 以東間經籍付道泓, 西間法典付曇蘭. 以泓行業清敏, 蘭神悟天發, 並能係軌師蹤焉."

[492] 安廩: 중국 南朝 陳나라 때의 高僧(507~583). 속성은 秦氏. 晉나라 中書令 靖의 7세손이다. 일찍부터 經史에 통달하였을 뿐 아니라, 老莊을 좋아하였고 孫吳의 兵家書 및 術數에도 능하였다. 이로 인해 출가한 뒤 世祖(文帝)의 총애를 받아 대궐에 자주 출입하였다. 『續高僧傳』권7, 「釋安廩傳」 "安廩, …… 性好老莊, 早達經史, 又善太一之能, 并解孫吳之術."

陽山) 중턱에 있습니다. 봉암용곡(鳳巖龍谷)으로 지경이 괴이하여 사람의 눈을 놀라게 합니다. 바라건대 선사(禪寺)를 지으십시오"라고 하였다. 대사가 천천히 대답하기를 "내가 분신(分身)[493]할 법력(法力)이 없거늘 어찌 이를 사용하겠습니까"라고 하였다. 그러나 심충의 청이 워낙 굳건하였다. 게다가 산이 신령하여 갑옷 입은 기사(騎士)를 전추(前騶)[494]로 삼은 듯한 기이한 형상이 있었다. 곧 석장(錫杖)을 짚고 나무꾼이 다니는 좁은 길로 빨리 가서 두루 살피었다. 사방으로 병풍처럼 둘러막고 있는 산을 보니, 붉은 봉황의 날개가 구름 속에 치켜 올라가는 듯하고, 백 겹으로 띠를 두른 듯한 물을 보니, 이무기가 허리를 돌에 대고 누운 것 같았다. 그 자리에서 놀라 감탄하며 말하기를 "이 땅을 얻음이 어찌 하늘의 돌보심이 아니겠는가. 승려[靑衲]의 거처가 되지 않는다면 도적[黃巾]의 소굴이 될 것이다"고 하였다. 마침내, 대중(大衆)에 솔선하여 후환(後患)을 막는 것을 기본으로 삼았다. 기와로 인 처마가 사방으로 이어지도록 일으켜 지세(地勢)를 진압하고, 쇠로 만든 불상 2구(軀)를 주조[495]하여 절을 호위토록 하였다.

중화(中和) 신축년(헌강왕 7년, 881)에 전 안륜사(安輪寺) 승통(僧統)인 준공(俊恭)과 숙정대(肅正臺)[496]의 사(史)인 배율문(裵聿文)

---

493 分身: 佛菩薩이 중생을 교화하기 위하여 그 몸을 나누어 곳곳에 化現하는 것.
494 前騶: 앞장서서 달림. 또는 그 사람. 先導.
495 쇠로 만든 불상 2軀를 주조: 여러 금석문을 참고하면, 신라 하대에 聖住寺·鳳巖寺·實相寺·寶林寺·長谷寺 등 禪宗 사찰에서 鐵造 毘盧遮那佛像의 조성이 유행하였던 것으로 보인다. 여기에는 風水圖讖說의 기능 가운데 하나인 裨補寺塔의 사고가 담겨 있다. 徐閏吉,「道詵과 그 裨補思想」,『韓國佛敎學』제1집, 1975 ; 秋萬鎬,「心源寺秀澈和尙楞伽寶月塔碑의 金石學的 分析」,『역사민속학』창간호, 한국역사민속학회, 1991.
496 肅正臺: 신라 때 百官의 監察을 직무로 하던 관청. 무열왕 6년(659)에 司正府라는 이름으로 설치되었다. 경덕왕 때 肅正臺라 개칭하였다가 혜공왕 때 다시 원래대로 고쳤다.

을 보내 절의 경계를 표정(標定)케 하고, 이어 '봉암(鳳巖)'이라고 명명하였다. 대사가 가서 교화한 지 수년이 되었을 때, 산에 사는 백성으로 들도적[野寇]이 된 자가 있었다. 처음에는 감히 법륜(法輪)에 맞섰으나 마침내 교화되었다. 능히 정심(定心)의 물[497]을 깊이 떠서 미리 마산(魔山)[498]에 물을 댄 큰 힘이 아니겠는가. 팔을 끊은 사람[499]으로 하여금 의리(義理)를 드러내도록 하고, 용미(龍尾)를 파헤치려 했던 사람[500]으로 하여금 광기(狂氣)를 자제하도록 하였으니, 선심(善心)을 개발한 것의 옳음이 넷째이다.

태부대왕(太傅大王: 헌강왕)은 중국의 풍속으로써 폐풍(弊風)을 일소(一掃)하고, 바다처럼 넓은 지혜[慧海]로써 마른 세상을 적시게 하였다. 평소에 영육(靈育)[501]의 이름을 흠앙(欽仰)하시고, 법심(法深)[502]의 강론(講論)을 간절히 듣고자 하였다. 이에 계족산(鷄足山)[503]에 마음을 기울이시어 학두서(鶴頭書)를 보내 부르시며 말씀

관원으로는 令 1명, 卿 2명, 佐 2명, 史 15명을 두었다. 『삼국사기』 권38, 「職官(上)」 참조.
497 定心의 물: 定心의 맑고 고요함을 止水에 비유한 말.
498 魔山: 장래 魔賊이 들끓게 될 산의 비유. 地勢로 본 曦陽山을 이른다.
499 팔을 끊은 사람: 팔뚝을 끊어 자신의 求道 의지가 굳건함을 보여주었다는 慧可의 雪中斷臂 고사에서 나왔다. 여기서는 沈忠을 가리킨다.
500 龍尾를 파헤치려 했던 사람: 당나라 때 安祿山(705~757)이 매양 含元殿 앞의 龍尾道를 지날 적에 南北으로 흘겨보면서 한참동안 있다가 가곤 하였으며, 나중에는 그 길을 파헤치려 했다는 故事. 여기서는 안록산과 같은 '無道한 들도적[野寇]'을 가리킨다.
501 靈育: 北魏 때의 高僧인 玄高(402~444). 속성은 魏氏, 속명은 靈育. 12세에 출가하여 禪律을 배웠으며, 佛馱跋陀羅에게 불법을 묻고 曇弘 등과 사귀었다. 뒤에 北魏로 가서 世祖(拓跋燾)와 태자 晃의 推重을 받았으나, 결국 자신의 威柄을 빼앗길까 두려워 한 태자의 참소로 죽었다. 『梁高僧傳』 권11, 「玄高傳」 참조.
502 法深: 중국 東晉 때의 學僧인 竺潛(竺道潛, 286~374)의 字. 속성은 王氏이며 瑯琊(낭야) 사람이다. 經傳의 義解에 뛰어나 簡文帝(哀帝)의 推重을 받았다. 興寧 2년(364)에는 궁중에 들어가 간문제에게 『般若經』을 강의하였다. 支遁道林과 함께 格義佛敎를 대표하는 고승으로 꼽힌다. 『梁高僧傳』 권4, 「竺潛傳」 참조.
503 鷄足山: 석가모니가 修道했던 산 이름. 當來佛인 지증대사가 駐錫하고 있는 曦陽山을 비유한 말.

하시기를 "불도(佛道)를 외호(外護)⁵⁰⁴하는 소연(小緣)을 갖게 되었으나⁵⁰⁵ 일념(一念) 사이에 한 해[三際]를 넘기고 말았습니다. 안으로 대혜(大慧)를 닦을 수 있도록 한 번 와 주시기를 바랍니다"고 하였다. 대사는 임금의 낭함(琅函)⁵⁰⁶에서 '좋은 인연이 세상에 두루 미침은, (佛菩薩이) 인간계에 섞여 모든 백성과 함께 하기 때문이다'고 언급한 것에 감동하여, 옥을 품고 산에서 나왔다. 거마(車馬)가 베날 듯이 길에서 맞이하였다.

선원사(禪院寺)에서 휴식하게 되자, 편안히 이틀 동안을 묵게 하고는 인도하여 월지궁(月池宮)⁵⁰⁷에서 '심(心)'을 질문하였다. 그 때는 섬세한 조라(鳥羅)에 바람이 불지 않고⁵⁰⁸ 온실수(溫室樹)에 바야흐로 밤이 될 무렵이었다. 마침 달[金波] 그림자가 맑은 못 가운데 똑바로 비친 것을 보고는, 대사가 고개를 숙여 유심히 살피다가 다시 하늘을 우러러보고 말하기를 "이것[水月]이 곧 이것[心]⁵⁰⁹이니 더 이상 할 말이 없습니다"고 하였다. 임금께서 상쾌한 듯 흔연히 계합(契合)하고 말씀하시기를 "부처[金仙]가 연꽃[華目]을 들어 뜻을 전했던 풍류(風流)가 진실로 이에 합치되는구려!"라고 하였으며, 드디

504 外護: 속인이 승려의 수행을 도와 佛法의 弘通에 힘이 되도록 援護하는 것. 이에 대해 부처님이 제정한 계법으로 身·口·意를 보호하는 것을 內護라고 한다.
505 外護하는 小緣을 ~: 헌강왕이 임금의 자리에 오른 것을 겸손하게 표현한 말.
506 琅函: 남의 편지를 높여서 일컫는 말.
507 月池宮: 현재 안압지가 있는 東宮(동쪽 별궁)으로 추정된다. 1974년 안압지 발굴 당시 '月池'라는 명문이 새겨진 와당이 상당수 발견되었다. 『삼국사기』에 의하면, 헌덕왕 14년 정월에 "왕이 母弟인 秀宗(나중에 興德王이 됨)을 副君으로 삼아 月池宮에서 살게 했다"는 기록이 있다.
508 섬세한 鳥羅에 바람이 불지 않고: 바람 한 줄기가 없음을 이름.
509 이것이 곧 이것이니 ~: 心은 곧 물에 비친 달과 같다는 말.

어 제배(除拜)하여 망언사(忘言師)⁵¹⁰로 삼았다.

대사가 대궐을 나서자, 임금께서 충성스런 신하로 하여금 자신의 뜻을 타이르도록 하며, 잠시 머물러 주기를 청하였다. 대사가 대답하기를,

우대우(牛戴牛)⁵¹¹라고 이르지만, 값나가는 바는 얼마 안 됩니다. 새를 새의 본성에 따라 기르신다면⁵¹² 시혜(施惠)됨이 헤아릴 수 없을 것입니다. 여기서 작별하기를 청하나이다. 이를 굽히게 하면 부러지고 말 것입니다.

고 하였다. 임금께서 이를 들으시고 서글퍼하시며, 운어(韻語: 운을 단 글)로써 탄식하며 "베풀어도 이미 머물지 않으니 불문(佛門)의 등후(鄧侯)⁵¹³로다. 대사는 '지둔(支遁)이 놓아준 학(鶴)'이나, 나는 '조(趙)나라 갈매기'⁵¹⁴가 아니로다"고 하였다. 그리고, 곧 십계(十

---

510 忘言師: 말을 잊은 宗師. 곧 禪法에 통달한 禪師를 높이 일컫는 말이다.
511 牛戴牛: 길고 흠이 없는 쇠뿔. 三色을 갖추었으며, 활을 만드는 재료로 사용된다. 소가 소 한 마리 값을 머리에 이었다는 말이니, 이는 곧 값어치 있는 물건이나 사람에 비유된다.
512 새를 새의 본성에 따라 ~: 승려의 신분에 맞는 방법으로 돌보아 달라는 말. 산으로 돌아갈 수 있게 하는 것이 자신을 돕는 길이라는 뜻이다.
513 鄧侯: 중국 晉나라 때 尙書左僕射를 지낸 鄧攸(자는 伯道)를 지칭. 등유는 어려서 부모가 돌아가시자 居喪을 극진히 하여 효자로 이름이 높았으며, 벼슬길에 나아가서도 청렴과 밝은 일처리로 인심을 얻었다. 吳郡의 太守가 되었을 때에는 食水를 제외한 그 어느 것도 백성으로부터 받은 일이 없었다. 그가 병을 핑계대고 태수직을 그만둘 때에는 백성들이 그가 타는 수레 밑에 누워서 떠나가지 못하도록 만류하였다. 또한 노래를 지어 부르기를 "鄧侯는 붙잡아도 머물지 않고 謝公은 떠밀어도 가지 않는구나"라고 하였다 한다.『晉書』권90,「鄧攸傳」참조.
514 趙나라 갈매기: 중국 五胡十六國時代 後趙의 임금 石虎의 성품이 超然獨特하므로, 佛圖澄이『列子』의 고사를 인용하여 '海鷗鳥'라는 별명을 붙여 주었던 데서 나온 말.

戒)⁵¹⁵를 받은 불자(佛者)인 선교성(宣敎省)⁵¹⁶ 부사(副使) 풍서행(馮
恕行)에게 명하여 산으로 돌아가는 대사를 위송(衛送)토록 하였다.
토끼를 기다리는 사람으로 하여금 그루터기에서 떠나도록 하고,⁵¹⁷
물고기를 탐내는 사람으로 하여금 그물 맺는 법을 배우게 하였으
니,⁵¹⁸ 세상에 나가서 교화하고, 물러나 도를 닦는 것의 옳음이 그 다
섯째다.

대사는 세간에서 도를 행함에 멀고 가까움과 평탄하고 험준함을
가림이 없었다. 말이나 소에게 노고를 대신하도록 한 적도 없었다.
산으로 돌아갈 때, 얼음이 얼고 눈이 쌓여 넘고 건너는데 지장을 주
므로, 이에 임금께서 종려나무⁵¹⁹로 만든 보여(步輿)⁵²⁰를 내리시니,
사자(使者)에게 사절(謝絕)하며 다음과 같이 말하였다.

이 어찌 정대춘(井大春)⁵²¹의 이른바 단순한 '인거(人車)'이겠습

---

515 十戒: 十惡을 범하지 말라는 菩薩의 十戒(沙彌의 十戒와 구별됨). 즉 不殺生·不偸盜·不
邪淫·不妄語·不飮酒의 五戒에다 不說過罪·不自讚毁他·不慳·不瞋·不謗三寶를 더한 것.
516 宣敎省: 신라 下代에 敎書의 선포와 전달을 주요 임무로 하는 국왕의 직속 官府로 추
정됨. 寶林寺普照禪師塔碑文에도 보인다.
517 토끼를 기다리는 ~: 舊習에 얽매어 入山修道만을 固守하는 이들에게 '下化衆生'의 理
想을 실현하기 위한 교화 활동 역시 중요함을 알도록 했다는 말. 곧 대사의 出山을 이
른다.
518 물고기를 탐내는 ~: 佛法을 배우고자(漢魚) 하는 이들에게 조용히 들어앉아 修道하도
록 깨우친 것을 비유한 말. 곧 대사의 入山을 이른다.
519 종려나무: 椰子科에 속하는 常綠喬木으로, 줄기는 둥근 기둥 같고 종려 껍질로 싸여
있다. 寢牀과 案席 또는 수레와 바퀴를 만드는 데 쓰인다.
520 步輿: 노인이나 보행이 불편한 사람을 위해서 만든 가마.
521 井大春: 後漢 光武帝(재위: 25~57) 때의 隱士. 이름은 丹. 젊어서 太學에서 受業하여 五
經에 통달하였고, 談論을 잘했으므로 당시 首都인 洛陽에서 '五經紛綸井大春'이라고
일컬었다. 성품이 맑고 고결하여 벼슬살이를 즐겨 하지 않았으며, 만년에는 隱閉하여
여생을 마쳤다. 좌우에서 進輦할 때면 웃으면서 "듣자니 일찍이 桀紂가 사람에게 수레
를 끌게 하였다고 하는데, 이것이 이른바 그 人車인가?"라고 하여, 사람이 사람을 수레
에 태워 나르는 것이 人道에 어긋남을 강조했다고 한다. 『後漢書』 권83,「井丹傳」 참조.

니까. (정대춘과 같이) 영준(英俊)한 인물들을 우대하면서도 사용하지 않는 바이거늘, 하물며 삭발한 중이겠습니까? 그러나 왕명이 이미 이르렀으니, 그것을 받아 괴로움을 구제하는 도구로 삼겠습니다.

질병 때문에 안락사(安樂寺)로 옮겨가고 나서 석장(錫杖)을 짚고도 일어날 수 없게 되었을 때, 비로소 그것을 사용하였다. (대사의) 병을 근심하는 사람에게 공(空)을 깨닫도록 하고,[522] 어진 이를 어질게 여기는 사람으로 하여금 집착에서 벗어나게 하였으니,[523] 취사(取捨)의 옳음이 그 여섯째다.

겨울 12월 기망(旣望)의 이틀 뒤(18일)에, 가부좌(跏趺坐)를 한 채 서로 터놓고 말을 나눈 뒤 조용히 세상을 떠났다. 아아! 별은 하늘로 돌아가고 달은 큰 바다에 떨어졌다. 종일 부는 바람이 골짜기에 진동하니 그 소리는 호계(虎溪)의 울부짖음과 같았다. 쌓인 눈이 소나무를 부러뜨렸다. 그 빛깔은 사라수(沙羅樹)와 같았다. 외물(外物)이 감응함도 이같이 극진하거늘, 사람의 슬픔이야 헤아릴 만하다. 이틀 밤을 넘겨 현계산(賢溪山)에 임시로 유체(遺體)를 모셨다가, 1년 뒤의 그 날에 희야(曦野)[524]로 옮겨 장사지냈다.[525]

---

522 병을 근심하는 ~: 대사의 건강을 근심하는 임금에게 사람의 삶이 쏟임을 깨닫게 했다는 말.
523 어진 이를 ~ 벗어나게 하였으니: 지증대사가 자신을 곁에 붙들어 두려는 임금에게 집착에서 벗어나도록 했음을 가리킴.
524 曦野: 문경 희양산 봉암사를 가리킴.
525 장사지냈다: 茶毘를 한 뒤 浮屠가 세워지기 이전까지 가매장한 것을 이른다.

IV

태부왕(헌강왕)께서 의원을 보내 문병하시고, 파발마[馹]를 내려 재(齋)를 지내도록 하셨다. 중정(中正)·공평하게 정무를 보시느라 여가가 없으면서도, 능히 시종 한결같았는데, 보살계를 받은 불자요 건공향(建功鄕)[526]의 수령(守令)인 김입언(金立言)[527]에게 특별히 명하여, 여러 고제자(孤弟子)들을 위로하게 하고, '지증(智證)[528] 선사'라는 시호와 '적조(寂照)'[529]라는 탑호(塔號)를 내리셨다. 이어 비석 세우는 것을 허락하시고, 대사의 행장을 적어 아뢰라 하시었다. 문인(門人)인 성견(性蠲)·민휴(敏休)·양부(楊孚)·계휘(繼徽) 등은 모두 글재주가 있는 사람[鳳毛]들인지라, 묵은 행적을 거두어 바쳤다.

을사년(헌강왕 11년, 885)에 이르러, 국민 가운데 유도(儒道)를 중매로 황제의 나라에 시집가서[530] 이름을 계륜(桂輪)에 높이 걸고, 관직이 주하사(柱下史)[531]에 오른 사람으로 최치원이 있는데, 당제(唐帝: 僖宗 乾符帝)의 조서(詔書)를 두 손으로 받들고 회왕(淮王: 高騈)이 준 의단(衣段)을 가져왔다. 비록 이 영광을 봉새의 거지(擧

---

526 建功鄕: 신라 때의 고을 이름. 신라 때의 지명에는 鄕·村·城 등의 이름이 많았다. 『삼국사기』「地理志」에는 이 고을의 이름이 보이지 않는다.
527 金立言: 本碑의 敍에서 鵠陵(원성왕)의 6대손이라고 하였다.
528 智證: 진실한 지혜로써 道를 證得했다는 뜻.
529 寂照: 寂은 진리 본체를, 照는 지혜 작용을 이름. 지증대사가 體와 用을 달관했다는 데서 이 탑호를 내린 것이다.
530 황제의 나라에 시집가서: 撰者 최치원이 중국에 유학했던 사실을 여자의 出嫁에 비유한 말.
531 柱下史: 周代의 벼슬 이름. 鐵冠을 쓰고 藏室의 柱下에서 기록하는 관직이란 데서 온 말이다. 秦나라 이후 侍御史로 개칭되었다. 撰者가 당나라에서 侍御史를 지냈기 때문에 柱下史라 한 것이다.

止)⁵³²에 비하기는 부끄러우나, 학이 돌아온 것⁵³³엔 자못 비길 만하
리라. 임금께서 신신(信臣)으로서 청신자(清信者)⁵³⁴인 도죽양(陶竹
陽)에게 명하여, 대사의 문인들이 작성한 행장을 최치원에게 주도록
하고, 수교(手教)를 내려 다음과 같이 말씀하시었다.

누더기를 걸친 동국(東國)의 선사가 서방으로 천화(遷化)함을
이전에 슬퍼하였으나, 수의(繡衣)를 입은 서국(西國)의 사자(使
者)⁵³⁵가 동국으로 귀환(歸還)함을 매우 기뻐하노라. 불후(不朽)
의 대사(大事)가 인연이 있어 그대에게 이른 것이니, 외손의 작품
[外孫之作: 좋은 작품]⁵³⁶을 아끼지 말아 장차 대사(大士)의 자비
(慈悲)에 보답토록 하라!

신(臣)이 비록 동인(東人: 東箭)으로서 재목감은 아니지만, 남관
(南冠)을 한 것을 다행스럽게 여긴다.⁵³⁷ 바야흐로 마음껏 재주를 부
리려고[運斧] 생각하던 차에 갑자기 주상전하(主上殿下)의 승하(昇

---

532 봉새의 擧止: 봉새는 東方 君子國에서 나와 四海之外를 飛翔한다고 한다.
533 학이 돌아온 것: 漢나라 때 遼東 출신인 丁令威가 靈虛山에서 仙術을 배우고 鶴으로
化하여 다시 요동으로 돌아왔다는 故事.
534 清信者: 불교를 신봉하는 사람.
535 繡衣를 입은 西國의 使者: 撰者 최치원이 귀국할 때 侍御史라는 직함에다 당나라 使臣
의 임무를 띠고 왔기 때문에 이같이 이르는 것이다.
536 외손의 작품: 外孫은 女(딸)의 子(아들)이니 女와 子를 합하면 '好'자가 된다. 따라서
好作을 달리 표현한 말이다. 한편으로 撰者가 앞에서 '儒道를 중매로 황제의 나라에
시집갔다'는 표현을 사용한 바 있으므로, 고국 신라에 돌아와서 새로 지은 글을 곧 外
孫에 비유하는 重意法을 쓴 것이다.
537 南冠을 한 것은 ~: 撰者 최치원이 비록 당나라에 유학을 하였으나, 母國의 衣冠을 끝
내 고치지 않고 돌아왔으며, 또 先代의 유업을 계승한 것을 다행스럽게 여긴다는 말.
『춘추좌씨전』에 나오는 '南冠而縶者'의 故事 참조.

迺)를 당하였는데,[538] …… 더욱 더 나라에서 불서(佛書)를 중히 여기고 집에서는 승사(僧史)를 간직하며, 법갈(法碣)이 서로 바라보고 선비(禪碑)가 가장 많게 되었다. 두루 아름다운 글을 보고 시험삼아 새롭지 못한 글도 찾아보았다. '무거무래(無去無來)'의 말은 다투어 말[斗]로 헤아릴 정도요, '불생불멸(不生不滅)'의 말은 움직이면 수레에 실을 지경이었다. 일찍이 『춘추(春秋)』에서와 같은 신의(新意)가 없었고,[539] 간혹 주공(周公)의 구장(舊章)만을 쓴 것과 같을 뿐이었다.[540] 이로써 돌이 말하지 못함을 알았고,[541] 도에 이르는 길이 멀다는 것을 더욱 체험하였다. 오직 한스러운 것은, 대사께서 돌아가신 것[化去]이 이르고 신(臣)의 돌아옴이 늦었다[來遲][542]는 점이다. '애체(靉靆)'라는 두 글자[543]를 가지고 누가 지난날을 알려줄 것인가. 소요원(逍遙園)에서의 강의[544]처럼 설법을 하셨으나, 참다운 비결을

538 주상전하의 ~ : 이하 문장이 탈락된 듯하다.
539 春秋에서와 같은 新意가 없었고 : 공자가 魯나라의 역사에 筆削을 가하여 이룩한 『춘추』는 微言大義를 基底로 하는데, 法碣들에는 그런 意圖가 담겨 있지 않다는 뜻.
540 周公의 舊章만을 쓴 것 ~ : 史의 서술에는 과거의 전통을 계승하고 장래 지켜야 할 법을 밝히는 노력이 함께 병행되어야 하는데, 法碣에서는 위로 周公의 舊章을 따르려는 노력은 있으나, 장래에 대한 안목이 결여되었다는 말.
541 돌이 말하지 못함을 알았고 : 비석들이 말을 할 수 있었더라면, 그와 같은 것을 그냥 받아들이지 않았을 것이라는 뜻.
542 來遲 : 중국 한나라 때 孝武帝가 죽은 이부인을 그리워하면서 "오는 것이 더디구나"라는 來遲歌를 지어 탄식하였다고 한다. 『문심조룡』 권2, 「樂府」 "觀高祖之詠大風, 孝武之歎來遲."
543 靉靆라는 두 글자 : 옛날에 어떤 沙彌가 『法華經』을 읽는데, 항상 '靉靆'라는 두 글자를 잊으므로 그 스승이 책망하였는 바, 스승의 꿈에 한 스님이 나타나 말하기를 "沙彌가 전생에 가졌던 『법화경』에 그 두 글자가 좀이 먹었기 때문에 항상 잊는 것이다"고 하였다는 고사에서 나온 말. 곧 撰者가 대사에게 質正할 수 없게 되어 한스럽다는 뜻이다. 『法華靈驗傳』 卷下, 「難通二字」.
544 逍遙園에서의 강의 : 鳩摩羅什이 逍遙園에서 베푼 佛經講義를 지증대사의 說法에 비유한 말. 逍遙園은 중국 陝西省(섬서성)에 있는 禪院으로, 鳩摩羅什이 長安에 왔을 때, 姚興(後秦의 임금)이 여러 沙門들과 함께 이곳에서 什의 불경 강의를 들었다고 한다.

듣지 못하였다.545 매양 감당할 수 없는 처지임을 걱정만 했지, (대사와) 숙세(宿世)의 인연이 있었음[伸拳]을 깨닫지 못하였다. 때가 늦음을 탄식하자면 이슬처럼 지나고 서리같이 다가와, 갑자기 근심으로 희어진 귀밑머리가 시들어 쇠약한 것 같다. 도(道)의 심원(深遠)함을 말하자면 하늘같이 높고 땅처럼 두터워, 겨우 뻣뻣한 붓털을 썩힐 뿐이다. 장차 얽매임이 없는 (대사의) 놀음에 어울리고자 비로소 공동산(崆峒山)처럼 아름다운 행실을 서술한다.

문인(門人) 영상(英爽)이 와서 글[受辛]을 재촉하였을 때, 금인(金人)이 입을 다물었던 고사(故事)에 따라 돌 같은 마음을 더욱 군혔다.546 참는 것은 뼈를 깎아내는 것보다 고통스럽고, 요구는 몸에 새기는 것보다 심하였다. 그리하여 그림자는 8년[八冬] 동안 함께 짝하였으며,547 말은 세 번을 되풀이했던 것548에 힘입었다. 저 여섯 가지의 이상한 일[六異]과 여섯 가지의 옳은 일[六是]로 글을 지은 것에 부끄러움이 없고 용력(勇力)을 과시하기에 여유가 있는 것은, 실은 곧 대사가 안(心)으로 육마(六魔)549를 소탕하고 밖(身)으로 육폐(六蔽)550를 제거하여, 행하면 육바라밀(六波羅蜜)을 포괄하고 좌선(坐禪)하면 육신통(六神通)을 증험하였기 때문이다. 대사의 사적(事跡)

---

545 참다운 비결을 ~: 최치원이 귀국하기 3년 전에 지증대사가 入寂하였기 때문이다.
546 돌 같은 마음 ~: 비문 짓는 일을 固辭했다는 말.
547 그림자는 8년 동안 ~: 비문을 짓는 데 8년이 걸렸다는 말.
548 세 번을 되풀이했던 것: '三復白圭'의 故事에서 나온 말. 곧 構成과 措辭에 신중을 기함을 이른다.
549 六魔: 마음으로 인간의 心性을 해치는 六識의 對象界. 六塵. 곧 色·聲·香·味·觸·法을 이른다.
550 六蔽: 몸으로 六波羅蜜을 해치는 여섯 가지. 곧 첫째 布施를 해치는 慳貪, 둘째 戒行을 해치는 破戒, 셋째 忍辱을 해치는 嗔恚(진에), 넷째 精進을 해치는 憐心, 다섯째 禪定을 해치는 散亂, 여섯째 智慧를 해치는 愚癡를 말한다.

은 마치 벌이 꽃에서 꿀을 캐듯 형용해야 되는데,[551] (내가 지은) 글은 초고 없애는 것을 어렵게 하였다. 그 결과 가시나무를 쳐내지 않은 것과 같게 되었다. 쭉정이와 겨가 앞에 있음이 부끄럽다. 자취가 '궁전[蘭殿]에서의 놀음'[552]을 좇았으니 누구인들 '월지궁(月池宮)에서의 아름다운 만남'을 우러르지 않겠는가. 게(偈)[553]는 백량대(柏梁臺)에서의 작품(七言聯句)을 본받았다. 해뜨는 곳에서 고상한 말로 비양(飛揚)하기를 바란다.

V

그 사(詞: 銘)는 다음과 같다.

공자(麟聖)는 인(仁)에 의지하고 덕(德)에 의거하였으며
노자(鹿仙)는 백(白)을 알면서도 흑(黑)을 지킬 줄 알았네.[554]
두 교(敎)가 부질없이 천하의 법식(法式)이라 일컬었지만
나계진인(螺髻眞人: 석가)은 힘 겨루는 것을 근심했네.
십만 리 밖에 서역의 거울이 되었고
일천 년 뒤에 동국(東國)의 촛불이 되었네.

---

551 벌이 꽃에서 ~: 지증대사의 行蹟을 형용함에, 마치 벌이 꽃에서 꿀을 캐내되 색깔과 향을 손상시키지 않고 단지 그 단맛만을 취하는 것과 같이 해야 된다는 말. 곧 대사의 生平行狀을 요약, 서술함에 그 본령을 잘 파악하여, 핵심을 놓치거나 특정 부분만을 두드러지게 서술하는 일이 없어야 된다는 말이다.
552 궁전에서의 놀음: 梁武帝와 達磨가 宮殿에서 만났던 故事를 말함.
553 偈: 부처의 덕을 찬미하거나 불교의 교리를 韻文으로 읊은 것. '銘'과 비슷한 형식이다.
554 白을 알면서도 ~: 명석한 지혜를 갖고 있으면서도 도리어 어리석음의 덕을 지킨다는 뜻.

계림이란 땅은 금오산(金鰲山)⁵⁵⁵ 곁에 있으니

예부터 선(仙)과 유(儒)에 기특(奇特)한 이가 많았네.

아름다울손 희중(羲仲)⁵⁵⁶이여! 직무에 태만하지 않고

다시금 불일(佛日)을 맞아 공(空)과 색(色)을 분별하였구나.

교문(敎門)이 이로부터 여러 층으로 나뉘었으며⁵⁵⁷

말의 길[言路]이 그를 따라 널리 뻗게 되었네.⁵⁵⁸

몸은 토굴(兎窟)⁵⁵⁹에 의지했지만 마음은 편안키 어려웠고

발을 양기(羊岐)에 내딛으니 도리어 눈이 현혹될 정도였네.

법해(法海)가 순탄하게 흐를지 참으로 헤아리기 어려웠는데

마음으로 안결(眼訣)⁵⁶⁰을 얻었으니, 진리의 극치를 포괄하였구나.

'득(得)' 가운데 득(得)은 망상(罔象: 無心)의 얻음과 같고⁵⁶¹

---

555 金鰲山: 경주의 南山. 당나라에 있을 때 절친하게 지냈던 시인 顧雲은 최치원을 송별하면서 준 詩에서 "我聞海上三金鰲, 金鰲頭戴山高高, 山之上兮, 珠宮貝闕黃金殿, 山之下兮, 千里萬里之洪濤, 傍邊一點鷄林碧, 鰲山孕秀生奇特"라고 하여, '金鰲山이 빼어난 기운을 잉태하여 奇特한 이를 낳았도다'고 하였다. 이 碑銘에서 撰者가 '鰲山'과 '自古先儒多奇特'을 연결시킨 것도 이와 무관하지 않다.
556 羲仲: 신라의 임금을 비유한 것.
557 敎門이 이로부터 ~: 儒·佛·仙이 三大敎門으로 정해짐과 동시에 敎勢의 優劣이 생기게 되었다는 말.
558 말의 길이 ~: 儒·佛·仙의 宗旨가 널리 퍼지게 되었다는 말.
559 兎窟: 깊은 산골의 은둔처를 비유한 말.
560 眼訣: 正法眼藏의 비결.
561 得 가운데 得은 ~: 『莊子』「天地」에 의하면 "黃帝가 赤水에 놀고 돌아오다가 玄珠를 잃어 버렸다. 그래서 知·離朱·喫詬 등 신하에게 차례로 찾아보도록 했으나 찾아내지 못하였는데, 마지막으로 象罔을 시켜 찾게 했더니 그가 찾아냈다"고 하였다. 이것은 일종의 寓話로서, 여기 나오는 '赤水'란 道의 幽玄한 경지를 상징한 것이요, '玄珠'는 道, '知'는 지혜, '喫詬'는 言辯의 상징일 것이다. 道는 지혜가 있거나, 눈이 밝거나, 말을 잘하는 능력으로는 찾지 못했지만, 無相(無心)으로는 쉽게 찾아냈다는 말이다.

'묵(默)' 중의 묵(默)은 한선(寒蟬: 숫매미)이 울지 않음과 다르도다.[562]

북산(北山)의 도의(道義)가 홍곡(鴻鵠)의 날개를 드리우고
남악(南岳)의 홍척(洪陟)이 대붕(大鵬)의 날개를 펼쳤네.
해외(海外: 신라)로 때맞추어 귀국함에 도(道)를 누르기 어려웠으니
멀리 뻗은 선(禪)의 물줄기가 막힘이 없었네.

다북쑥이 삼대[麻]에 의지하여 스스로 곧을 수 있었고
구슬을 내 몸에서 찾게 됨에 이웃에게 빌리는 것을 그만두었네.[563]
담연자약(湛然自若)한 현계산의 선지식(善知識)이여!
열 두 인연이 헛된 꾸밈이 아니로다.

무엇 하리 참바[絇]를 잡고 말뚝을 박을 것이며[564]
무엇 하리 종이에게 붓을 핥고 먹물을 머금게 할 것인가.[565]
저들이 간혹 멀리서 배우고 힘을 다해 돌아왔기에

---

562 寒蟬이 울지 않음과 다르도다: 지증대사가 禪僧임에도 진리를 具足히 설명하는 言說을 갖추었으므로, '默坐證心'만을 으뜸으로 삼던 여타 선승들과는 다르다는 의미이다.
563 구슬을 내 몸에서 ~: 지증대사의 시기에 이르면 前輩들이 이루어 놓은 여건의 성숙에 힘입어 중국의 禪에 의지하지 않고도 신라 스스로 禪脈을 유지, 발전시킬 수 있었다는 말이다.
564 참바를 잡고 ~: 굳이 고생하며 중국이나 인도에 留學하러 갈 필요가 없었다는 말. 天竺國에 들어가는 求法僧들은 대개 고비사막[流沙]의 바람에 날리는 것을 방지하기 위해 밧줄을 치고 이를 붙잡은 채 지냈으며, 또 파미르 고원[葱嶺]의 층암절벽 험로를 지날 때에는 말뚝을 박아 登攀하는 데 이용하였다.
565 종이에게 붓을 핥도록 ~: 禪僧이 문자를 빌어서 得道할 필요가 있겠느냐는 말. 붓과 먹은 문자를 의미한다.

내가 정좌(靜坐)하어 온갖 마적(魔賊)을 물리칠 수 있었다네.

의념(意念)의 나무를 잘못 심어 기르지 말고
정욕(情欲)의 밭(心)에다 농사를 그르치지 말며
항하사(恒河沙)를 두고 만(萬)이다 억(億)이다 논하지 말고566
외로이 뜬구름을 두고 남과 북을 논하지 말라!567

덕행의 향기는 원지(遠地)에 치자나무 꽃향기568처럼 알려졌고
지혜로써 해동일방(海東一方)을 교화하여 사직(社稷)을 편안케 했네.
몸소 임금의 어찰(御札)을 받들어 누더기[縷褐]를 펄럭였고
마음을 물에 비친 달에 비유하여 선식(禪拭)569을 바쳤네.

집안의 대를 이을 부유한 처지에서 누가 형극(荊棘)의 길에 들 것인가.
썩은 선비의 도(道)로 대사의 정상(情狀)을 들추기가 부끄럽네.
발자취가 보당(寶幢)570처럼 빛나니 이름을 새길 만한데
나의 재주가 금송(錦頌)을 감당하지 못하여 글을 짜내기 어렵네.

---

566 항하사를 두고 ~: 항하사 모래알과 같은 修行의 持經功德을 두고 부질없이 그 수를 논하지 말라는 뜻.
567 외로이 뜬구름을 ~: 孤雲은 지증대사를 비유한 말이고, 南北은 단순하게 定處를 말함이 아니고 南禪과 北禪을 가리킨다. 지증대사를 두고 南禪이다 北禪이다 규정하지 말라는 뜻이다. 지증대사는 南·北禪을 종합한 禪風을 전개하였다.
568 치자나무 꽃향기: 치자꽃이 숲 속에 있으면 온 숲이 향기로 가득 찬다고 한다.
569 禪拭: 禪門에서 이른바 마음을 씻어 내는 說法. 곧 지증대사가 月池宮에서 물에 비친 달을 보고, "이것[月]이 이것[心]이니 그 나머지는 할 말이 없습니다"고 했던 것을 지칭한다.
570 寶幢: 佛堂을 장식하는 旗.

주린 창자[嚻腹]로 선열(禪悅)의 공양에 배부르고 싶거든
산중으로 와서 전각(篆刻: 비문)을 볼지어다.

분황사(芬皇寺)의 중 혜강(慧江)이 나이 83세에 글씨를 쓰고 아울러 글자를 새기다. 원주(院主)[571]인 대덕(大德) 능선(能善)[572]·통준(通俊) 및 도유나(都唯那)[573] 등, 그리고 현일(玄逸)·장해(長解)·명선(鳴善), 또 시주(施主)로서 갈(碣)[574]을 세웠으며, 서□대장군(西□大將軍)[575]으로 자금어대(紫金魚袋)를 착용한 소판(蘇判) 아질미(阿叱彌), 가은현(加恩縣)[576] 장군 희필(熙弼), 당현(當縣)[577] …(판독이 어려움). 용덕(龍德)[578] 4년 세차(歲次) 갑신(924) 6월 일에 건립을 마치다.

571 院主: 禪宗에서 사원의 사무를 도맡아 보는 사람. '寺主'라고도 한다.
572 能善: 「興寧寺澄曉大師塔碑」에는 寺主로 나온다.
573 都唯那: 僧官의 하나. 승려와 사원에 관한 모든 사무를 맡아 지휘하는 직책. 國統·都唯那娘·阿尼大都唯那의 순이었다. 『삼국사기』 권40, 「職官(下)」 참조.
574 碣: 적조탑비 이전에 세워진 지증대사 관련 法碣.
575 大將軍: 李基白의 「新羅私兵考」에 의하면, 진성여왕 때부터 전국적으로 반란군이 속출함에 따라, 郡의 太守나 縣令 등도 독립된 私兵의 소유자로 등장하여 城主나 將軍·大將軍이라고 일컫게 되었으며, 나아가 知諸軍事라는 칭호를 갖기도 하였다고 한다(『역사학보』 제9집, 1957 所收). 또 許興植은 "대장군·장군 등 武將職을 띠었던 이들은 경주에서 草賊을 막기 위해 파견된 邊將으로서 토착화한 인물일 가능성이 크다"고 하였다(『韓國學基礎資料選集』 金石文篇, 554쪽).
576 加恩縣: 지금의 문경시 加恩面 지방. 『동국여지승람』에 의하면, 신라 경덕왕이 加害縣을 嘉善縣이라 개칭하여 古寧縣(咸昌)의 領縣으로 삼았다. 고려 초에 다시 가은현이라 고쳤다 한다. 그러나 이 비문의 기록으로 보아, 이미 신라 말기에 가은현이라 개칭하였던 것 같다.
577 당현: 봉암사가 속해 있던 縣. 신라 때에는 冠山縣, 고려 때에는 聞慶縣이라 하였음.
578 용덕: 後梁 末帝의 연호(921~923). 龍德 3년에 後梁이 멸망하였으므로 '龍德 4년'이란 紀年은 국제정세에 어두웠던 데서 비롯된 것이라 하겠다. 이해에 세워진 다른 禪碑로는 崔仁渷所撰「昌原鳳林寺眞鏡大師塔碑」가 있다.

부록

보원사 법인국사 탑비명
普願寺 法印國師 塔碑銘

그림 21. 보원사법인국사탑비와 탑본(한국금석문 종합영상정보시스템, 단국대학교 석주선기념박물관)

충청남도 서산군 운산면 용현리 보원사지에 있다. 고려 초기의 고승인 법인국사(法印國師) 탄문(坦文: 900~975)의 비문으로, 고려 경종 3년(978)에 건립되었다(국보 제106호). 비문을 지은이는 당시 광록대부(光祿大夫) 한림학사(翰林學士)로 있던 김정언(金廷彦)이고 글씨를 쓴 사람은 사천대(司天臺) 박사 한윤(韓允)이다. 전체 높이 450㎝, 비신 높이 240㎝, 너비 116.5㎝, 두께 29㎝, 비문 글자 크기 1.5㎝이며, 비문의 글자는 46행×99자로 모두 4,500여 개의 글자가 새겨져 있다. 현재 비신의 하단부 세 곳이 작은 크기로 떨어져 나갔을 뿐 전체적으로 비문의 내용을 판독하는 데 큰 어려움은 없다. 떨어져 나간 부분도 조선 말기에 나온 유연정(劉燕庭)의 『해동금석원(海東金石苑)』에 비교적 온전하게 판독되어 있다. 판독할 수 없는 글자는 현재 30여 자에 불과하다. 떨어져 나간 부분은 1919년 『조선금석총람』이 나오기 이전까지는 온전하였던 것으로 보인다.

문체는 신라말의 대학자 고운(孤雲) 최치원(崔致遠: 857~?)의 『사산비명(四山碑銘)』을 많이 참조한 듯, 똑같거나 비슷한 사륙변려체(四六騈儷體)의 문투가 도처에 보인다. 김정언이 찬한 여타의 비문들도 상투적인 문투가 많아 그 문학성은 높이 평가하기가 어렵다. 글씨는 전형적인 '당해(唐楷)', 즉 구양순체(歐陽詢體)로 되어 있어 신라말, 고려 초기의 서예사 연구에 큰 도움이 된다. 본서에서는 2005년 5월 22일, 문화재청의 허가를 받아 직접 뜬 탁본을 저본(底本)으로 하고, 『조선금석총람』, 『한국금석전문』 등을 부차적인 자료로 이용하였다.

원문

迦耶山 普願寺 故國師 制贈諡法印 三重大師之碑(題額)

高麗國 運州 迦耶山 普願寺 故國師 制贈諡法印 三重大師 寶乘之塔碑銘幷序

光祿大夫 太丞 翰林學士 前內奉令 臣 金廷彦 奉制撰

儒林郎 司天臺博士 臣 韓允 奉制書幷篆額

恭惟, 覺帝釋迦, 鵠樹昇遐之後, 儲君彌勒, 龍華嗣位之前, 代有其仁, 心同彼佛, 佛者覺也, 師而行之. 故使蒸棗海隅, 引玄津而更廣, 蟠桃山側, 挹慧日以重光, 卽以道之尊爲王者師, 德之厚爲衆生父. 況乃釋氏三藏, 有六義, 內爲戒定慧, 禪之根也, 外爲經論律, 敎之門也. 誰其全之, 實大師矣. 大師法號坦文, 字大悟, 俗緣高氏, 廣州高烽人也. 祖陟, 種德無疆, 成功有裕. 曾作一同之長, 果彰三異之芳. 父能, 花縣名家, 蘭庭茂族. 遂襲家風之慶, 蔚爲邑長之尊. 母田¹氏, 唯修聖善之心, 願得神通之子, 奉行婦道, 愼守母儀. 魂交, 覿一梵僧, 授金色奇菓. 因有娠, 誕彌厥月, 父亦申夢, 法幢竪于中庭, 梵旆掛其上, 隨風搖曳, 映日翩飜, 衆人集其下, 觀者如堵. 乾寧七年, 龍集泪灘, 秋八月十四日, 天欲曙誕生. 大師, 其胎遶頸而垂, 如著方袍. 生有奇骨, 弱無放言. 覲金像以虔心, 對桑門而合掌, 有以見其根殆熟, 善芽尚早. 年甫五歲, 情敦出俗, 志在離塵. 願託跡於緇門, 卽寄心於

---

1 『조선금석총람』에는 '白'으로 되어 있으나 오자인 것 같다.

金界. 先白母, 母念疇昔之夢, 泣曰: 『諾!』 願度來世, 吾不復撓倚門之念也』已後謁父, 父喜曰善. 卽以落髮辭親 脩心學佛, 去謁鄕山大寺大德和尙. 和尙見大師, 鳳毛奇相, 螺髻殊姿. 因謂曰: 『方當童稚之年, 旣飽老成之德. 如子者, 以吾爲師, 是猶守株待兎, 緣木求魚. 吾非汝師, 可往勝處』大師, 方欲僧之眞者必訪, 跡之古者必尋. 會歸覲曰: 『古老相傳, 鄕城山內, 有佛寺之墟. 昔元曉菩薩, 義想大德, 俱歷居所憩』大師, 旣聞斯聖跡 '盍詣彼玄基, 以習善', 遂茇于其舊墟, 檻心猿, 抑意馬, 于以休足, 于以齋心. 經歷數年, 時號之聖沙彌. 大師, 迺聞信嚴大德, 住莊義山寺, 說雜華者. 希作名公之弟子, 願爲眞佛之法孫, 特詣蓮扉, 財執巾盥, 乃嘗讀以雜華經, 一行一日, 誦無孑遺. 嚴公器之, 大喜曰: 『古師所謂, 賢一日敵三十夫, 後發前至, 將非是歟?』果驗拳拳服膺, 師逸功倍, 龍樹化人之說, 卽得心傳, 佛華論道之譚, 何勞目語. 雖然妙覺, 猶有律儀. 年十五, 遂受具於莊義山寺. 初律師夢, 一神僧謂之曰: 『其有新受戒沙彌, 名文者, 唯此沙彌, 非常之人. 於其法, 花嚴大器, 何必勞身受戒』覺推之, 迺大師名, 是也. 律師奇之, 乃說前夢, 因謂曰: 『神人警誡其然, 何須稟具?』大師迺言曰: 『我心匪石, 其退轉乎? 願言佛陀孫, 合受菩薩戒』戒香遂受, 行葉彌芳. 由是, 聲九皐, 應千里, 故乃太祖, 聞大師, 緇林拔萃, 覺樹慧柯. 制曰: 『旣幼年之表異, 號聖沙彌, 宜今日之標奇, 稱別和尚』是謂逃名名我隨, 避聲聲我追者也. 龍德元年, 置海會, 選緇徒. 制曰:『莊義別和尚, 何必更爲居士, 方作名僧』遂擢爲問者, 譬如撞鍾, 大鳴舂容, 於是乎在. 同光紀曆, 丙戌司年[6]冬十月, 太祖以劉王后, 因有娠得殊夢, 爲其賴棗心之丹願, 誕玉裕之英姿, 遂請大師, 祈法力. 於是, 香爇金鑪, 經開玉軸, 願維熊之吉夢, 叶如牽之誕生. 果驗日角奇姿, 天顏異相, 有以見端居鶴禁, 嗣守鴻圖, 是大成王也. 實大師, 得佛心深, 奉天力厚, 妙感 祈禠於垂裕, 玄功薦祉於繼明矣. 太祖甚怨[7]之, 飛手詔優勞. 爾後, 遂住於九龍山寺, 講花嚴, 有群鳥遶房前, 於兔伏階下者. 門人等, 圓視戰慄, 大師, 怡顏自若曰:『若無譁! 唯此珍飛奇走, 歸法依僧而已』明年春, 以大師行修草繫之心, 德冠花嚴之首, 擢授別大德. 於是, 循循然善誘, 自是請益者, 其戭[8]不億, 寔繁有徒. 太祖, 方欲紀合龍邦, 欽崇象敎. 清泰初, 聞西伯山神朗太大德, 纂覺賢之餘烈, 演方廣之秘宗, 今年迫桑楡, 貌衰蒲柳, 遂請大師, 迨朗公, 其麾玉柄, 演金言, 開心法者. 大師, 遂往西伯, 聽雜華三本, 則何異善逝密傳於迦葉, 淨名默對於文殊者哉? 朗公應對, 有慙色曰:『昔儒童菩薩, 所謂'起予者商', 故乃花嚴大敎, 於斯爲盛矣』天福七年秋七月, 鹽白二州地界, 螟蝗害稼, 大師爲法主, 講大般若經, 一音纔演法, 百媵不爲災, 是歲卽致年豐, 翻成物泰. 惠宗嗣位, 寫花嚴經三本裁竟, 卽於天成殿, 像設法筵, 請大師講覽, 兼申慶讚, 爲其弘宣

6　丙戌司年: '太歲가 병술을 맡은 해'라는 뜻.
7　怨: 본보기로 삼다
8　戭: 헤아리다

寶偈, 永締芳緣, 附大師, 送納於九龍山寺, 別贈法衣, 贊之珍茗, 副以仙香. 定宗踐阼, 遂於九龍山寺, 置譚筵. 大師爲法主, □□賴之大□, 薦君臨之多福. 及大成大王卽位, 增脩十善, 益勵三歸, 仰展素衷, 倍增丹悉, 每覩吾師之尊貌, 如瞻彼佛之睟容, 請大師, 祈法力. 大師, 僧泉之麾塵尾, 惠弼之動龍頤. 宣祐阼之玄功, 講化邦之妙法, 故乃時康道泰, 國阜家殷矣. □□□, 伏爲大王, 奉金姿, 宣玉偈, 欽若法王之道, 煥乎君子之邦, 造釋迦三尊金像. 光宗御宇四年春, 大師得佛舍利三粒, 以瑠璃甖盛, 安置法宇. 數日後夜夢, 有七僧自東方來云:『今爲妙願俱圓, 靈姿遍化, 故來』覺見其甖, 舍利旋旋爲三, □□□□, □⁹置地□金之刹, 起補天練石龕, 所以延帝齡. 扶聖化也. 顯德二年夏, 大師法體乖和, 嚬容示疾. 夜夢有居士三十餘人, 艤舟而來, 欲載大師西泛. 大師方謂:『是吾乘仁舟, 而西逝矣』乃言曰:『吾自出世, 志於道, 願欲敬敷天敎 誧濟海□¹⁰, □□□□, □去世, 奈何急?』其居士等, 聽之迴舟, 有後期而去矣. 爾後, 得年算之遐長, 致貫花之益誠. 是謂神通夢寐, 靈驗幽明矣. 大師告門人曰:『聖君, 致我稱師, 報君以佛』奉爲祝玉皇之萬壽, 鑄金像之三尊, 因得鳳曆惟新, 鴻圖有赫. 乾□□□¹¹, □□大內, 置大藏經法會, 遽飛芝檢, 徵赴珠宮. 大師, 別山寺之蓮扉, 到京師之金地.

9　『海東金石文字』에는 '於'자로 되어 있다.
10　大朗慧和尙白月葆光塔碑에 '致君奉佛, 誧濟海人'(『조선금석총람』상권, 78쪽)이란 말이 있는 것으로 보아 '□'에는 '人'자가 들어가야 될 듯하다.
11　이 비문에서 결락된 부분은 탄문이 왕사가 된 연도를 말하는데, 『고려사』권2, 광종 19년조에 의하면 이해 탄문이 王師가 되었다고 한다. 이 기록에 비추어 결락된 부분은 '乾德六年'이 될 것이다.

大王遣緇素重使, 迎入內道場, 禮之加焯然, 敬之如如來, 別獻磨衲袈裟, 幷白碼念珠. 是歲, 秋九月, 以新刱歸法寺, 水潺湲而練遶, 山巉崿而屛開. 像殿□□□□□時, 乃開士宴居之淨境, 寔眞人栖息之淸齋, 遂請大師住焉, 大師往居之, 儼若化城. 別送罽錦袈裟, 幷法衣, 儲后信向吾師, 誠如聖旨, 別獻法衣, 幷漢茗蠻香等. 是歲, 冬十月, 大王以大師釋門宗主, 險道導師, 演組纜之秘宗, 化扶桑之□□. 於是, 尊崇宿德, 深感大慈, 迺遣緇素重使奉䟽, 請爲王師. 大師迺讓曰:『心珠靡瑩, 目鏡無懸, 謬爲王師, 卽僧豈敢』大王乃言曰:『高山仰止, 何日忘之, 將開混沌之源, 寔切崆峒之請[12]』大師乃言:『僧唯有心於歸佛, 苟無力於致君, 尙以過沐□□□, 末由膠讓. 迺使太相金遵巖等, 奉徽號, 爲王師弘道三重大師. 翌日, 大王躬詣內道場, 拜爲師. 於是, 爲君經國之方, 法天注意, 依佛化人之道, 觀海沃心. 遂乃颺以藥言, 施之箴誡, 所以仰依法力, 倍罄精心. 別獻罽錦袈裟, 幷黃黑碼磂念珠. 開寶五年, 大師特爲儲后, 年齊鶴算, 日盛龍樓, 扶玉扆以儲休, 佐瑤圖而演慶, 迺入千佛道場焚禱, 經七日夜夢, 有五百僧, 來曰:『師所願者, 佛之聽之』故奏請畫師, 敬畫五百羅漢, 安置於安禪報國院. 大師乃言之:『昔吾在普願寺, 奉持三本華嚴經, 每以中夜, 經行像殿, 不絶數年. 忽一夜, 三寶前, 有一僧問曰:「僧來奚自?」乃曰:「聖住院住持五百僧, 隨緣赴感, 經過此地, 遣僧起居」乃往三寶, 洗脚訖, 向吾房而去, 吾先歸房請入,

---

12 「대낭혜화상백월보광탑비」에 '繼體得崆峒之請, 服膺開混沌之源'(『조선금석총람』상권, 79쪽)이라 한 구절이 보인다.

不應而去, 驟雨忽滂沱. 詰旦, 向司存問:「夜有客僧來?」曰:「終夜無僧來, 滿庭有虎跡」. 迺驗爲吾持十萬雜華, 歸依玉像, 故五百羅漢, 光降蓮宮, 故爲感靈姿, 酬聖德, 每春秋之佳節, 設羅漢之妙齋, 所以然以然也』, 弟子識之. 開寶八年, 春正月, 大師, 以適當衰兒[13], 請歸故山. 大王, 尚慊別慈顏, 請住歸法寺, 遂言曰:『末尼上珍, 匪留在深山, 其可耶? 請見在人間, 炤透三千界, 弟子之願也』大師乃言曰:『僧不爲栖身碧洞, 以過年年, 寓目青山, 而閑日日, 但緣有始有卒, 念玆在玆』. 大王雖戀玉毫, 難留蓮步, 乃以爲大師身與雲栖洞, 心齊月在空, 慧化一方, 德馨四遠, 正宜君臣鑽仰, 邦國師範□也. 咸懷寶月之光, 盡入慈雲之蔭, 則是今生際會, 多劫因緣, 致敬謙謙, 言懷懇懇, 奉徽號, 請爲國師, 大師辭以老且病. 大王傾心請矣, 稽首言之, 大師言曰:『僧學道功微, 爲師德薄, 猶且荷聖之恩不淺, 當仁之讓無由』大王躬詣道場, 服冕拜爲國師, □之以避席之儀, 展之以書紳之禮, 于以問道, 于以乞言. 大師言曰:『僧但緣當蒲柳之先衰, 憩煙蘿之淨境, 身歸松徑, 心在藥宮, 仰戀龍顏, 唯祈鳳祚而已』. 大王謝曰:『法雲聯蔭, 甘露繼垂, 弟子蒙法化以非遙, 展精誠而益切』. 方當別路, 爲備行裝, 贈以紫羅法衣, 僧伽帽, 紫結絲鞋, 雲茗, 天香, 霜縑, 霧縠等, 芳命僧維釋惠允, 元輔蔡玄等衛送. 大王率百官, 幸東郊祖席, 與儲后, 親獻茶菓. 仍寵許大師門下僧, 有名行者, 可大師大德二十人, 納南畝一千頃, 佛奴五十人. 國師謝曰:『優加聖澤, 壯觀僧田, 千生之福不唐捐, 萬劫之功何勝計矣?』上項

---

13 '貌'의 古字.

拜曰:『弟子倚慈威而修已, 歸妙法以化人, 必望法禮復初, 它心如舊, 再歸京邑, 永示慈悲』. 大師言:『宿締因緣, 今生國土, 荷皇王之恩重, 勝滄海之波深. 今歸故山, 得延餘喘, 即望再赴雲闕, 更對天顏. 儻若逝水難停, 殘生莫駐, 即願必當來世, 更作沙門, 益驗法緣, 仰酬王化』. 日云暮矣, 拜稽首泣別, 望象軒而日送, 想虎錫以心傾, 于以停鑾, 于以駐蹕, 繼降起居之星使, 頻傳惓戀之綸言. 自是, 黑白奔波, 神祇擁路, 仰致傾心之敬, 何殊布髮之迎? 行之迦耶山寺, 其僧徒等, 如迎佛具仙樂. 於是, 幡蓋雲飛, 鉢螺雷吼, 教禪一千餘人, 迎奉入寺. 大師芳命門弟子等曰:『吾當逝矣, 爲石室安厝之, 汝曹相其地』便捨衣鉢隨身法具, 施與門徒等. 大王, 命尚醫供奉侍郎直文, 別賚仙藥, 晨夕侍護. 大師曰:『老僧之病, 更無聖藥. 請侍郎, 旋歸象闕, 好侍龍墀. 何爲老僧, 久滯山寺?』可謂維摩之疾, 不假桐君之藥. 大師心爲身主, 身作心師, 食不異糧, 衣必均服. 其六十餘年, 行事也如是. 太師大王, 必當禮足於吾師, 何異歸心於彼佛. 故乃禮之厚, 寵之優, 贈之以蜀錦法衣, 問之以絲綸仙札, 贊無虛月, 筆不絕書. 彼漢帝之敬摩騰, 吳主之尊僧會, 不可同年而語哉. 開寶八年, 龍集乙亥, 春三月十九日, 大師將化往, 盥浴訖, 房前命衆, 迺遺訓曰:『人有老少, 法無先後, 雙樹告滅, 萬法歸空. 吾將遠遊, 爾曹好住, 如來正戒, 護之勖之哉』言畢入房, 儼然趺坐, 示滅于當寺法堂. 俗年七十六, 僧臘六十一. 是晨也, 山頹聖地, 月墜香庭, 人靈於是哀哀, 松栢因而慘慘. 門下僧等, 起其萎之歎, 含安仰之悲, 擗踴慟哭, 聲振巖谷. 奉遷神座于迦耶山西崗,權施石戶封閉, 色慘金地, 聲聞玉京. 光宗大王, 聞之震悼, 嗟覺花之先落, 慨慧月之早沈, 吊以書, 贈以穀, 所以資淨供瞻玄福, 敬造眞影壹幀[14], 仍令國工, 封層冢. 門人等, 號奉色身, 竪塔于迦耶山西崗, 遵像法矣. 厥有傳法大弟子, 三重大師靈撰一光, 大師明會芮林倫慶彥玄弘廉, 大德玄悟靈遠玄光眞幸等, 並釋門龜鏡, 法苑鯨鍾, 繼智炬之餘輝, 踵慈軒之往轍, 感師恩而篆骨, 歸聖化以懸心. 伏遇今上, 當璧承祧, 夢齡襲美, 扇仁風而濟俗, 撝佛日以尊僧. 制曰: 『先朝國師, 故迦耶山弘道大師, 考鷲嶺之玄言, 究龍宮之奧旨, 聿興聖教, 光化仁方, 故乃聖考, 奉以爲師, 敬之如佛, 玄化誕敷於普率, 慈風光被於寰瀛. 余尙慊天不愸遺, 衆其絶學, 繼之先志, 奉以遹追[15], 欲旌崇德之因, 遠擧易名之典. 故追諡曰法印, 塔名寶乘. 爲其示以彌芳, 傳之不朽』. 乃許勒本末石, 耀雲松門, 乃門弟子等, 相慶曰: 『感玄造於先朝, 哀榮罔極, 沐鴻恩於今日, 寵遇方深』奉大王恩, 狀大師行, 進上, 乃詔廷彥曰: 『乃嘗爲國史, 躬覽載籍, 絲綸遂掌, 葵藿傾心. 顧先王加學士以待之, 若宜銘國師以報之, 提鴻筆以立言, 勒龜珉而紀德』. 臣謝曰: 『殿下謂臣, 彩毫比事, 齏臼屬辭, 俾報德以文, 探玄紀茂, 而臣詞慙幼婦, 學謝客兒, 以淺近之麼才, 記玄微之芳躅, 其猶車之弱也載重, 綆之短者汲深. 空有效顰, 實無賈勇, 啓心雖切, 傷手是慙』. 上曰: 『兪汝勉之!』退惟之, 蓋所謂當無責有, 扣寂求音, 石有言而莫覩山輝, 龜無顧而唯聞潤媿, 敢言載

14 幀(정): 그림 족자.
15 遹追(휼추): 의지하여 뒤쫓음.

筆, 空媿伐柯. 尚以如琢如磨, 自適其適. 設使東陦蓬嶋[16], 西空芥城, 期妙蹟之猶存, 望玄功之可久. 因敢重宣其義, 遂爲銘云.

大觀沙界 中有金僊 施仁不測 示敎無邊
括囊眞俗 光被人天 恩加百億 化度三千〔其一〕

道豈遠而 行之則是 誰其識之 唯我大士
眞佛傳心 覺賢襲美 宴坐仁山 優游法水〔其二〕

早修勝果 益驗善芽 道高龍樹 識洞佛華
誘人桃李 濟衆稻麻 爲師王國 垂範邦家〔其三〕

水上之蓮 星中之月 凡有歸心 何殊布髮
圓照溥天 葆光如佛 仰之彌高 酌之不竭〔其四〕

如龍變化 似鳳來儀 或爲敎父 或作導師
千手千眼 大慈大悲 是則是効 念玆在玆〔其五〕

方謂法身 只期常住 傷哉兩楹 已矣雙樹
法碣唯銘 慈顔曷遇 泣雨空垂 號天莫駐〔其六〕

太平興國三年龍集攝提 四月 日 立 金承廉刻字

16 '島'와 同字.

번 역

迦耶山 普願寺 故國師 制贈諡法印 三重大師의 碑 (題額)

高麗國 運州 迦耶山 普願寺 故國師 制贈諡法印 三重大師 寶乘塔碑銘 序를 곁들이다

광록대부(光祿大夫) 태승(太丞) 한림학사(翰林學士) 전 내봉령(內奉令) 신(臣) 김정언(金廷彦)[17]이 왕명을 받들어 짓고, 유림랑(儒林郎) 사천대(司天臺) 박사(博士) 신(臣) 한윤(韓允)이 왕지(王旨)를 받들어 비문과 전액(篆額)을 쓰다

공손히 생각건대 깨달음의 황제[覺帝]인 석가모니 부처님께서 곡수(鵠樹)[18]에서 승하(昇遐)하신 뒤 저군(儲君: 태자)인 미륵보살(彌勒菩薩)이 용화회상(龍華會上)에서 불위(佛位)를 잇기 이전까지 대대로 인자(仁者)가 있으니 마음은 저 부처님과 같았다. 부처란 깨달은 사람이다. 본받아 실행하는 까닭에 증조(蒸棗)[19]가 있는 해우(海隅)[20]로 하여금 진리의 나루[玄津]로 인도하고, 반도산(蟠桃山) 이웃의 나라로 하여금 지혜의 해[慧日]를 끌어당겨[搗] 거듭 빛나게 하였으니, 곧 도가 높음은 왕자(王者)의 스승이 되고 덕이 두터움은 중생의 어버

17　玉龍寺洞眞大師塔碑, 覺淵寺通一大師塔碑, 高達院元宗大師慧眞塔碑, 普願寺法印國師塔碑를 찬술했다.
18　沙羅雙樹를 달리 이르는 말.
19　쪄서 익힌 대추로 仙人들이 먹는 과일의 하나. 蟠桃와 함께 자주 거론된다.『晏子春秋』, 外篇下,「不合經術者」"晏子對日, 昔者秦繆公, 乘龍而理天下, 以黃布裏蒸棗."
20　四海의 한 모퉁이라는 뜻으로 우리나라를 가리킴.

이가 되었다. 석씨(釋氏)의 삼장(三藏)[21]에 육의(六義)가 있는데, 안으로는 계(戒)·정(定)·혜(慧)이니 선(禪)의 뿌리가 되는 것이요, 밖으로는 경(經)·율(律)·논(論)이니 교(敎)의 문(門)이 되는 것이다. 누가 그것을 온전하게 갖추었는가. 실로 대사가 그분이라 하겠다.

대사의 법호는 탄문(坦文)이요, 자는 대오(大悟)이며, 세속의 인연은 고씨(高氏)이다. 광주(廣州) 고봉(高烽)[22] 출신이다. 할아버지 척(陟)은 덕을 심은 것이 한량 없고 공을 이룸에 넉넉함이 있어 일찍이 일동(一同)[23]의 장(長)이 되었으며, 그 결과 삼이(三異)[24]의 꽃다움을 드러냈다. 아버지 능(能)은 잘 꾸며진 고을[花縣]의 명가(名家)요, 훌륭한 가정[蘭庭]에서 태어난 무족(茂族)이었다. 드디어 가풍의 경복(慶福)을 이어받아 울연히 읍장(邑長)의 존귀한 몸이 되었다. 어머니는 전씨(田氏)이니 오직 성선(聖善)[25]의 마음을 닦아 신통(神通)한 자식을 낳기를 원하였는데, 부도(婦道)를 받들어 행하고 모의(母儀)를 조심하여 지켰다. 어느 날 밤 꿈[魂交]에 한 범승(梵僧)이 나타나 금빛 나는 기이한 과일을 주었으며, 이런 일이 있은 뒤 임신을 하게 되었다. 만삭이 다 되어 아버지 또한 거듭 꿈을 꾸었는데, 법당(法幢)이 중정(中庭)에 세워져 있고, 범패(梵旆)[26]가 그 위에 걸려 바람

21 불교 경전의 총칭. 經藏·律藏·論藏을 말한다.
22 『신증동국여지승람』 권11, 高陽郡 '建置沿革'조를 보면, 고봉현은 고양군에 있었다고 한다. 탄문의 속성인 고씨는 고봉현의 土姓으로 되어 있다.
23 사방 백 리의 땅을 가리킨다. 『淮南子』, 「本經訓」 "古者, 天下一幾(四方千里), 諸侯一同(四方百里)."
24 세 가지 기이한 일. ① 해충이 국경을 넘지 않는 일[蟲不犯境], ② 교화가 금수에까지 미치는 것[化及禽獸], ③ 어린아이에게도 仁心이 있는 것[豎子有仁心]이다. 『후한서』 권25, 「魯恭傳」
25 어머니를 이름. 『시경』, 邶風, 「凱風」 "凱風自南, 吹彼棘薪, 母氏聖善, 我無令人."
26 幢竿 등에 다는 깃발.

따라 흔들리고 햇빛을 받으며 나부꼈다. 많은 사람들이 그 밑에 모여 바라보는 것이 마치 빙 두른 담장과 같았다.

건녕(乾寧) 7년 경신년[洰灘年: 900] 가을 8월 14일, 동이틀 무렵에 탄생하였다. 태가 목을 감겨 드리운 것이 마치 스님네의 가사[方袍]를 입은 것과 같았다. 태어나면서 기이한 골격을 지녔고, 어려서부터 말을 함부로 하지 않았다. 불상[金像]을 보면 마음을 경건히 하였으며 스님네[桑門]를 대하면 반드시 합장하였다. 그 근기가 자못 성숙하고 선근(善根)의 싹이 일찍부터 움텄음을 보겠다. 5살 때 벌써 속세를 벗어나려는 정이 도타왔고 진세(塵世)를 여의는데 뜻이 있었다. 자취를 불문[緇門]에 의탁할 것을 희망하여 곧장 마음을 금계(金界)에 부치고는, 먼저 어머니에게 아뢰었다. 어머니는 지난날[疇昔]의 태몽을 생각하고는 울며 허락하되 "내세(來世)를 제도할 것을 원할 뿐, 내 다시는 의문지념(倚門之念)²⁷에 흔들리지 않겠다"고 하였다. 뒤에 아버지를 뵈오니 기뻐하며 "좋다"고 하였다.

스님은 곧 머리를 깎고 어버이를 하직한 뒤, 마음을 닦고 불법을 배웠다. 향산(鄕山)²⁸에 있는 큰 절로 가서 대덕화상(大德和尙)을 뵈었다. 화상이 스님을 보니 뛰어난 풍채[鳳毛]를 가진 기상(奇相)이며 소라머리[螺髻]를 한 특수한 자태인지라 이에 말하기를, "바야흐로 아동[童稚]의 나이에 해당하건만 이미 노성인(老成人)의 덕이 풍부하도다! 그대 같은 사람이 나를 스승으로 삼는 것은, 마치 수주대

---

27 문에 기대어 자식이 돌아오기를 바라는 마음. 『戰國策』 권13, 「齊策(二)」 "王孫賈之母, 謂賈曰: 女朝出而晚來, 則吾倚門而望, 女暮出而不還, 則吾倚閭而望."
28 탄문대사의 출생지인 高陽 가까이에 있는 북한산으로 추정된다.

토(守株待兎)²⁹하고 연목구어(緣木求魚)³⁰하는 것과 같다. 나는 너의 스승이 아니다. 더 나은 곳으로 가는 것이 좋겠다"고 하였다. 대사가 바야흐로 스님 중에 참된 사람은 반드시 찾아보고 오래된 사적을 꼭 심방(尋訪)하고자 하여 마침 돌아가 (부모님을) 뵈오니, 말하기를 "고로(古老)들 사이에 서로 전해오기를, 향성산(鄕城山) 안에 불사(佛寺) 터가 있는데 옛적 원효보살(元曉菩薩)과 의상대덕(義想大德)이 함께 다니다가 쉬던 곳이라 한다"하였다. 대사가 이미 성스러운 발자취에 대해 들었던터라 "내 어찌 저 유서 깊은 터에 나아가서 선(善)을 수습(修習)하지 않으랴"하고는, 마침내 그 옛 터[舊墟]에 풀집을 짓고, 분주한 마음[心猿]을 잡아 가두며, 정처 없는 생각[意馬]을 누르고는, 여기에 발을 멈추고 여기에서 마음을 재계하였다. 이렇게 하기를 수년, 당시 사람들이 성사미(聖沙彌)³¹라고 일컬었다.

대사가 이에 신엄대덕(信嚴大德)이 장의사(莊義寺)³²에 주석하면서 잡화경(雜花經)³³을 설하고 있다는 소식을 듣고, 명공(名公)의 제자가 되고 진불(眞佛)의 법손(法孫)이 되기를 원하여 특별히 그 절[蓮扉]로 찾아가 겨우 건관(巾盥)을 잡게³⁴ 되었다. 일찍이 화엄경을 독송하였는데 한 번 행하면 하루 종일 계속되었으며 외우는데 조금

29 토끼가 걸려 죽은 그루터기에서 다시 토끼가 걸리기를 기다린다는 말. 成規만을 墨守하여 權變을 모르거나, 혹은 요행을 바라는 것을 비유한 의미이다.『韓非子』권19,「五蠹」"宋人有耕田者, 田中有株, 兎走觸株折頸而死. 因釋其耒而守株, 冀復得兎. 兎不可得, 而身爲宋國笑. 今欲以先王之政, 治當世之民, 皆守株之類也."
30 나무에서 물고기를 잡으려 함.『孟子』,「梁惠王(上)」"以若所爲, 求若所欲, 猶緣木而求魚也."
31 성인이 될 根器를 지닌 사미라는 뜻.
32 藏義寺라고도 한다. 지금의 서울 彰義門 밖에 있었다.『신증동국여지승람』권3, 漢城府〈佛宇〉조.
33 화엄경을 달리 이르는 말.
34 수건과 세숫대야를 잡는다는 뜻으로 스승의 侍奉을 드는 것을 말함.

도 빠뜨림[子遺]이 없었다. 엄공(嚴公)[35]이 그릇으로 여기고 크게 기뻐하면서 "옛 스님이 이르기를, '각현(覺賢)이 하루에 30명이 외울 분량을 감당해냈다'[36]고 하였으니, 뒤에 출발하여 먼저 도착한다는 것은 장차 이를 두고 하는 말이 아닐까. 과연 '권권복응(拳拳服膺)'[37]이라는 말과 '사일이공배(師逸而功倍)'[38]라는 말을 경험하겠다. 용수(龍樹)[39]가 사람들을 교화하였다는 말은 곧 마음으로 전함[心傳]을 얻은 것이요, 부처님[佛華]께서 도를 논하신 이야기를 어찌 수고롭게 목어(目語)[40]로써 할 것인가.

비록 그러하나, 묘각(妙覺)하는 데 그래도 율의(律儀)는 있는 법이니, 나이 15살에 드디어 장의산사(莊儀山寺)에서 구족계(具足戒)를 받았다. 당초 율사(律師)가 꿈을 꾸었는데 한 신승(神僧)이 일러 말하기를, "새로 계를 받는 사미 가운데 '문(文)'이라는 이름을 가진 자가 있을텐데 이 사미만은 보통 사람이 아니다. 그 법에 있어서도 화엄의 대기(大器)이다. 어찌 몸을 수고롭게 하면서 계를 받을 필요가 있겠는가"라고 하였다. 꿈에서 깬 뒤 조사해 보니 곧 대사의 이름이 이것(坦文)이었다. 율사가 기이하게 여겨 앞서 꾼 꿈 이야기를

---

35 신엄대덕을 가리킴.
36 覺賢三藏인 佛陀跋陀羅의 故事에서 나온 말. 佛陀跋陀羅는 天才의 기질을 가진 스님으로, 일찍이 17세 때 同學들과 經을 習誦할 때 다른 사람이 한 달에 걸쳐 習誦할 것을 하루에 다 習誦하여, 그 스승(鳩婆利)으로부터 "覺賢은 하루에 30명의 몫을 감당해냈다"는 歎賞을 받았다고 한다. 『梁高僧傳』 권2, 「佛陀跋陀羅傳」 참조.
37 마음속으로 정성껏 받들어 간직함. 『中庸』 제8장 "子曰, 回之爲人也, 擇乎中庸, 得一善, 則拳拳服膺而弗失之矣."
38 스승은 편안히 있으면서도 공은 배가 된다는 말. 『예기』, 「學記」 "善學者, 師逸而功倍."
39 龍樹(Nagarjuna, B.C. ?~234)는 대승불교를 확립한 論師이다. 『中論』과 『大智度論』 등을 저술하고 中道 空思想을 확립하여 보살로 불려졌으며, 선종에서는 西天 二十八祖 가운데 第十三祖로 받들어진다.
40 눈짓으로 하는 말.

하고서는 "신인(神人)이 경계(警戒)하심이 그렇다면 어찌 꼭 구족계를 받아야만 한단 말인가"라고 하였다. 대사가 이내 말하기를, "저의 마음이 돌이 아니거늘 뒤로 물러나 이리 저리 구르겠습니까. 불타(佛陁)의 법손이라 일컬어지기를 원하나니 보살계를 받는 것이 이치에 맞을 것입니다"라고 하였다. 드디어 계향(戒香)[41]을 받으니 행엽(行葉)[42]이 더욱 꽃다웠다. 이로부터 명성이 구고(九皐)[43]로부터 나와 천 리 밖에까지 메아리쳤다. 그러므로 이내 태조는 대사가 불문[緇門]의 발화(拔華)[44]이고 각수(覺樹: 菩提樹)의 혜가(慧柯: 지혜의 가지) 같은 존재라는 말을 듣고 왕명을 내려 말하기를, "이미 어린 시절에는 남다름을 보여 별호를 성사미(聖沙彌)라 하였으니, 오늘에는 기특함을 나타내어 별화상(別和尙)이라 일컫는 것이 마땅할 것이다"고 하였다. 이를 일러 명예를 피하려 해도 명예가 나를 따르고, 명성을 피하려 해도 명성이 나의 뒤를 따른다는 것[45]이다.

용덕(龍德) 원년(921)에 해회(海會)[46]를 설치하여 승도(僧徒)를 선발하였다. 왕명을 내려 이르기를, "장의사(莊義寺) 별화상(別和尙)을 하필이면 다시 거사(居士) 정도로 여길 것인가. 바야흐로 명승이 되시었다"라 하고 드디어 발탁(拔擢)하여 문자(問者: 試官)로 삼으니, 비유컨대 종을 치는 것과 같았다.[47] 크게 치면 크게 울리며 조

---

41 계율을 향기에 비유한 것.
42 수행을 잎사귀에 비유한 것.
43 으슥한 沼澤을 말함. 여기서는 법인국사가 거처하고 있는 深遠한 곳에 비유되었다. 『시경』, 小雅, 「鶴鳴」 "鶴鳴于九皐, 聲聞于野."
44 優曇華, 優曇跋(鉢)羅華의 준말. '빼어난 꽃'으로 번역할 수도 있다.
45 『후한서』 권83, 「法眞傳」에 나오는 말.
46 사람들이 많이 모이는 無遮大會.
47 크게 치면 크게 울리고 작게 치면 작게 울리듯, 상대방이 대답하는 것을 보고 그에 따라 질문을 하는 것. 『예기』, 「學記」 "善待問者如撞鐘, 叩之以小者小鳴, 叩之以大者大鳴."

용히 제소리를 다하는 것 같음이 여기에 있었다.

동광(同光)[48] 기력(紀曆: 紀年) 병술년(926) 겨울 10월에 태조가 유황후(劉皇后)[49]가 임신을 하여 특별한 꿈을 꾸었으므로, 대추 열매 같은 붉은 마음[棗心之丹]에 의지하여 옥같이 여유 있고[玉裕] 영명한 자질을 가진 아이 낳기를 발원하고는 드디어 대사를 청하여 법력을 빌도록 하였다. 이에 금향로에 향을 피우고 옥축(玉軸)을 펴 독경하면서 곰꿈[熊羆]의 길상(吉祥)[50]을 발원하고 양처럼 순산[牽產]하는 데 들어맞도록 하였다. 과연 일각(日角)의 상[51]을 가진 기이한 자태와 천자의 얼굴[天顏] 같은 특이한 상을 증험하게 되었으니, 단정히 궁궐[鶴禁]에 거처하면서 홍도(鴻圖)[52]를 이어받아 지킬 사람이라는 것이 드러났다. 그가 바로 대성왕(大成王)[53]이다. 실로 대사는 부처를 터특한 마음이 깊고 하늘을 받드는 힘이 두터워, 심묘한 감응[妙感]으로 복이 후손에게 넉넉히 드리워지기[垂裕後昆]를 기원했고, 그윽한 공덕[玄功]으로 임금이 밝은 덕을 이어가도록 하는 데 복을 바쳤다. 태조가 몹시 가상히 여겨 몸소 쓴 조칙을 보내 크게 위로하였다.

그 뒤 구룡산사(九龍山寺)로 옮겨 화엄경을 강설하였다. 많은 새들이 방 앞에 둘러 있고 호랑이[於菟]가 뜰 아래 엎드러 있는 영험이 있었다. 문인들이 빙 둘러서서 보면서 두려움에 떨었지만, 대사는 편안한 얼굴로 침착하게 "너희들은 시끄럽게 하지 말라! 이 진귀한

---

48 後唐 莊宗의 연호(923~925).
49 고려 태조의 后妃인 神明順聖王太后 劉氏.
50 꿈에 곰을 보면 득남한다는 데서 나온 말. 곰은 양의 상징이다. 『시경』 小雅, 「祈父」 "大人占之, 維熊維羆, 男子之祥."
51 이마 중앙의 뼈가 해[日] 모양으로 튀쳐나온 상. 貴人相이라 한다.
52 임금이 나라를 다스릴 거대한 版圖.
53 고려 제4대 임금 光宗의 시호.

날짐승과 기이한 길짐승들은 불법에 귀의하고 승려에게 의지하는 것일 뿐이다"라고 하였다. 이듬해 봄, 대사의 행동이 초계비구(草繫比丘)⁵⁴의 마음을 닮았고 덕은 화엄종의 종장(宗匠)들 가운데 으뜸이었다는 이유로 스님을 발탁하여 별대덕(別大德)에 제수하였다. 이에 스님은 순서 있게 사람들을 잘 이끄니,⁵⁵ 이로부터 청익(請益)⁵⁶하는 자가 그 수를 헤아릴 수 없었으며, 이에 문도 또한 번창하였다.

태조가 바야흐로 삼국[龍邦]을 규합하고자 불교[象敎]를 존숭하였다. 청태(淸泰)⁵⁷ 초년에 서백산(西伯山) 신랑(神朗)⁵⁸ 태대덕(太大德)이 각현(覺賢)⁵⁹이 남긴 사업[餘烈]을 이어 대방광(大方廣: 화엄)의 비종(秘宗)을 펼치다가 이제 나이가 상유(桑楡)⁶⁰에 가깝고, 모양은 마치 포류(蒲柳)⁶¹와 같이 쇠잔하다는 말을 듣고 드디어 대사에게 청하여 낭공(朗公)에게 가보도록 하였다. 낭공은 옥병(玉柄)⁶²을 흔들면서 금언(金言)을 설하며 심법을 들려주는 분이었다. 대사가 드디어 서백산으로 가서 삼본(三本)⁶³ 화엄경의 강설을 들었으니, 선서

54 『賢愚經』에 의하면 석가 당시에 어떤 비구가 도적에게 물건을 빼앗기고 풀에 묶였는데, 풀을 다치게 하지 않으려고 며칠 동안 그냥 그대로 묶여 있었다고 한다. 살생을 하지 않으려는 계율의 중요성을 보여준 사례이다.
55 『논어』, 「子罕」 "夫子, 循循然善誘人"에서 나왔다.
56 佛家에서 師家에게 특별히 의식을 갖춘 뒤 法益을 청하는 것.
57 後唐 廢帝의 연호(934~935).
58 자세한 전기를 알 수 없음.
59 인도 가비라국 출신의 고승(359~429). 梵名은 佛馱跋陀羅. 중국으로 와서 418년 『화엄경』을 번역하였고, 이밖에 16부 177권에 달하는 불전을 번역하기도 하였다.
60 지는 해의 그림자가 뽕나무와 느릅나무 끝에 남아 있다는 말로, 죽음이 임박하였다는 뜻.
61 냇버들. 가을에 가장 먼저 잎이 지므로 신체가 허약함을 이른다.
62 자루가 옥으로 된 拂子(불가에서 번뇌·장애를 물리치는 표지로 쓰는 물건)를 말함.
63 화엄경에는 80권본, 60권본, 40권본의 삼종이 있다.

(善逝)⁶⁴께서 가섭(迦葉)에게 은밀히 전하고, 정명(淨名)⁶⁵이 문수보살에게 묵언(默言)으로 대하였던 것과 무엇이 다르겠는가. 신랑은 대사를 응대함에 부끄러운 기색을 보이면서 "옛날 유동보살(儒童菩薩)⁶⁶이 '나를 흥기(興起)하도록 한 사람은 상(商)이로다'⁶⁷라 하였다. 그러므로 이에 화엄 대교(大敎)⁶⁸가 이로부터 크게 성하겠구려!"라고 하였다.

천복(天福) 7년(942) 가을 7월, 염주(鹽州)·백주(白州)⁶⁹ 두 고을에 마디충과 누리[螟螢]가 창궐하여 농사에 피해를 끼쳤다. 대사가 법주(法主)가 되어 『대반야경(大般若經)』을 강설하였는데, 한 마디 법을 설하자마자 온갖 해충들이 더 이상 재앙이 되지 못했다. 이해에는 풍년이 들어 도리어 만물이 태평해졌다.

혜종(惠宗)이 왕위를 이어받은 뒤 화엄경 삼본을 사경(寫經)하고 재책(裁册)하여 마치고는[裁竟] 곧 천성전(天成殿)에다 상설(像說)⁷⁰하고 법연(法筵)을 베풀었다. 대사를 초청하여 경을 강설하고 열람하며, 겸하여 경찬불사(慶讚佛事)를 펴도록 하였다. 그리고, 그 보게(寶偈)를 널리 선양(宣揚)하고 길이 꽃다운 인연을 맺기 위해 대사에

---

64 부처의 十號 가운데 하나. 범어 'Sugata'(修伽陀)의 漢譯. '잘 가는 이'라는 뜻으로 지혜의 힘으로 번뇌를 끊고 그 최후의 결과에 도달할 사람이라는 의미이다.
65 維摩居士(維摩詰)의 별칭. 淨名尉 또는 杜口大士라고도 한다. 文殊舍利가 維摩詰에게 '菩薩이 不二法門에 드는 것'을 물었으나 묵묵히 말이 없었는데, 그것이 곧 대답이었다고 한다. 『維摩經』「入不二法門品」"於是, 文殊舍利問維摩詰:「我等各自說已. 仁者當說, 何等是菩薩不二法門?」時維摩詰默然無言. 文殊舍利歎曰:「善哉! 善哉! 乃至無有文字言語, 是眞入不二法門」"
66 불교에서 공자를 달리 이르는 말.
67 『논어』,「八佾」"子曰, 繪事後素. 曰, 禮後乎. 子曰, 起予者, 商也. 始可與言詩已矣"
68 華嚴을 달리 이르는 말.
69 염주는 지금의 황해도 延安, 백주는 白川 지방이다.
70 불상과 神衆像 등을 모시는 일.

게 (화엄경 삼본을) 붙여서 구룡산사로 보냈다. 별도로 법의(法衣)를 선물하고 진귀한 차를 폐백으로 드렸으며, 선향(仙香)을 딸려보냈다.

정종(定宗)이 즉위[踐祚]해서는 드디어 구룡산사에 법회의 자리[譚筵]을 두고 대사를 법주로 삼아 … 법력에 의뢰(依賴)하는데 …, 군림(君臨)하는 데 있어서의 많은 복을 바쳤다. 대성대왕(大成大王: 광종)이 즉위함에 미쳐서 더욱 십선행(十善行)[71]을 닦고 한층 삼귀의(三歸依)에 힘썼다. 평소의 속마음[素衷]을 우러러 펴고 변치 않는 성실함[丹愿]을 배로 더하여, 매양 우리 대사의 존모(尊貌)를 보기를 저 부처님의 수용(晬容)[72]을 첨앙(瞻仰)하는 것과 같이 하였다. 대사를 초청하여 법력을 빌었는데, 대사는 마치 승천(僧泉)[73]이 왕 앞에서 주미(麈尾)[74]를 흔들고 혜필(惠弼)[75]이 용이(龍頤)를 움직인 것과 같이 즉위[莅阼]하신 왕의 깊은 공덕을 선양하고 나라를 치화(治化)할 묘법(妙法)을 강론하였다. 그러므로 이에 시대는 강녕하고 왕도는 태평스러워서 국가는 부유해지고 가정은 창성하였다. … 대사는 엎드려 대왕을 위하여 부처님[金姿]를 받드는 한편 옥게(玉偈)를 베풀었으며, 법왕의 도를 흠숭(欽崇)하고, 군자의 나라를 빛나게 하려고 황금으로 석가삼존상(釋迦三尊像)[76]을 조성하였다.

광종이 임금이 되어 나라를 다스린[御宇] 지 4년 째 되던 해 봄에

---

71 十惡을 여의는 일.
72 온화하고 윤기 나는 모습.
73 어느 시대의 고승인지 미상.
74 拂子의 하나. 고라니의 털은 먼지가 잘 털린다고 하여 불자로 많이 사용되었다.
75 중국 陳·隋代의 고승. 속성은 蔣氏. 용의 턱모양을 하고 태어났다고 한다.『續高僧傳』 권9,「慧弼傳」;『大正新修大藏經』권50, 494下.
76 主佛인 석가상과 左右補處像를 말함.

대사는 부처님 사리(舍利) 3과(粿)를 얻어서 유리 항아리에 담아 법당에 안치하였다. 그로부터 수일이 지난 후, 어느 날 밤 꿈에 일곱 분의 스님이 동방으로부터 와서 말하기를, "이제 묘한 서원(誓願)이 모두 원만해지고, 신령스런 모습으로 두루 교화되었기에 찾아왔소이다"라고 하였다. 꿈에서 깨어 그 항아리를 보니 불사리가 빙빙 돌더니 세 개가 되었다. … 보천(補天)하는 연석(練石)[77]으로써 감실(龕室)[78]을 일으켰으니, 이는 제령(帝齡: 임금의 수명)을 연장하고, 성화(聖化: 王化)를 도우려는 까닭이다.

현덕(顯德) 2년(955) 여름에 대사는 법체(法體)가 안화(安和)한 상태에서 어긋나 찡그린 얼굴에 병색이 있었다. 어느 날 밤 꿈에 거사(居士) 30여 명이 배를 대놓고 와서 대사를 서방(西方)으로 태워 가려고 하였다. 대사가 바야흐로 이르기를, "여기서 내가 자비의 배[仁舟]를 타고 서국으로 가는구나!"라 하였다. 다시 말하기를, "내가 세상에 나면서부터 도에 뜻을 두어 경건하게 천교(天敎)[79] 펴고 중생[海사]을 널리 제도하기를 염원하였으나, … 세상을 떠나는 것이 어찌 이리 급하단 말인가"라고 하였다. 이 말을 들은 거사들은 후기(後期)를 두고 배를 돌려 떠나갔다. 그 뒤 득년(得年: 천명)이 오래 연장되고 관화(貫花)[80]가 더욱 무성하게 되었다. 이를 일러 '정신이 몽매간(夢寐間)에 통하고 혼령이 유명간(幽冥間)에 징험되었다'고 하는 것이다.

---

77 옛날 女媧氏(여와씨)가 五色의 돌을 달구어 蒼天을 보충하였다는 '女媧補天'(또는 鍊石補天)의 故事에서 나왔다. 『淮南子』, 「覽冥訓」 "於是女媧鍊五色石, 以補蒼天."
78 사리탑을 가리킴.
79 불교를 가리킴.
80 한 곳에 꽂아 놓은 꽃.

대사께서 문인들에게 고하여 말하기를 "성군이 나를 초치하여 스승이라 일컬었으니 나는 임금께 부처로써 보답해야 겠다"라 하고서, 받들어 옥황(玉皇)[81]의 만수무강을 축원하기 위해 황금으로 된 삼존상을 조성하였다. 이로 인하여 왕업[鳳曆]이 새로워지고, 웅대한 계획[鴻圖]이 빛났다. 건덕(乾德) 6년(968) 왕은 … 대궐 안에 대장경 법회를 열고, 급히 지검(芝檢)[82]을 보내 왕궁[珠宮]으로 초대하였다. 대사는 산사의 연비(蓮扉)를 떠나 서울의 금지(金地: 절)에 도착하였다. 대왕이 승려와 속인[緇素]으로 중사(重使)[83]를 삼아 내도량(內道場)으로 맞아들였다. 예우를 하시는 것이 빛났으며 공경하시는 것이 여래와 같았다. 따로 마납가사(磨衲袈裟)[84]와 아울러 흰 마노(碼瑙)로 만든 염주를 드렸다. 그리고 이 해 9월에 새로 귀법사(歸法寺)를 창건하였는데, 물은 졸졸 흘러 명주 비단을 두른 듯하고 산은 우뚝하여 병풍을 둘러친 것 같았다. 불상을 모신 전당은 … 곧 보살[開士]들이 한가히 지내기에 좋은 청정한 곳[淨境]이며, 진인(眞人)들이 서식(棲息)하기에 알맞은 조촐한 집[淸齋]인지라, 드디어 대사를 청하여 주석하도록 하였다. 대사가 이 절에 가서 거주하니 엄연하게 화성(化城)[85] 같았다. 별도로 계금가사(罽錦袈裟)[86]와 아울러 법의를 보내드렸다. 태재儲后]도 우리 대사를 믿고 따랐는데 정성스러움이

---

81 본래 道家에서 하느님을 일컫는 말이나, 여기서는 광종 임금을 가리킨다.
82 임금의 서한을 일컫는 말.
83 중량급 使者를 말함.
84 비단으로 만든 가사.
85 절[寺]을 달리 이르는 말. 부처가 求道의 險路에서 지친 사람들을 위해 임시 쉬어 갈 수 있도록 신통력으로써 한 城을 열었다는 故事에서 비롯되었다. 『法華經』, 「化城喩品」 "以方便力, 於險道中, 過三百由旬, 化作一城."
86 담[毛氈] 또는 비단으로 만든 가사.

부왕인 광종의 뜻과 같았다. 역시 따로 법의와 중국산 차[漢茗], 국산 향[蠻香] 등을 드렸다.

이 해 10월에 대왕은 대사가 석문(釋門)의 종주(宗主)요 험로에서 중생을 이끄는 도사(導師)로서 달람(怛纜)[87]에 담긴 신비한 종지를 펴고 부상(扶桑)[88]의 □□를 교화한다고 하여, 이에 숙덕(宿德)을 존숭하고, 큰 자비심에 깊이 감동한 나머지 승려와 속인 출신의 중사(重使)를 보내 소(疏)를 받들도록 하고 왕사(王師)가 되어 주기를 청했다. 대사는 이에 사양하며 말하기를, "마음의 구슬이 밝지 못하고 눈의 거울도 달려 있지 않으니 그릇되게 왕사 노릇하는 것을 소승이 어찌 감히 받아드릴 수 있겠습니까"라고 하였다. 이에 대하여 대왕이 말하기를, "스님을 높은 산처럼 우러렀으니 어느 날인들 잊었겠습니까? 장차 혼돈[89]의 근원을 열고자 진실로 공동산(崆峒山)의 청[90]에 간절합니다"라고 하였다. 대사가 말하기를 "소승은 오직 부처님께 귀의하는 데 마음을 두었을 뿐이요, 진실로 임금님을 돕는 데는 무력하였나이다. 그러나 오래 지나치도록 (성은을) 입어 굳게 사양할 길이 없습니다"라고 하였다. 이에 태상(太相)인 김준암(金遵巖) 등으로 하여금 휘호(徽號)를 받들게 하여 '왕사 홍도삼중대사(王師弘道三重大師)'라 하고, 다음 날 대왕이 몸소 내도량에 나아가서 제수하여 왕사로 삼았다. 이에 임금이 되어 나라를 경영하는 방법

---

87 범어 素怛纜(Sutra)을 말함. 修多羅라고도 하며 경전을 뜻한다.
88 우리나라를 달리 이르는 말.
89 천지가 개벽하기 이전의 상태.
90 黃帝가 崆峒山에 있는 廣成子를 찾아가 至道를 물었다는 故事.『莊子』,「在宥」"黃帝立爲天子十九年, 令行天下. 聞廣成子在於空同(崆峒)之上, 故往見之. 曰:「我聞吾子, 達於至道, 敢問至道之精. 吾欲取天下之精, 以佐五穀, 以養民人」"

은 하늘을 본받아 매사를 주의하고, 부처에 귀의하여 사람을 교화하는 방법은 바다를 바라보듯 마음을 기름지게 하였다. 드디어 약언(藥言)을 올리고 잠계(箴誡)를 베풀었다. 이는 우러러 법력에 의지하고 정심(精心: 마음을 가다듬는 것)을 배로 기울이도록 하려는 것이었다. 따로 계금가사와 더불어 황흑마노염주(黃黑碼瑙念珠)를 드렸다.

개보(開寶) 5년(972) 대사는 특별히 태자의 보령(寶齡)이 학수(鶴壽)와 같고 날로 용루(龍樓)[91]를 왕성하게 하며, 옥의(玉扆)[92]를 붙들고 아름다운 공덕을 쌓으며, 요도(瑤圖)[93]를 도와 복이 펴지도록 하기 위해 천불도량(千佛道場)에 들어가 향을 사르고 기도하였다. 7일이 지난 어느 날 밤 꿈에 5백 명의 스님이 찾아와서 말하기를, "대사께서 바라는 바를 부처님께서 들어주실 것입니다. 그러므로 임금에게 주청하여 화사(畫師)로 하여금 오백나한(五百羅漢)의 탱화를 경건하게 그려 안선보국원(安禪報國院)에 안치하도록 해주십시오"라고 하였다. 대사가 이에 말하기를,

옛날 내가 보원사에 있을 때, 삼본 화엄경을 받들어 지니고, 날마다 한밤중에 불전(佛殿)을 경행(經行)[94]하기를 몇 년 동안 그치지 않았다. 그러다가 홀연히 어느 날 밤 삼보(三寶)[95] 앞에 한 스

91　중국 漢나라 때의 太子宮을 이름. 轉하여 太子를 일컫는 말로도 쓰인다. 『漢書』 권10, 「成帝紀」 "帝爲太子, 初居桂宮, 上嘗急召, 太子出龍樓門."; 同注 "張晏曰, 門樓上有銅龍, 故曰龍樓."
92　천자가 제후들을 접견할 때 둘러치는 도끼 그림의 병풍. 여기서는 '임금의 자리'라는 의미로 사용되었다.
93　복희씨 때 황하에서 나왔다고 하는 八卦 그림. 제왕이나 성인이 천명을 받을 때 나타나는 상서로운 물건이라 한다. 여기서는 임금을 상징하는 말로 사용되었다.
94　좌선하다가 졸음을 막기 위하여 일정한 구역을 거니는 것.
95　절에서 오는 손님을 맞고 보내고 시중을 드는 소임. 三甫, 또는 三輔라고도 한다.

님이 있기에 "스님은 어디서 오셨습니까?"라고 물었더니 대답하기를, "성주원(聖住院)[96]에 주지(住持)[97]하는 오백승인데 인연 따라 감정으로 달려 이곳을 경과하게 되었으니, 건승(遣僧)이 기거토록 하옵소서"라고 하고는 이에 삼보에게로 가서 발을 씻기를 끝내고 내 방을 향해 갔다. 내 방 쪽으로 가기에 내가 먼저 방으로 돌아가서 들어오라고 청하였으나 응하지 않고 어디론가 가버렸는데 갑자기 소나기가 흥건히 쏟아졌다. 다음 날 아침 사존(司存: 有司)에게 "어제 밤에 객스님이 온 적이 있었는가?"라고 물었더니, 사존은 "밤새도록 아무 스님도 온 적이 없고 뜰에는 범의 발자국만 가득하였을 뿐입니다"고 하였다. 이것은 곧 내가 잡화경(화엄경) 십만게(十萬偈)를 지니고 옥상(玉像)에 귀의한 것을 증험한 것으로, 오백나한이 절[蓮宮]에 빛을 내며 강림한 것이다. 그러므로 신령한 자태[靈姿]에 감동하고 성덕을 갚기 위하여 해마다 봄가을의 좋은 시절에 나한의 묘재(妙齋)를 베풀게 되었다. 이는 그럴 만한 까닭이 있기에 그러한 것이다.

라고 하니, 제자들이 이를 기록하였다.

개보 8년(975) 봄 정월에 스님은 마침 몸이 쇠약해져서[衰貌] 옛날 머물던 산에 돌아가기를 간청하였다. 그러나 대왕은 오히려 스님의 자안(慈顔)과 이별하는 것이 아쉬워 (개성에 있는) 귀법사에 주석

---

96 충청남도 보령에 있는 聖住寺로 추정됨.
97 부처의 바른 교법을 가지고 중생을 교화함을 이름. '安住正法, 執持教化'의 준말이다.

(住錫)하기를 청하면서 "마니(末尼)⁹⁸라는 최상의 보배가 그 빛을 감추고 깊은 산중에 있는 것이 옳겠습니까. 청컨대 인간 세상에 나타나시어 삼천대천세계(三千大千世界)를 환하게 비추어 주는 것이 제자의 소원입니다"라고 하였다. 대사가 말하기를, "소승은 푸른 골짜기에서 몸을 서식(棲息)하며 해를 보내고 청산에 눈을 붙여 한가롭게 날을 보내려는 것이 아닙니다. 다만 인연에는 시작이 있으면 끝이 있는 법이니, 생각이 이에 있을 따름입니다"라고 하였다.

대왕이 비록 옥호(玉毫)⁹⁹를 연모하나 (보원사로 돌아가려는) 발걸음[蓮步]을 머물게 하기는 어려웠다. 이에 대사가 몸은 구름과 더불어 골짜기에서 살고, 마음은 달과 나란히 허공에 있으면서 지혜로써 한 나라[一方]를 교화하고 덕의 향기는 사방 멀리까지 퍼졌으니 바로 군신(君臣)이 찬앙(鑽仰)하고 나라의 사범(師範)이 되기에 마땅하다고 생각하였다. 모두가 보월(寶月)의 광명을 품고 다 같이 자운(慈雲)의 그늘 밑으로 들어갔으니, 이 금생(今生)에서의 서로 만남이 다겁(多劫)에 걸친 인연이라 여겨 겸손한 태도로 공경을 다하였고, 마음 속에 품은 것을 간절하게 말하였다. 휘호(徽號)를 받들어 국사(國師)가 되어 달라고 청하였으나 대사가 늙고 병들었다고 핑계대고 사양하였다. 그러나 대왕은 마음을 기울여 청하고 머리를 조아려 말하니, 대사가 말하기를, "소승은 도를 닦았으되 공이 미미하고 스승이 될 만한 덕이 천박합니다. 그럼에도 성은(聖恩)을 입음이 얕

---

98 梵語 'mani'의 音譯. 摩尼. 龍王의 腦에서 나왔다고 하는 寶珠로서, 온갖 재액과 고난을 없애고 중생을 이롭게 한다고 한다. 如意珠. 摩尼寶珠.
99 玉毫光의 준말. 여기서는 탄문 스님을 상징적으로 가리킨 듯.

지 않고 인을 당해서는 사양할 이유가 없습니다"[100]라고 하였다. 대왕이 몸소 도량에 나아가 조복을 입고 면류관을 쓰고 제수하여 국사를 삼고 피석(避席)의 예의[101]를 갖추고 서신(書紳)의 예[102]를 편 다음, 도를 묻기도 하고 말씀을 청하기도 하였다. 대사가 말하기를, "소승은 다만 포류(蒲柳)처럼 먼저 시드는 나이를 당하여 연라(煙蘿)의 청정한 곳에서 쉬고자 합니다. 몸은 솔밭길로 돌아가더라도 마음만은 항상 궁궐[藥宮]에 있어 우러러 용안(龍顔)을 그리워하며 오직 대왕의 복[鳳祚]을 빌 따름입니다"라 하였다. (이 말을 들은) 대왕이 감사하며 말하기를, "법운(法雲)이 잇닿아 그늘을 드리우고 감로(甘露)가 이어서 내려 제자가 법화를 입는 것도 멀지 아니하니, 정성을 펴고 더욱 간절히 하나이다"고 하였다.

바야흐로 이별을 당하여 행장을 갖추어 주고, 자라법의(紫羅法衣)[103]와 승가모(僧伽帽), 자결사혜(紫結絲鞋)[104], 운명(雲茗)[105], 천향(天香), 상겸(霜縑)[106], 무곡(霧縠)[107] 등을 바쳤다. 그리고 승유(僧維)[108]인 석(釋) 혜윤(惠允)과 원보(元輔)[109]인 채현(蔡玄) 등에게 명

---

100 『논어』, 「衛靈公」 "當仁, 不讓於師."
101 弟子禮를 말함. 스승이나 높은 분에게 경의를 표하기 위해 앉은 자리에서 일어나 옆이나 앞으로 옮겨가는 것이다. 『孝經』, 「開宗明義」 "仲尼閒居, 曾子侍坐, 子曰: 「參! 先王有至德要道, 以順天下, 民用和睦, 上下無怨, 汝知之乎?」 曾子辟席曰: 「參不敏, 何足以知之」"
102 윗사람의 말씀을 잊지 않기 위해 큰 띠에 적는 것을 말함. 『논어』, 「衛靈公」 "子張書諸紳."
103 자줏빛 비단으로 만든 가사.
104 자줏빛 실로 삼은 신발.
105 차[茶]의 일종.
106 서리처럼 희고 고운 비단.
107 안개 같이 부드럽고 고운 옷감.
108 고려시대 僧錄司에 딸린 僧職의 하나. 좌·우 승유가 있었다.
109 고려 초기의 官階. 16관계 가운데 제8위이며 품계는 4품이다.

하여 호위 전송하도록 하였다. 대왕은 백관을 인솔하고 동쪽 교외로 행차, 조석(朝席)¹¹⁰을 베풀고 태자와 더불어 친히 다과(茶菓)를 올렸다. 이어 대사의 문하승 중에 명행(名行)이 있는 사람으로 대사와 대덕이 될 만한 사람 20명에게 남묘(南畝)¹¹¹ 1천 이랑과 불노(佛奴)¹¹² 50명을 시납(施納)하도록 총허(寵許)¹¹³하였다. 대사가 감사하며 말하기를, "성스러운 은택(恩澤)을 넉넉히 내리시어 승전(僧田)을 장관(壯觀)으로 만들어주시니 천생의 복을 헛되게 버리지 않을 것¹¹⁴이며, 만겁(萬劫)의 공을 어찌 이루다 헤아릴 수 있겠습니까"라고 하였다. (이 말을 들은) 임금께서는 정배(頂拜)¹¹⁵를 하고 말하기를, "이 제자는 스님의 자비의 위력에 의지하여 제 몸을 닦으며, 묘법(妙法)에 귀의하여 사람들을 다스리고자 합니다. 반드시 법체(法體)가 처음으로 회복되고 그 마음이 옛날과 같아져 다시 경읍(京邑: 개경)으로 돌아오시어 길이 자비를 보이시기를 바랍니다"라고 하였다.

대사가 말하기를, "숙생(宿生: 전생)에 맺은 인연으로 금생에 이 국토에 태어나 황왕(皇王)의 은혜를 입은 것이 무겁고 창해(滄海)의 물결을 이겨냄이 깊습니다. 이제 옛날에 머물던 산에 돌아가 남은 목숨[餘喘]을 연장하게 되거든, 다시 운궐(雲闕)로 나와 거듭 대왕의 용안[天顔]을 대할 수 있기를 바랍니다. 만약 흘러가는 물을 붙잡아 둘 수 없는 것처럼 남은 여생을 머물게 하지 못한다면, 바라건대 반

110 行路神에게 제사를 지내고 송별연을 베푸는 것. 祖宴之席의 준말.
111 양지 바른 남쪽 밭. 전하여 좋은 田地를 말한다.
112 절에서 부리는 노비.
113 은총을 베풀어 허락함.
114 福不唐捐: 복을 헛되게 버리지 않음. 『法華經』, 「普門品」에 나오는 말. 『一切經音義』 "唐 徒也. 徒空也. 捐棄也."
115 불·보살 등에게 이마를 땅에 대고 절을 하는 것.

드시 내세에 다시 사문(沙門)이 되어 더욱 불법의 인연[法緣]을 징험하고, 우러러 왕화(王化)를 갚고자 하나이다"라고 하였다.

날이 이미 저물자 머리를 조아려 절하고 눈물을 흘리면서 이별하였다. (대왕은) 스님이 타고갈 수레[象軒]를 바라보면서 목송(目送)[116]하고, 호석(虎錫)[117]을 생각하면서 마음이 스님 곁을 떠나지 않았다. 때로 임금의 수레[鸞駕]를 (스님이 계신 곳에) 멈추거나, 거동하는 중간에 어가(御駕)를 세워 머무르기도 하였으며, 계속해서 기거(起居: 안부)를 묻는 성사(星使)[118]를 내려보내고, 애닯고 그리워하는 내용을 담은 윤언(綸言)[119]을 자주 전하기도 하였다. 이로부터 스님과 속인들이 물결처럼 모여들었고 신지(神祇)[120]가 대사께서 가시는 길을 옹위(擁衛)하였다. 우러러 경심(傾心)의 공경을 다 하였으니, 어찌 포발(布髮)의 영접[121]과 다르겠는가.

걸어서 가야산사에 당도하니, 그 절의 스님들이 부처님을 영접하는 것처럼 선악(仙樂)[122]을 갖추었다. 이 때 번개(幡盖)[123]가 구름처럼 날리고 나발과 소라[鉢螺] 소리가 우레처럼 울부짖었다. 교종

---

116 눈빛으로 전송하는 것.
117 解虎錫을 말함. 중국 齊나라 때 僧稠禪師가 錫杖으로 두 호랑이의 싸움을 말렸던 데서 나온 말.
118 임금의 使者.『후한서』권82(上),「李郃傳」"和帝卽位, 分遣使者, 觀採風謠. 使者二人當到益部, 投郃候舍. 時夏夕露坐, 郃因仰觀, 問曰:「二君發京師時, 寧知朝廷遣二使邪?」二人黙然, 驚相視曰:「不聞也」問何以知之, 郃指星示云:「有二使星向益州分野, 故知之耳"
119 임금이 아랫사람에게 내리는 말. 임금의 말은 처음 나올 때는 실낱 같이 가늘지만 천하에 傳布될 때에는 밧줄처럼 굵다는 뜻이다. 綸音.『禮記』,「緇衣」"王言如絲, 其出如綸."
120 天神과 地神을 이름.
121 석가세존이 과거 儒童으로 보살행을 닦을 때 머리카락을 잘라 진흙땅에 펴서 錠光如來(燃燈佛)의 발에 흙이 묻지 않도록 하였다는 고사.『六度集經』권8,「儒童受決經」; 大正新修大藏經 제3권, 47쪽 하단.
122 신선이 연주하는 음악.
123 불보살의 威德을 나타내는 깃발.

과 선종의 승려 천여 명이 대사를 영접하여 받들어 절로 들어가게 하였다. 대사가 문인과 제자들에게 명하기를, "나도 응당 세상을 떠날 것이니, (죽으면) 석실(石室)을 만들고 시신을 안치해야 할 것이다. 너희들은 그 땅을 잡도록 하라!"하고, 문득 의발(衣鉢)과 지니고 다니던 법구(法具)를 희사하여 문도들에게 주었다. 대왕이 상의(尙醫)[124] 공봉시랑(供奉侍郎)인 직문(直文)에게 명하되, 특별히 선약(仙藥)을 가지고 가서 조석으로 모시며 보살피도록 하였다. 대사가 (시랑에게) 말하기를, "노승의 병에는 성약(聖藥)이 없소이다. 청컨대 시랑은 곧 대궐[象闕]로 돌아가서 대왕[龍墀]이나 잘 모십시오. 어찌 노승을 위하여 오랫동안 산사에 머무르십니까"라고 했다. 유마거사(維摩居士)[125]의 병에 동군(桐君)[126]의 약을 빌릴 필요가 없는 것과 같다고 하겠다.

대사는 마음을 몸의 주인으로 삼았고, 몸으로 마음의 스승을 삼았다. 먹는 것은 양식을 달리 하지 않았고 옷은 반드시 단벌[均服]만 입었다. 그가 60년 동안 행한 일들이 이러하였다. 태사대왕(太師大王)께서도 반드시 우리 대사에게 예족(禮足)[127]하였으니, 저 부처님께 귀의하는 것과 무엇이 다르랴. 그러므로 예의가 두터웠고 은총은

124 고려시대에 임금의 약을 제조, 공급하는 일을 맡았던 관청.
125 석가모니 당시의 長者로서 인도 비야리국 출신이다. 俗家에 있으면서 보살행을 닦았다. 불법을 가르치는 방편으로 거짓 병을 앓는 체하여 문병하러 온 사람들을 상대로 설법하였다고 한다.
126 중국 黃帝 때의 유명한 藥師. 浙江省 桐廬縣 출신. 오동나무 곁에서 살았으므로 세상 사람들이 '동군'이라 하였다 한다. 약초와 금석의 성질을 잘 알아 三品藥을 정하고, 『藥性』 4권을 지었다.
127 꿇어앉아 두 손으로 상대의 발을 들어 자기의 머리에 대는 불교의 예법. 『법화경』, 「化城喩品」 참조.

넉넉하여 계금가사(罽錦袈裟)를 보내드리고 사륜(絲綸)[128]과 선찰(仙札)[129]로 안부를 물었다. 폐백은 거른 달이 없었고, 붓으로는 편지글이 끊어지지 않았으니, 저 한나라 명제가 섭마등(攝摩騰)[130]을 존경하고 오나라 손권(孫權)이 강승회(康僧會)[131]를 존경한 것과 동일선상에 놓고 말할 수 있겠는가!

개보 8년(975) 용집(龍集: 歲次) 을해 3월 19일, 대사께서 곧 화왕(化往)[132]하려고 목욕을 마치고 나서 대중에게 분부하고 가르침을 내렸다. "사람에게는 노소(老少)가 있으나 불법에는 선후가 없다. 부처님께서도 사라쌍수(娑羅雙樹) 밑에서 입멸(入滅)을 고하셨으니, 만법은 공(空)으로 돌아가는 것이다. 나는 먼 길을 떠나려 하니 너희들은 잘 지내면서 여래의 바른 계율을 힘쓰도록 하라!"고 하신 뒤, 방으로 들어가서 엄연(儼然)하게 가부좌를 하고 보원사 법당에서 입적하였으니, 세수(世壽) 76세요, 승랍(僧臘)은 61세였다. 이날 새벽, 성스러운 땅에 산이 무너지고, 향내 나는 정원에 달이 떨어졌다. 사람들[人靈]은 이에 애통해 마지 않았고, 소나무와 잣나무도 따라서 서러워하였다. 문하의 스님들은 모두 위락(萎落)의 탄식[133]을 일으

---

128 임금의 말씀. 綸言과 같은 말.
129 서찰을 높여서 부르는 말.
130 중국 後漢 때의 高僧. 迦葉摩騰이라고도 한다. 본래 中天竺國 출신으로서, 후한의 明帝가 天竺國에 사신을 보내 佛法을 구하고자 할 당시 竺法蘭과 함께 迎入되어 처음으로 중국에 불교를 전파하였다고 한다. 『四十二章經』을 번역했다. 『高僧傳』 권1, 「攝摩騰傳」 참조.
131 康居國 계통의 승려. 吳나라 大帝 赤烏 연간(238~251)에 중국 江南의 建康 지방에 와서 초가집에 불상과 舍利를 모시고 처음으로 불교를 전하였다.
132 스님의 죽음을 이름. 이 세상에서 다른 세상을 교화하러 간다는 뜻.
133 잎이 시들어 떨어지는 것을 탄식함. 사람이 죽는 것을 탄식하는 말. 『예기』, 「檀弓(上)」 참조.

켜 '이젠 누구를 의지하랴' 하고 슬픔을 머금고 벽용(擗踊)¹³⁴하면서 통곡하였다. 그 울음소리가 암곡(巖谷)을 진동하였다. 신좌(神座: 靈柩)를 받들어 가야산 서쪽 멧부리로 옮겨서 우선 임시로 돌집[石戶]을 만들어 봉폐(封閉)하였다. 그 모양은 금지(金地: 절)를 애처롭게 하였고, 그 소식은 옥경(玉京)¹³⁵에까지 알려졌다.

광종대왕께서 부음(訃音)을 들으시고 몹시 애도[震悼]하였다. 깨달음의 꽃[覺花]이 먼저 진 것을 안타까워하고 지혜의 달[慧月]이 일찍 산에 잠긴 것을 슬퍼하였다. 글로써 조문하고 곡물로 부의(賻儀)하니 정결한 공양[淨供]에 이바지하고 고인의 명복[玄福]을 넉넉히 하려는 것이었다. 영정(影幀) 한 벌을 조성하고 이어 국공(國工)으로 하여금 사리탑[層冢]을 세우도록 하니 문인들이 호곡(號哭)하면서 색신(色身)을 받들어 가야산 서쪽 멧부리에 탑을 세웠다. 이는 상법(像法)¹³⁶을 따른 것이다.

법을 전해 받은 큰 제자인 삼중대사(三重大師) 영찬(靈撰)·일광(一光), 대사(大師) 명회(明會)·병림(芮林)·윤경(倫慶)·언현(彦玄)·홍렴(弘廉), 대덕(大德) 현오(玄悟)·영원(靈遠)·현광(玄光)·진행(眞幸) 등은 모두 석문(釋門)의 귀감(龜鑑)이요 법원(法苑)의 경종(鯨鍾: 큰 종)이다. 지구(智炬: 지혜의 횃불)의 남은 빛[餘輝]을 계승하고, 자헌(慈軒: 자비의 수레)의 지나간 바퀴자국[往轍]을 뒤따라, 스승의 은혜에 감사하여 뼈속 깊이 새기고, 성화(聖化)에 귀의하여

---

134 손으로 가슴을 치고 훌훌 뛰면서 슬퍼하는 것.
135 道家에서 전설상으로 내려오는 天上의 仙闕로 三十二帝의 도읍. 여기서는 고려의 서울 開京을 가리킨다. 『魏書』 권114, 「釋老志」 "道家之原, 出于老子. 其自言也, 先天地生, 以資萬類. 上處玉京, 爲神王之宗, 下在紫薇, 爲飛仙之主."
136 밖으로 보이는 형상을 통해 중생을 교화하는 것.

항상 마음에 잊지 아니하였다.

   금상(今上)[137]께서 왕위를 이어받으시어[當璧承祧] 몽령(夢齡)[138]에다 아름다움을 이었으며, 인풍(仁風)[139]을 드날려 세속을 제도하고 불일(佛日)[140]을 도와 삼보를 존숭하였다. 임금께서 제지(制旨)를 내려 이르기를, "선조(先朝)의 국사(國師)이신 고(故) 가야산 홍도대사(弘道大師)는 축령(鷲嶺)[141]의 현묘한 말씀을 살피고 용궁(龍宮)의 심오한 뜻[142]을 궁구하여, 이에 성교(聖敎: 불교)를 일으키고 부처의 광명으로 인방(仁方)[143]을 교화하였다. 그러므로 이에 성고(聖考: 광종)께서 받들어 국사로 모시되 공경하기를 부처님과 같이 하였다. 그윽한 교화는 온누리[普率]에 넓게 퍼졌고, 자비의 바람은 그 빛이 온 천하[寰瀛]에 혜택을 입혔다. 나는 하늘이 대사를 억지로라도 남겨두지 않아[天不憗遺], 중생들의 배움의 길이 끊어지게 된 것을 유감으로 생각한다. 선대의 뜻을 계승하여 뒤따르고[遹追], 덕을 숭상하는 인연을 드러내고자 멀리서 역명(易名)[144]의 의전을 거행하고자 한다. 시호를 법인(法印), 탑명을 보승(寶乘)이라 하노니, 이는 (후대에) 보

---

137 고려 제5대 임금인 景宗(재위 975~981)을 말함.
138 하늘이 부여한 장수를 말함. 周나라 文王이 아들인 武王으로부터 꿈에서 天帝에게 90세의 수명을 받았다는 말을 듣고 이르기를, "나는 수명이 100세이고 너는 90세이니, 내가 너에게 3년을 더 살도록 해주겠다"고 했는데, 과연 그 말대로 문왕은 97세에, 무왕은 93세에 죽었다고 한다. 『禮記』, 「文王世子」 "文王謂武王曰: 「女何夢矣?」 武王對曰: 「夢帝與我九齡」 文王曰: 「女以爲何也?」 武王曰: 「西方有九國焉, 君王其終撫諸」 文王曰: 「非也. 古者謂年齡, 齒亦齡也. 我百, 爾九十, 吾與爾三焉」 文王九十七而終, 武王九十三而終."
139 자비의 바람.
140 부처의 광명을 태양에 비유한 말.
141 석가가 법화경을 설한 靈鷲山을 말함.
142 龍樹菩薩이 龍宮에 들어가 화엄경을 가지고 왔다는 전설이 있음.
143 우리나라를 가리킴. '仁域'이라고도 한다.
144 시호를 내리는 것을 말함.

여쭘이 더욱 꽃답고 전함에 썩지 않도록 하기 위함이니라"고 하였다. 그리고는 이에 스님의 본말 행적을 담은 빗돌 새기는 것을 허락하였다.

구름이 송문(松門)[145]에서 빛이 나니 곧 문인과 제자들이 서로 경하하였다. "선조(先朝)에게 그윽한 조예[玄造]에 대해 감격하나니 슬픔과 영광이 망극하고, 오늘에도 큰 은혜를 입으니 총우(寵遇)가 바야흐로 깊구나"라고 말하면서, 대왕의 은혜를 받들어 대사의 경행(景行)을 행장(行狀)에 담았다. 그것을 임금에게 올리니 이에 정언(廷彦)에게 하조(下詔)하여 말하되, "그대는 일찍이 국사(國史)[146]가 되어 몸소 많은 전적을 보았으며 조서[絲綸]를 담당하여 마치 해바라기[葵藿]가 해를 바라보듯 단심(丹心)을 기울였다. 돌이켜 보건대 선왕께서 한림학사(翰林學士) 직을 더하여 대우하였으니 대사의 비명을 지어 보답하는 것이 마땅할 것이다. 큰 붓을 들어 글을 짓되[立言] 비석[龜珉]을 깎아 덕을 기리도록 하라!"고 하였다. 신(臣)이 사은(謝恩)하고 말하기를, "전하께서 저에게 이르시되, '그대는 채색붓으로 비사(比事)[147]하는 직책이니 제구(齎臼)[148]로 글을 지어, 글로써 덕에

---

145 소나무를 문으로 삼는다는 뜻으로 절을 가리킨다.
146 監修國史를 말함. 史官으로서는 최고직이나 명예직이었다.
147 임금을 가까이에서 섬기는 신하. 比事臣. 『書經』, 周書, 「多士」 "移邇遐逖, 比事臣我宗多遜."; 同注 "比, 近也." 여기서 김정언을 '彩毫比事', 즉 문장으로써 임금을 가까이에서 섬기는 신하라고 한 것은 그가 당시 한림학사였기 때문이다.
148 '絶妙好辭', 즉 名文을 말함. '黃絹幼婦外孫齎臼'의 여덟 글자에서 黃絹은 色絲요 幼婦는 少女요 外孫은 女子요 齎臼는 受辛이니, 합치면 곧 '絶妙好辭'이다. 『世說新語』 권4, 「捷悟」 "魏武嘗過曹娥碑下, 楊脩從. 碑背上見題, 作黃絹幼婦外孫齎臼八字. 魏武謂脩曰: 解不? 答曰: 解. 魏武曰: 卿未可言, 待我思之. 行三十里, 魏武乃曰: 吾已得. 令脩別記所知. 脩曰: 黃絹色絲也, 於字爲絶, 幼婦少女也, 於字爲妙, 外孫女子也, 於字爲好, 齎臼受辛也, 於字爲辭, 所謂絶妙好辭也. 魏武亦記之, 與脩同. 乃歎曰: 我才不及卿, 乃覺三十里."

보답함과 동시에 현리(玄理)를 탐구하고 무적(茂跡)을 기록하도록 하라!'고 하시었다. 그렇지만 신의 글은 유부(幼婦)[149]에 부끄럽고, 학문은 객아(客兒)[150]에게 사양하여야 할 것이니, 천근(淺近)한 작은 재주를 가지고 깊고 은미한 방촉(芳躅: 꽃다운 발자취)을 기록하는 것은 마치 '약한 수레에 무거운 짐을 싣고 짧은 두레박줄로 깊은 우물의 물을 길으려 하는 것'[151]과 같습니다. 부질없이 흉내는 내어 보지만[效顰] 실로 다른 사람에게 용기를 과시할 능력[152]은 없습니다. 마음을 열고자 함은 비록 간절하지만, 손에 상처를 입힐까[153] 부끄럽습니다"고 하였다.

임금께서 말씀하시기를, "그대는 더욱 힘쓸지어다"고 하셨다. 물러나와 생각하보니 대개 이른바 '마땅히 무에서 유를 구하고 적막을 두드려 소리를 구해야 하나니' 돌이 이상한 말을 하고,[154] 산이 빛

---

149 절묘한 글을 말함. 앞의 '黃絹幼婦外孫韲臼'의 고사 참조.
150 중국 南朝 宋나라 때 謝靈運의 兒名. 그가 어려서 부친을 여의고 會稽의 杜治라는 사람에게 보내져 양육되다가 15세가 되어서야 서울로 돌아왔으므로 '객지 아이'란 뜻으로 객아라 하였다 한다. 『宋書』 권67, 「사영운전」 ; 『南史』 권19, 「사영운전」 참조.
151 재주가 적어 큰 일을 감당해 내기 어려움의 비유. 『莊子』, 「至樂」, "褚小者不可以懷大, 短綆者不可以汲深."
152 賈勇은 餘勇可賈와 같은 말로 남은 용기를 남에게 팔만하다는 뜻. 『춘추좌씨전』 成公 2년 "齊高固曰, 欲勇者, 賈余餘勇."; 同注 "賈, 賣也. 言己勇有餘, 欲賣之."
153 傷手: 도편수를 대신하여 목수 일을 하는 사람치고 손을 다치지 않은 이가 드무니, 이는 솜씨가 서투르기 때문이라는 말. 『老子』, 제74장 "夫代大匠斲者, 希有不傷其手矣."
154 石有異言의 故事를 말한다. 중국 춘추시대에 晉侯가 농사철에 궁실을 화려하게 짓으려 하자, 돌이 魏楡에게 民弊를 짓지 말라는 내용의 말을 했다고 한다. 『춘추좌씨전』, 昭公 8년 "石言于晉魏楡. 晉侯問於師曠曰:「石何故言?」 對曰:「石不能言, 或馮焉. 不然, 民聽濫也. 抑臣又聞之, 曰:「作事不時, 怨讟動于民, 則有非言之物而言」, 今宮室崇侈, 民力彫盡, 怨讟竝作, 莫保其性, 石言不亦宜乎?」"

남을 볼 수 없으며,[155] 거북이 돌아보지 않고,[156] 오직 석간수(石澗水)가 부끄러워한다는 말[157]을 듣는다면, 감히 붓을 잡는다고 말할 것인가. 공연히 도끼 자루[伐柯][158]를 베는 데 부끄럽지만, 도리어 절차탁마(切磋琢磨)하는 심정으로 나의 취향에 맞도록 하려[自適其適] 한다. 설사 동쪽으로는 봉도(蓬島)[159]가 무너지고 서쪽으로는 개자성(芥子城)[160]이 텅 비더라도 신묘한 행적은 그대로 남아 있기를 기대하고, 현묘한 공적이 오랫동안 전해지기를 바란다. 그래서 감히 거듭 그 뜻을 펴고 드디어 명을 짓는다.

사계(沙界)[161]를 크게 보라!
그 가운데 금선(金僊)[162]이 계시네.
인(仁: 자비)을 베푸신 것을 헤아릴 수 없고

---

155 山輝川媚의 故事. 산이 옥을 감추고 있으면 산이 빛나고, 물이 구슬을 품고 있으면 시내가 아름답다는 말. 轉하여 학덕을 갖춘 이는 저절로 밖에 드러나 문장을 이룬다는 의미.『文選』권17, 陸機,「文賦」"石韞玉而山暉, 水懷珠而川媚."
156 晉나라 때 孔愉가 길을 가다가 바구니에 담겨 있는 거북을 보고, 이를 사서 물에 놓아주었는데, 그 뒤 공유가 餘不亭侯에 봉해졌을 때 侯印에 새긴 거북이 좌로 돌아보며 前恩에 깊이 감사하였다는 '印龜左顧'의 故事. 여기서는 龜趺가 비석을 돌아보는 神助를 말한다.『晉書』권78,「孔愉傳」"愉嘗行經餘不亭, 見籠龜於路者, 愉買而放之溪中, 龜中流左顧者數四. 及愉以討華軼, 封餘不亭侯, 鑄侯印, 而印龜左顧, 三鑄如初. 印工以告, 愉乃悟, 遂佩焉."
157 '林慙澗愧'의 고사. 節操가 없는 사람이 隱士로 위장하고 산 속에 있으면, 숲이나 시내가 모두 수치로 여긴다는 말. 여기서는 재주가 없는 사람이 있는 척 가장하면 숲이나 澗水도 부끄러워 한다는 뜻으로 쓰였다.『文選』권43, 孔稚珪,「北山移文」"其林慙無盡, 澗愧不歇."
158 본보기가 될 만한 글. 도끼자루를 벨 때 이전에 쓰던 도끼자루가 있으면 그것을 본받아 베어 만들면 쉽다는 말.『시경』, 國風,「伐柯」"伐柯伐柯, 其則不遠."
159 봉래산이 있다는 海中의 섬.
160 사방 40리의 성내에 가득 채워 놓은 芥子를 夜摩天 사람이 3년마다 한 번씩 와서 한 개씩 가지고 가서 그 개자가 다 없어진다는 고사에서 나왔다.
161 인도 갠지스 강의 모래알처럼 많은 세계를 가리킴.
162 부처를 달리 이르는 말.

가르침을 보이신 것이 끝이 없네.
진제(眞諦)와 속제(俗諦)를 하나로 묶어
그 빛이 인간 세상과 천상에 두루 비추네.
그 은혜는 백억계(百億界)에 가해졌고
교화로써 삼천세계의 중생을 제도했네. [其一]

도가 어찌 그대로부터 멀리 있겠는가.
묵묵히 행함이 이것인 것을.
이를 아는 자 누구인가.
오직 우리 대사(大士: 법인국사) 뿐이로세.
진불(眞佛)이 마음을 전하였고
각현(覺賢)이 아름다움을 이었으니
편안하게 인산(仁山)에서 좌망(坐忘)하였고
한가로이 법수(法水)에서 노닐었네. [其二]

일찍부터 수승(殊勝)한 불과(佛果)를 닦고
더욱 선의 싹[善芽]을 징험하였네.
스님의 도는 용수(龍樹)처럼 높았고
식견은 불화(佛華)[163]를 통달하였네.
사람들을 유도함에 도리성혜(桃李成蹊)[164] 같았고

---

163 華嚴의 세계를 달리 이르는 말.
164 복숭아나무와 오얏나무는 꽃과 열매가 있기 때문에 사람들을 부르지 않아도 모여들어 나무 아래에 길이 난다는 말. 『史記』, 권109, 「李將軍傳」 "諺曰, 桃李不言, 下自成蹊."

중생을 제도함에 도마죽위(稻麻竹葦)¹⁶⁵와 같았다네.
임금과 나라의 스승이 되어
방가(邦家)에 모범을 드리웠다네. [其三]

물 위에 활짝 핀 연꽃이요
뭇별 가운데 달이시라.
저 사부대중들 귀의하는 마음 있으니
어찌 진흙에 포발(布髮)함과 다르겠는가.
원만하게 온 누리를 비추시되
빛을 감춤[葆光]은 부처님과 같구나.
우러러 봄에 더욱 높아만 보이고
아무리 퍼내도 다하지 않는 샘물과 같네. [其四]

마치 용이 변화를 부리듯하고
봉황의 내의(來儀)와도 같구나.
때로는 교부(敎父)가 되기도 하고
때로는 도사(導師)가 되기도 하였네.
손도 천 개 눈도 천 개 관세음보살처럼
대자대비(大慈大悲)하시니
이것이야말로 본받아야 될 것이라
염두에 두어야 함이 여기에 있다네. [其五]

---

165 논의 볏대, 밭의 삼대, 대밭의 대나무, 풀밭의 갈대와 같이 그 수가 많음을 이르는 말. 『維摩經』, 「法供養品」 "甘蔗竹葦, 稻麻叢林"

바야흐로 법신(法身)이라 일컬어졌으니

다만 상주(常住)하심을 기대하였을 뿐이네.

슬프다, 양영(兩楹)[166]의 꿈이여!

끝났도다, 사라쌍수(沙羅雙樹)여!

법갈(法碣)에는 오직 명(銘)만 있을 뿐

자비로운 모습은 언제 다시 뵈오리.

눈물은 비오듯 하염없이 흐르는데

하늘에 울부짖어도[號天痛哭] 붙들 길 없네. [其六]

태평흥국(太平興國) 3년[167] 용집(龍集) 섭제(攝提)[168] 4월 일에 세우고 김승렴(金承廉)이 글자를 새기다.

---

166 공자가 꿈에 두 기둥 사이에 앉아서 饋饗을 받고 7일 뒤 세상을 떠났다는 고사를 말한다. 『禮記』, 「檀弓(上)」 참조.
167 978년(경종 3년) 甲戌年이다.
168 古甲子로 '甲'을 가리킨다. '戌'을 가리키는 著雍이 생략되었다.